朝鮮半島の新ミレニアム

分断時代の神話を超えて

Millennium

李泳禧●著
徐勝●監訳
南裕恵・広瀬貴子●訳

社会評論社

朝鮮半島の新ミレニアム　分断時代の神話を超えて●目次

原著では、韓国、南韓、北韓の用語を使用しているが、本書においては、民族的、地理的、歴史的総称は朝鮮と朝鮮半島を使用し、南北のそれぞれの地域を指す場合には韓国（大韓民国）、北朝鮮（朝鮮民主主義人民共和国）を使用した。

日本で通用していない用語については、適宜、日本で汎用されるものと置き換え、必要にしたがって訳註（＊で示した）をつけたり、カッコの中に簡単な説明を加えたり、言葉を補ったりした。

人名・地名などについては、確認できるものは漢字にし、原則として初出にルビをふった。

日本語版への序文

二〇〇〇年六月一五日以後の朝鮮民族は、もはやその日以前の朝鮮民族ではない。この日を期して、朝鮮半島南北の同胞は、半世紀以上の長い歳月を、外国勢力の強要によって作られ、持続してきた民族内部の敵対関係を拒否したのである。

南の金大中《キムデジュン》大統領と北の金正日《キムジョンイル》（朝鮮労働党）総書記は、民族と国土の分断以来五五年目に、はじめて平壌で会談し、南北同胞間の分裂的敵対関係の終結を宣言した。両指導者はこの日をもって、南北七〇〇〇万の人民がお互いに旧怨を捨て、和解し、理解しあい、そして相互の信頼感を築きつつ、交流と協力を促進することを誓った。一九七二年七月四日の（七・四）南北共同声明*の精神に立ちかえって、民族共同体を再建し、おのおの体制の違いをこえて、ついには民族の平和的統一を成就する決意を内外に宣言した。

*韓国の李厚洛《イフラク》中央情報部長と北朝鮮の金英柱《キムヨンジュ》労働党組織指導部長との間で合意をみた朝鮮統一に関する七項目の基本原則。

これは朝鮮民族の再生を意味し、実に歴史的な祝福の瞬間であった。そして今、南北平壌頂上会談後一〇日を経ずして、すでに半島を二分した二七〇キロメートルの停戦ラインでは一切の銃声が止み、相互間に定式化されていた敵対的呼び名が友好的、ないし正常な名称にかえられた。大きな変化である。

北と南の政府は、もはや誰かの「傀儡《かいらい》」ではなくなり、南と北の同胞は相手の社会の長所と美点を習い合うようになった。五〇年間、韓国の国定教科書にあふれていた狂信的反共主義、及び反理性的及び極右的記述が、今年の秋学期の教科書から消え去るか、より平和的で知性的な名称と内容をもって書きかえられようとしている。実に革命的変化と言わざるをえない。

南から北への政府・民間の協力・援助物資は続々と港から積み出されており、北は南の企業と投資に対して急速に門戸を拡大し始めた。五〇余年間、生死さえ知る術がなかった南北相互に引き裂かれた「離散家族」の再会と、可能であれば「里帰り」をする手続きが、今、興奮の中に進行している。

強大国中心の冷戦の氷山の底に永遠に埋もれてしまったと思われた朝鮮半島が、氷を砕いて力強く始動しはじめたのである。金大中大統領と金正日総書記は、傑出した政治指導者としての経綸と力量を遺憾なく発揮し、朝鮮民族の政治的成熟を世界に示した。失われていた民族の自尊と矜持が、七〇〇〇万の同胞の胸中に彷彿と湧きあがっている。

二一世紀はこれから、南北朝鮮民族が再び統一国家をつくり、世界史の上に新しく登場する時代になるだろうことを信じて疑わない。そして、東北アジアの地域平和と繁栄に積極的に参与・貢献することによって、新ミレニアムの人類の平和と発展にも大きく寄与するであろうと確信する。

もちろん、南北の各々の社会内部にも少くない問題が残っている。また周辺の関連国家群の利害関係も依然として複雑である。決して一朝一夕に民族の希望と栄光が実現すると、軽々しく確信するつもりは毛頭ない。しかし、二一世紀の朝鮮民族が、過去日本帝国主義に虐げられ、かつ冷戦の覇権主義の犠牲になった、二〇世紀の「その同じ民族」でないことも確かである。この事実こそ、新世紀の開幕初頭の平壌での南北頂上会談が象徴するものである。

この本、『朝鮮半島の新ミレニアム――分断時代の神話を超えて』（原題『半世紀の神話――休戦ラインの北と南には、天使も悪魔もない』）は、上に述べたような長い間の私の信念と希望と、同胞に対する忠告と苦言を文章にして発表したものである。

分断以後の韓国には、すなわち、敵対と同時に米国の支配下に入った半世紀間の南の病的極右・反共主義独裁体制には、およそ「真実」と言うものは存在しなかった。「真実」の存在は許されなかった。韓国式の狂信的極右・反共・外勢依存的独裁政権は、国民（市民）個々人と社会に強要した「虚偽の信念体系」の上に成りたっていた。

国家権力を掌握した少数の極右・反共主義集団は、「南北対立」「国家安保」「常時戦時体制」「軍隊式文化」を「国民信仰」に仕立て上げたのである。その結果は世界の知るところである。韓国の市民は、彼あるいは彼女の教育水準の高低には関係なく、国内の諸現象、南北民族間の諸事実、そして対アメリカ関係の真相、並びに外部世界の諸問題……に対する「事実認識」の知的機能を剥奪された存在であった。大韓民国という国の国境を一歩外に出れば、世界の国々の小学校生徒の初歩的常識に過ぎない社会意識と判断能力さえ、韓国の市民には持つことが許されなかった。北朝鮮の国家と社会も、権力集団の公的主張と主観的解釈のいかんにかかわらず、この問題に関する限り状況は大体において同一であると私は思う。

「反共思想」が「国家唯一信仰」であった。その信仰体制は、市民と国民の無知・曖昧・思想的判断停止の上に成りたち、無条件の軍隊式服従を美徳とする教理に導かれたものであった。民主・自由・人権・良心・平和……は「異端」であった。そして異端に対する残忍な迫害と弾圧は、中世カトリック教権力のそれを数倍にしたものであった。悪名高い反共法と国家保安法が、思想の自由に対する反共宗教裁判の法典であった。

そのようにして大韓民国は、虚偽の神話と背理の偶像が支配する社会となった。日本の読者の中の老年層、私と同年輩あるいはそれ以上の日本人には思い当たるところのある、過ぎし時代の人間の生き方と社会相である。

韓国は二〇世紀の末まで、すなわち金大中政権が樹立されるまで、このような虚偽の神話と偶像の信仰社会であった。その半世紀の神話と偶像が、二〇世紀最後の年の六月、南北頂上会談の打撃で、ようやく崩れ始めようとしている。日本人読者にもその意義の大きさが理解できると思う。例えて言えば、五五年前(一九四五年)の日本の「神国」天皇主義・軍国主義・帝国主義・略奪的資本主義の崩壊、すなわち「終戦」の意味を思い出せばおわかりになると思う。そうであれば幸いである。

この本は、私の国のそのような狂信的反共唯一信仰の時代に書き、発表した文章の一部を収録して、ソウルの「三人出版社」が一九九九年九月に出版した、『半世紀の神話——休戦ラインの北と南には、天使も悪魔もいない』改訂版の日本語訳である。韓国語版は四〇九頁の分厚い分量である。たいていは最近数年間の作である。文の中には韓国社会あるいは南北民族間の問題を取り扱った幾編かの本格的論文もあり、短いエッセイ、長い講演文などがあり、一律的な性格の文章ではない。日本語版では、なおその中から、日本の読者の一般的関心からは遠いと思われるものを半分近く除いた。本章の第1部「南北朝鮮の善悪説を越えて」では、南と北が各々、自らを「善」と規定し、相手を「悪」と断罪する、二分法的な思考こそ民族の理解と和解を拒むものとして、四〇年間以上文章と発言をもって批判しつづけてきた文章を収めた。それに対する権力側からの報いは、強制連行、逮捕七回、そのうち投獄五回、反共法および国家保安法による裁判三回懲役合計五年、大学教授解任二回（各四年、計八年）……などであった。それは決して生やさしいことではなかった。

私は南北間に発生する問題あるいは論争に対して、いつも盲目的愛国主義と狂信的反共・反北朝鮮主義の発動を警戒し、まずその真実の究明が重要であることを主張してきた。そして事件ごとにそのように努力し、国家権力の脅迫と妨害に屈せず、研究の結果を論文にして発表した。それに対する国家権力の対応がどうであったかは、先に述べたとおりである。第2部「偶像と神話の正体」に収めた論文がそれである。これらの論文はいずれも、大韓民国の現行の国家基本法と政策の虚偽を、正面から否定・批判したものである。自ら語るもおこがましいが、その一つ一つは、身の上の危険を覚悟する重大な決意のもとに発表されたものであった。何十年の間、政治の世界でも、真実の究明を使命とする学者の社会でも、なんらの疑いもなく真実としてまかり通ってきた、いわゆる大韓民国の朝鮮半島における「唯一合法政府」説は、この論文ではじめて否定された。そしてその後、政界でも、学会でも公認されるに至った。

一九九八年六月、南北朝鮮の接界である海上でおこった、南北海軍のはじめての海戦にたいする韓国側の正当化の根拠であるいわゆる「西海《ソヘ》軍事北方限界線」の合法性を否定した論文も、その例に属する。「朝米核・ミサイル危機の軍事政治学」は、北朝鮮の核・ミサイル問題を、アメリカがいかに独占的核・ミサイル覇権政策に利用しているかを解明したものである。この論文は、日本国民、とくに東北アジアにおける日米軍事冒険主義のための口実を捜し求めている、日本右翼・反共・天皇主義・軍拡主義者たちの欺まん性も、研究の射程に入れたものである。

＊日本では一般的に黄海とよばれている、朝鮮半島の西側に位置する海洋。

第3部「『人間の顔』をした資本主義──統一の前提」に収めたいくつかの文章は、いわゆる新自由主義経済なる旗印の下に、アメリカ資本主義体制に深く組み込まれた南（韓国）の、非（反）人間的経済・社会・文化に依る北（朝鮮）吸収統合政策の反民族性を指摘したものである。資本主義、とくにアメリカ資本主義は、過去の冷戦時代に、社会主義の思想、価値観、国家と制度を「悪（evil）」と規定した。そして相手に対して、「人間の顔」をした社会主義になれとののしったアメリカのエセ哲学者、フランシス・フクヤマ（『歴史の終焉』）と、一生涯『リーダース・ダイジェスト』以上の本を読んだことがないと告白した、元俳優大統領、レーガンがその典型である。社会主義に勝ったと誇る今日の資本主義が、果たして「人間の顔」をしているのかを問わずにはおられない。特に韓国の資本主義が「人間の顔」のセンブランス（近似相）さえ持っているのかの問題は深刻な検討に値する。統一の時期が一定の時間的視野の中にはいろうとしている今、この問題はきわめて緊急な課題である。韓国社会には、愚かにも自分の社会を最善のものと錯覚し、北朝鮮の社会を今でも「悪」として、一言のもとに切り捨てようとする、誤った意識と言論が主流を占めている。第3部は、このような韓国の言論に対する批判として書かれたものである。

最後に、この本の日本語版出版のいきさつについて短く触れておこう。私はこの本が日本で出版されるとは考えたこともなかった。ある日、立命館大学の徐勝《ソスン》教授が、日本で出版の話がまとまったと伝えてくれた時、私は嬉しい気持ちよりも懐疑が先立った。それは、一つには各編の文章が比較的最近のものではあるとはいえ、過ぎ去ったものであるからであり、二つ目には、朝鮮半島と南北朝鮮の実状にうとい日本の読者達はどれほど理解してくれるだろうかという不安があったからである。

思案の末、徐教授の励ましに甘え、社会評論社にお任せすることになった。ちなみにこれは、私の日本での二度目の出版である（最初は『分断民族の苦悩』御茶の水書房、一九八五年）。

徐勝教授と社会評論社に深く感謝するとともに、日本の読者の叱咤を期待するものである。この日本語版への序文は、著者がつたない日本語を顧みず、日本の読者に直接語りたい気持ちで、あえて日本語で綴ってみた。ご了解を乞う。

二〇〇〇年七月

修理《スリ》山麓の寓居にて　李泳禧《リヨンヒ》

第1部

南北朝鮮の善悪説を越えて

果せなかった帰郷

私の朝鮮民主主義人民共和国（以下、北朝鮮とする）への訪問がせめてあと四年早ければ、五二年と六カ月の間、ずっと夢に見ていた姉のスニに会うことができたであろう。夢の中では、いつも別れた時と同じように面長な美しい顔を見せてくれていた姉が、せめてあと四年生きてくれていれば、私たち姉弟は五三年ぶりに再会の喜びを分ちあうことができただろう。しかし、この喜びは果たせなかった。

私はハンギョレ新聞社*と「南北小さな《オリニ》仲間たち《オッケトンム》」**代表団とともに、一九九八年一一月九日にソウルを出発し、一週間平壌《ピョンヤン》を訪問して一七日に帰ってきた。姉に会える期待に胸を膨らませて旅立った北朝鮮訪問は、悲しみの旅に終わった。姉より年上の兄のヒョンヒに関しては、「亡くなったようだ」という甥（姉の息子）の漠然とした言葉の他は、生死を確認することすらできなかった。北緯三八度線を境にして一九四六年春に別れた兄弟は、今は停戦ラインを境にして、この世では二度と再び会うことはなくなった。

＊一九八九年に創刊した韓国の進歩的新聞。朴正煕《パクチョンヒ》の維新独裁時代に解雇された『東亜日報』の記者と、一九八〇年に全斗煥《チョンドゥファン》によって解雇された『朝鮮日報』の記者たちを中心として、読者株主を募集して設

立された世界でも特異な新聞。進歩的内容とあわせて徹底した横組みハングル使用と斬新な紙面づくりによって青年を中心に読者層を広げ、その間、現在、韓国の五大紙のひとつとして安定したと言われている。近年、政権との親和性から与党紙に変質したとの批判も聞くが、依然として民衆の声の代弁者としての位置を確保している。

＊＊統一した朝鮮半島における第一世代となるであろう南北の子どもたちが、互いに心を開きあい、対話と出会いを試みることによって、統一の明るい未来を切り開けるように支援する韓国の民間団体（NGO）。一九九六年六月に設立された。最近の取り組みとしては、大規模な北朝鮮の子どもたちへの食糧支援、子どもの絵の交換交流などがある。

もともと私は、三男二女の五人兄妹の四番目であった。上に兄と二人の姉がおり、下に弟のミョンヒがいた。解放後、上の姉は夫とともに早くから南に来てソウルに住んでおり、私より五つ下のミョンヒは、まだ北緯三八度線が金城鉄壁で閉ざされる前の一九四七年春、解放前からソウルに留学していた私を両親とともにたずねて来たが、朝鮮戦争中に一七歳で病死した。

このようにして「解放」が即、民族分断となった悲劇は、北の地には兄と姉が、南の地には父と母、そして上の姉と私と弟が住むという「離散家族」*を作り出した。私の無能力のため、一九五七年に貧困の中で亡くなった父は、二〇年間、毎朝北に向かって両手を合わせて合掌し、北に置いてきた息子と娘に思いを馳せていた。一九七四年冬、八六歳で世を去った母は、最後に息をひきとる時まで北の息子や娘に会えるという希望を捨てていなかった。

＊戦争のような変乱や政治的理由によって、離れ離れになった家族をいう。朝鮮半島においては、日本の植民地支配、解放後の国土分断、朝鮮戦争へと連なる激動の歴史の中で生まれた離散家族が南北に約一

〇〇〇万人存在し、中国には二〇〇万人、旧ソ連邦地域には四〇万人の離散家族がいる。朝鮮戦争を前後した混乱と、その後の三八度線の固定化によって、南北に引き離された家族が多く、一般に南北朝鮮とのかかわりで言われる離散家族はこれを言う。再会を望む離散家族の声は南北和解・統一への大きな動機となっており、その痛みは朝鮮民族分断の苦難の象徴でもある。今回の南北共同声明の第三項に離散家族の再会が人道問題としてとりあげられており、韓国側がその実現を最も渇望する事項である。

どの離散家族の家庭もそうであろうが、私の家も毎年の秋夕《チュソク》（仲秋節）の夜は、喜びや祝い事に浮き立つ時ではなく、沈黙と苦痛の夜だった。秋の夜空が雲ひとつなく晴れわたり、仲秋の名月が鏡よりもさらに明るく輝くなか、父と母は庭に座りこんで何時間も、茫然と、そしてお互いに一言も交わすことなく、ただ月を眺めていたものだった。

そんな年老いた二人は、それ以上我慢できなくなると、どちらからともなくよろよろと立ち上がり、涙をぬぐいながら部屋に入って布団を頭の上までかぶり、むせび泣いた。父の泣き声は、布団の中で嗚咽を抑えようとする呻き声に変わり、母の布団は泣きながら身悶えする老人の体を包んで長い間ふるえていた。

年老いた二人にとって秋夕の月は、一年に一度、一七歳で死んだ末息子ミョンヒと北の地に残してきた息子と娘の顔を映しだす鏡であった。北の地のどこかで暮らしている息子と娘も、ちょうどその時間のその月の中に、南の地のどこかで暮らしている父と母の顔を見ていたのであろう。

私は、当初の数年間は両親の秋夕の悲しみを紛らわせてあげようと、色々と努めてみた。しかし、私が弟と兄と姉を思う心では、父と母の悲しみを和らげることはできないということを悟ってからは、私ができることはただ、秋夕の夜が曇るのを祈ることだけであった。月が雲に遮られるだけでも、気持ちは幾分軽くなった。

このようにして生きてきた私たち離散家族は、一九五〇年六月に起こった戦争で、再び引き裂かれてしまった。私は、避難の道すがら大邱《テグ》で軍に入隊し、その後、停戦協定締結まで満三年半、最前方戦線を転々とした。

私のかわりに働いて両親の世話をした幼い弟は、忠清北道丹陽《タンヤン》の竹林峠《チュクリムコゲ》で米軍の道路工事をして受けた傷により、薬も治療もなしに死亡した。江原道の三八度線最前方香炉峰《ヒャンノボン》の塹壕で、一一日間もかかって配達された「ミョンヒ危篤」という軍事電報を受けとり戦線を離れて戻ってみると、弟は一一日前に死んでしまっていた。戦線に戻らなければならない私のかわりに、誰が両親を養うのだろうか？

誰も世話をする者のない両親を残して部隊に復帰しなければならない私は、一週間の休暇が過ぎ行くのが、両親との最後の別れでもあるかのような惨憺たる思いであった。老人二人がどのようにして生きていくのだろうか！　呆然とし、ただ気がかりであった。しかしいかなる術《すべ》もなかった。

まさにそのような時であった。北の地でスニ姉さんと息子と一緒に暮らしていると信じていた義兄が、飄然《ひょうぜん》と尋ねてきたのである。全力を尽くしてやっと、義父と義母の避難先を探しだしたという。私たち四人は一瞬お互いただ見つめあい口を大きく開けたまま、言葉を発することもできず立ちすくんでいた。その瞬間の驚きと喜びをすべて書きあらわすことはできなかった。

下の姉の夫、崔《チェ》キュドンは、国連軍が平壌を撤収する時、米国が平壌に原子爆弾を投下するという噂を聞いて、先を争い壊された大同江《テドンガン》鉄橋をつたって乗り越える避難民の群衆の中にまぎれて越南《ウォルナム》（三八度線が引かれた後、北朝鮮から韓国へ脱出すること）したとのことであった。鉱山技師である義兄は、解放後に故郷である平安北道の職場で平壌の政府産業省に転出し、鉱山関係業務に従事していたと言う。

私が部隊に復帰した後、義兄は、妻と息子を残して来た自責感とつらさで日々を送りながらも、江原道上東《サンドン》タングステン鉱山で技術者として得る収入で、誠心誠意、義父と義母の世話をした。義兄はどのようにして手に入れたのか、その当時は金に値するほど高価な木材をトラックで積んできて、丹陽郡長林里《チャンリム》の一隅に二間ほどの小さな家を建ててくれた。父と母は娘を思い胸を痛めながらも、一人で越南してきた娘婿のこの上ない孝行で朝鮮戦争を無事に乗り切ることができた。

義兄は、私の父と母にとって戦争の飢えの中で、忽然と現れた救世主であった。無力な私にかわる孝行息子であった。その後、私たちは、考えると悲しみが先立つ北に残った姉の話は努めて口にせず、幾年月を重ねた。私の心情は、義兄に対する友情へと変化した。

義兄は十余年のやもめ暮らしの末、一九六〇年代初めに再婚の意思を義父と義母にほのめかした。両親は承諾した。娘婿の再婚に同意し家に帰ってきた両親は、言葉もないままに長い間涙にくれていた。結婚式の日、両親と私は祝い客として参加し、義兄の新しい家庭に幸多かれと祈った。

越南してきた離散家族第一世代の中には、男女を問わず、北側で結婚し子を残してきた人々も多い。私の義兄のように義父・義母と成長した義弟の祝福を受けながら南で新たに再婚するような場合もあり、情を断ち切って他人になるだけではなく、不倶戴天の仇のようになる場合もある。

それゆえ、新たに結ばれた離散家族第一世代の男性と女性の新しい家庭には、秘密も多く波風も多い。彼らは決して心の内をさらけ出そうとはせず、死ぬ日まで少なくともいくつかの秘密を心の奥深く大事にしまっておいたりする。北側に関する話が出さえすれば懸命に耳を傾ける人もいれば、統一に関する話が出さえすれば恐れおののく人々も少なくない。彼らの中のある人たちは、日帝時代から人の道にもとる職業に従事したり、悪行で地域住民の怨嗟の的となったりして、解放直後、北朝鮮で粛清され韓国にわたってきた人々である。このような人々が大部分猛烈な対北朝鮮強硬論者になり、南北間の平和よりは敵対関係の持続を願うようになった。彼らは、南北間の緊張の激化の中に戦争勃発の希望を見いだしもする。戦争は、そのような人々が財産もとりもどし、仇も討つ機会であろうからである。これが、彼らが歴代独裁政権時代に、文民独裁であれ軍部独裁であれ、反共主義でさえあれば無条件支持してきた理由である。

「越南人《ウォルナムイン》の異常心理」なのだ。一種の「パラノイア」的忌避症的人生である。民族分断がもたらした運命的な不幸である。私も例外であるはずもなく、被害者の一人である。

私の著書の中に、出生から青年時代までをつづった自伝的エッセイで『歴程』という本がある。一九八八年三月に発行されたこの自伝エッセイの中に、南に下ってきて朝鮮戦争のときに私のかわりとなって働きながら、両親を養うなかで病死した幼い弟の話は出てくるが、その他の三人の兄と姉の話は出てこない。

長い間私は、公式的には南北どちらにも身よりのない天涯孤独の身だった。なぜ、そうだったのか？　私が反共法で起訴され、初めて刑務所の経験をしたのは、一九六四年秋、その年のアジア—アフリカ（AA）国家外相会議において、南北朝鮮代表をともに国連総会の「コリア問題」討議に招請するという取材記事が誇張され筆禍事件としてデッチあげられた、『朝鮮日報』政治部記者の時である。外交担当記者としてすっかり成長した三四歳だった。

その時代が、どれほど恐ろしい時代だったか！　朴正熙陸軍少将が、「反共を国是の第一とする！」というスローガンを掲げ、戦車を先頭におし立てたクーデター政権が反共軍部独裁をはじめた年だった。真夜中にわけもわからず引っぱられ、無理やりに書けと私の前に差し出されたのが訊問調書だった。

多くの記入項目の中に、「北朝鮮にいる親戚」という欄があった。その瞬間、私の脳裏を南北離散家族の親戚が絡み合ったスパイ、工作員、告知罪、不告知罪（反共法、国家保安法などの違反者＝スパイを密告しない罪）……など、おどろおどろしい事件記事が脳裏をかすめた。この欄に何かを書き入れるということは、公然とした疑惑と注目を自ら招く危険性がある。憎まれっ子にはいかなる凶計も辞さない残忍な朴政権である。どうすべきか？

私は一瞬の戸惑いの末、「無し」と書き入れた。正直を尊重しない相手にこちら側が正直に対応することは、災難を招くだけだと判断したためである。この事件以後三〇年間、数えきれないほど繰り返された拘束と逮捕と裁判の過程で、そのたびに私は調査・訊問調書の欄に一貫して「無し」とした。この過程を繰り返す度に受けた不安な気持ちは例えようがなかった。調査官たちは私の秘密を知りながらも、私の態度を試すために知らないふりをして観察しているのではなかろうか？

今回の離散家族を探すための北朝鮮訪問で、四〇年近くいだいてきたこの秘密と不安と心配をすっかり払い落としてしまった。統一部*に提出した「第三国での離散家族　接触許可申請書」で、四〇年ぶりに初めて私は北側に兄も姉もいる身となった。そればかりではない。ソウルで五〇年以上暮らしている上の姉も、公式的にはこれでまた生き返った。

*統一および南北対話・交流・協力に関する許認可・政策の樹立、統一教育、その他統一に関する事務を管轄する中央行政機関。長官、次官それぞれ一名ずつを置き、企画管理室・統一政策室・情勢分析室・交流協力局・人道支援局らで組織されている。朴正熙時代の国家統一院から始まり、統一院、統一部へと名称を変えた。かつては、統一世論や運動を封鎖する役割を果たし、実際は情報部のダミー機関とも言われ、その絶大な影響の下にあったが、最近、統一問題が社会的に公然と論じられるようになってから、若干の独自性を持ちはじめている。

同様の理由で越南した第一世代の中で、多くの人は二種類または三種類の名前を持っている。一つはもちろん大韓民国の国民としての現在の名であり、もう一つは越南する前に北側で使っていた名である。万一、日帝時代に親日もしくは反民族的行為をした人なら、解放直後にまた異なる地方へ行き、別の名になりすまして処世してきた可能性もある。

越南した第一世代たち、すなわち現在六〇代後半から七〇代以上の年齢の人々の南における生きざまは、二重人格者、さらには三重人格者である場合がめずらしくない。胸に深くかかえこんだ秘密でつらい思いをしたり、忘れてしまおうとしても頭から消えさらない記憶のために流す涙と溜息も多い。

いずれにしても第三国での離散家族の再会ではなく、直接北朝鮮を訪問できるという政府の許可がでた。北に行けば、姉だけでなく兄の消息も確認することができるかもしれないという希望もあった。

兄は八三くらいになっているはずであり、亡くなった確率も高いように思われた。

実は、兄が死亡したことがほぼ確かだという便りを、かなり以前に伝え聞いたことがあった。一九六〇年代に、ソウル駐在特派員勤務を終えて日本に戻る親密な日本人記者に、尋ね人の資料を手渡した。北朝鮮取材に行く計画があると言ったからだった。

おおよそ一〇年が過ぎたころだっただろうか？　一九七〇代初めのある日、再びソウルを訪問した彼は私に、兄が戦争後の一九五七年春に腸チフスで死亡したという便りを伝えてくれた。甥が二人いたが、金日成《キムイルソン》大学とある教員大学をでて、生活の心配なしに暮らしているという話も付け加えてくれた。私は、兄が死亡したという消息を、母が生きている間は話さずに過ごした。父は、既に亡くなった後であった。長男の死を知らせるということは、そうでなくとも悲しみ多い老いた母に、あまりにも苛酷な仕打ちであるからだ。母は八六歳で亡くなる時まで、北の長男が生きているだろうと信じる思いを捨てていなかった。

今回、兄の生死を確認しようという試みは失敗した。北朝鮮当局は、私が提供した数行の資料では探すことができないと答えた。故郷、平安北道の大館《テグァン》に行ってみたいという要請は、実現されなかった。北側の交通事情や諸般の困難な実情を考慮すれば、私の要請が無理であることを現地で悟ったのである。その目的が実現する日はいつであろう？

北京で一泊した後、一一月一〇日昼、空港を離陸した北朝鮮の高麗《コリョ》航空機は、九〇分もすれば着陸するであろう平壌に向かって高度を上げた。一万メートルの高さで水平飛行が始まると、機内の拡声器を通じて快適で楽しい旅となるようにという機長のあいさつがあった。

私は両目を閉じた。五三年前に別れた時、二三歳だったスニ姉さんの顔が、まぶたに映像のように浮かび上がった。面長で楚々とした顔、小学校の同じクラスに三つ上の姉とともに通いながら、勉強のよくできたきらきらした聡明な目の輝き、五つ年下の私がいたずらして怒らせると私とムキになって争いながら、幼い弟と喧嘩しているといって、台所でご飯の仕度をやめてとんできた母にほうきでぶたれていた姉、嫁いでからも、日帝末期の京城に留学中の弟に、食べるものがないだろうとミスカル（各種の穀物を煎って粉にしたもの。朝鮮では間食や非常食とする）と塩の塊のように塩っぱくした牛肉の醤油煮を小包で送ってくれた姉さん……遠く半世紀も前の記憶が、現実のように再生されまぶたに浮んだ。これからまもなくその姉に会える！　七六歳になったスニ姉さんに。

喜び躍る気持ちは、姉の年齢が七六歳であるという考えが浮かんだとたんに、不安に変わった。苦労を知らずに暮らした姉が、朝鮮戦争で廃虚になった北朝鮮で、それも夫もなく独り身で、あらゆる労働で苦労したことを考えると不安になり始めた。しかも、過去数年間の大洪水と深刻な食糧難の最初の犠牲者が、子どもたちと老人たちであるという、多くの陰鬱なニュースが心を重くした。

飛行機は下降飛行を始めると、うらさびれた飛行場に軽やかに着陸した。平壌に到着して四日目となる一一月一三日の朝、私たち一行の旅行案内を担当した北側代表が、知らせを伝えにきた。「家族を探し出したようです」。彼は、姉を探し出したと言わずに、「家族」を探し出したと言った。それも「探し出した」のではなく、「……ようだ」とのことであった。

その日の夕方、北側当局者がまた訪ねて来た。「喜んでください。たった今、ホテルに李先生の甥ごさんが到着しました」。私は不安になった。「なぜ姉さんは来ないで、甥が来たのだろうか？」「姉が来れないほど、重い病にでもかかっているのだろうか?」。

　準備された部屋に入って座っていると、案内員の後について八〇歳近くに見える老人が入ってきた。五五歳であるはずの甥だというのに、なぜ老人を? 私は、一瞬ためらいながらたずねた。

「おまえは、だれだ?」

「甥の崔スダンです」

「そうか? なぜ一人で来たのかね?」

「母さんは、どこにいるのかね?」

　二歳になった時、最後に見たっきりの甥は、私に血縁としての何らの感情も印象もないような表情をした。あたかも事務的な報告をするように、答えたのだった。

「四年前に、亡くなったんです」

　なんの感情もないこの一言で、五〇年間いだいてきた私の切々とした恋しさは粉々になってしまった。

「ああ! そうなのか? 四年前までは生きていたのか! たった四年前まで、ああ!」

　その後に交わされた言葉は、実際無意味であるしかなかった。四年前の私にとって、公式的には北の姉が存在しなかったので、政府当局に北朝鮮訪問申請を出すこともできず、申請しても実現するものではなかった。姉があと四年長生きするかどうかは、天意である。八〇の老人のように年老いた甥の容貌が、全てを語ってくれた。私は、あれほど繊細で華奢なスニ姉さんが、朝鮮戦争で独り身となった後、五〇数年間どんな人生を送りこの世を去ったのかを尋ねるまでもなく、察することができた。

　しばらくの間とめどなく流れる涙をぬぐって、顔を上げた。

姉は戦争後、鉱山技師の妻から田舎の山間の畑仕事をする協同農場の農婦となって、生れて初めて触れる土を掘り、石を頭に載せて運び、畑を耕し豚を育てるという生活で七五歳の生涯を終えた。

私は、その五〇数年間の姉の過酷な生活に関するあらゆる説明を、一言で確認したいという思いで、すべての質問を一括して尋ねた。

「お母さんは、とても苦労をして亡くなったんだね？」

こういう場合に誰もが決まってそうする、聞き手の話を肯定する答を期待していた私は驚いた。

甥の返事は、予想とは全くちがって、まさに簡単明瞭であった。

「いいえ。敬愛する（金日成）将軍様と党が食べるもの、着るもの、すべて送ってくださり、苦労は全くなかったんですよ。私たちは、なに不足なしに暮らしたんですよ。ここ数年は少々大変ですけれど……」

私は、甥の顔をじいっとながめていた。

「そう？　そうだったのか？　よかった」

北側の当局者たちが、部屋の中で私たちをながめていた。私は、こんな時にどうやって私の感情を処理しなければならないのか、いまだ訓練を受けたことのない対話形式だったためである。私は、再度人間的なあわれみの情を期待しながら、言い方をかえて尋ねた。

「ところで、おまえも結婚して子をつくり育てた大人なのでわかるだろうが、お母さんが二七の歳で夫と離別して、五〇年間一人きつい生活をするのは、どれほど心細かったろうか？」

返ってきた答えは、やはり簡単明瞭であった。

「心細いことは、なかったですよ。（金日成）元帥様と共和国がすべて世話をしてくださり、隣近所が餅も分けてくれ、食べるものも分けてくれますからね」

私はそれ以上言うべき言葉を失って、しばらく口ごもった。

「……そうだったのか？　ほんとによかった」

彼は、母親が夫のいなくなった当初の数年間は薄情な人だと言いもしたが、後には一言も言わなくなったと語った。大同江の河辺で爆撃を受けて死んだものとして、忘れてしまったと言っていたという。「どうして忘れることができたろうか！」という言葉が、私の口からでようとするのを懸命にこらえた。

甥は、父が南側で生きているという話に驚いているようだった。しかし、父親の生存を五〇年ぶりに知った年老いた息子の口から出た最初の言葉に、今度は私が驚いた。「米帝の手先になってはいないですか？」

禿げ上がった広い額いっぱいに深いシワの刻まれた日焼けして痩せた顔には、韓国で生きているという父親に対する、あざけりと憎悪が混ざった例えようのない奇妙な表情が横切った。私は、「おまえの父は、トラック運輸事業とセメントブロック製造業をして人々を助けながらまっとうに暮らしている」と、安心させようとした。ソウルから持ってきた父親の写真を渡そうとすると、彼は「いらないですよ！　いただきません！」と手をふった。

出発の前日、私は北側当局者にその日に予定されていた妙香山《ミョヒャン》のかわりに、姉の墓を探し、墓まいりをしたいと申しでた。しかし、同じ平安南道であるにもかかわらず、距離も遠く、大洪水で橋が流され、道も復旧しておらず、自動車が通れない状態であるということであった。南北関係がいっそう改善される日が再び訪れれば案内するので、その時まで先送りしようという言葉に、私は自分の申し出を撤回した。

生活に必要なものは何一つ不足していないと繰り返し受けとるのを拒む甥に、今となっては永遠に会えなくなった姉の墓前に線香でも買って、私のかわりにたむけてくれるようにとの、線香代だと言いあらためて、ソウルから持ってきたいくばくかのドルを手渡した。

姉は、家で呼んでいた「李スニ」ではない、「李ヒョンソン」となっていた。北側当局に送った私の離散家族さがしの資料に姉の名前を誤って書いたために、北側当局が人を探し出すために味わった労苦は、涙ぐましいほどの真心がこもったものであった。ソウルに戻ってきて、上の姉にその名前の違いを話したところ、「スニ」は家族の中で呼びあった幼名で、本来、戸籍上の正式名は「ヒョンソン」であったという答えであった。幼い頃に呼んだ名を法的な名前だと私が錯覚したせいで、北朝鮮当局は存在しない名前で姉を探すのに、どれほど苦労したかわからないと、その間に経験した出来事を打ち明けてくれた。だとしても、私の錯覚を責める気配はまったくなく、私のためにそれだけできたことを、よろこんでくれていたのだった。この文を結びながら、北朝鮮当局にもう一度心から感謝したい。

［初出：『ハンギョレ新聞』一九九八年一一月二〇日〜二三日付］

北朝鮮同胞のものは北朝鮮同胞に

南北頂上会談の展望と金日成主席死亡に関する記事で埋め尽くされた新聞紙面の一隅に、見えるか見えないか位の小さな記事が目についた。
「政府、統一に備えて『財産特例法』準備」
内容はすなわち、法務部が「南北統一後に予想される北朝鮮内の不動産所有権紛争と、離散家族再結合にともなう相続問題などの解決・処理のための特例法」の試案をつくったという。言葉使いが結構小難しい。

よりにもよって、家中の不幸でみんなが泣きくれている隣家の財産をねらうような印象をあたえる法律である。この法律が世の中に知らされた時期が、また極めて適切でない。隣家のご主人の不幸があったのに、お悔やみに行かないまでも、(1)喪家の財産をねらって涎をたらすようなことは、「東方礼儀の国」とまではいかなくとも、この民族の礼節ではないからだ。

私もこの法の定めたところによれば、ひょっとして父が住んで北朝鮮においてきたかなり大きな家に対する「権利」があるかもしれない。しかし、私はその家に対する「財産権」の行使など考えた事すらない。

なのにこんな法律案が出されるのを見ると、いわゆる離散家族の中には、それこそ「虎視眈々」と国土回復よりは、「財産回復」をねらう人たちが少なくないようだ。分裂した民族の統一よりは、残してきた財産の回収が、統一を願う本心であるようにも思える。

そんな法律を制定した前例が、なくはない。ベトナムと台湾、そしてドイツである。

ベトナムでは、一九五四年六月、フランス軍がホーチミン指導下のベトナム民族解放軍に大敗して、北緯一七度線に休戦線が引かれた後、以北の北ベトナムに住んでいたベトナム人のうち八六万名が白人植民・帝国主義、フランス軍にくっついて（協定にしたがい自由に）南に移住した。そのうち六〇万名はカトリックの信者であり、二〇万人ほどはフランス植民地時代に行政機関・軍隊・警察、およびその他の関連職務に従事していた「望ましくない」人物とその家族たちであった（ボスナード・ホール『二つのベトナム』）。これらがベトナム版「越南《ウォルナム》」人たちである。フランスと日本の植民地支配に奉仕していた彼らが、主にベトナムに「財産」を残してきた人々であった。結局、北ベトナムに置いてきたり、「埋めて」きた金と不動産に対し、彼らの財産請求権は行使される機会なく、廃棄されてしまった。

台湾では、一九四八年から四九年、中国本土が毛沢東の農民革命勢力の支配下にはいった「国共内戦」末期に台湾に逃避したかつての地主・銀行家・商人・軍人・高級知識人・政府官吏・キリスト教信者など、国民党系約一〇〇万名が本土回復と彼らの旧財産回収を連結させていた。しかし、どうしたことか!!　彼らの財産権は紙屑になってしまった。

ドイツの場合は、ちがう。第二次世界大戦に敗北してドイツが東西に分断された当時、東ドイツ地域住民のうち、約四〇〇万人が西ドイツに移住した。一九九二年の統合過程で、吸収統一をするようになった優越した立場の西ドイツによって、不動産権協約締結が強要され、旧所有者に土地が返還されることになった。しかし、数十年間生死すらわからなかった「不在地主」、「不在家主」たちがある日突然現れて、財産権を要求したために、今、統一ドイツは蜂の巣をつついたような大騒ぎである。現在、訴訟になっている財産返還紛争がなんと二〇〇万件にのぼるという。

さる（一九九四年）一月、ドイツ統合時に東ドイツの最後の総理として財産権協約に調印したメジエール（後にキリスト教民主連盟副総裁歴任）が、韓国を訪問した。ある新聞との会見で彼は、統一直前の最後の東独総理として、統一の過程で最悪の決定がまさしくその財産権回復問題であると述懐していた。

参考にしなければならないのは、それだけではない。三年二カ月にわたる朝鮮戦争の間に米空軍のジュータン爆撃で、北朝鮮では「建っているものは何一つ残らず倒れてしまった。焼けるものは余すことなく焼けてしまった。残ったものは、岩と石だけである。ワラ葺きの家一つも残らなかった。北朝鮮は、いまや石器時代にもどってしまった（North Korea has now returned to the stone age）」と、当時米国太平洋地域指令官ルメイ提督は宣言した。これがルメイ提督の有名な北朝鮮に対する追悼辞である。「完全な無」の状態になったのである。

「石器時代」にもどった休戦線以北地域に、今日のような物質的復旧・建設をしたのは、北朝鮮同胞の血と涙にまみれた労働の結果である。「完全な無」から、彼らがつくったものは統一後に彼らの財産として認めねばならないのではないか？　このような考えも、「親北朝鮮的だ」と頭から湯気をだして怒る人がいるやもしれない。この国は、曇りなき冷静な精神と情緒をもって生きるのが、難しい社会である。

（1）金日成主席の死亡に弔意でもあらわすのが妥当であるという意見に対し、金泳三《キムヨンサム》政権と極右・反共勢力は、「容共分子」として非難した。

［初出：『ハンギョレ新聞』一九九四年七月一四日付］

「主体思想」のイデオローグ、黄長燁との対談

韓国に亡命した、北朝鮮の前金日成大学総長*、および朝鮮労働党**国際担当秘書であり、また北朝鮮の国家理念である「主体思想《チュチェ》」***を作りあげた人として知られている黄長燁《ファンジャンヨプ》氏とのこの対談は、黄氏に対する情報当局の調査・保護期間が終わって公開的に韓国社会の人々との接触が許可された後、ハンギョレ新聞社と情報当局の協議により、公開的報道を前提として、韓国の知識人との対談という形式で行われた、黄氏の最初の「心中吐露」といえるものである。「対談」の所々に割り込んで黄長燁氏の代わりに発言した金徳弘《キムドクホン》氏は、黄氏と一緒に亡命した、北朝鮮政府対外貿易部門の幹部だった人物である。本来、安全企画部****と『ハンギョレ新聞』の合意では、李泳禧《リヨンヒ》と黄長燁との二人だけの自由な対談とされていたが、安全企画部が指定した対談場所に行ってみると金氏が黄氏のそばに座っており、デリケートな話題になると、黄氏を退けて金氏が発言したりした。この対談は一九九八年五月一一日に行われ、一九九八年五月一四日付の『ハンギョレ新聞』に「ハンギョレ創刊一〇周年特別対談」という題目で掲載された。

*正式名称は金日成総合大学。北朝鮮の首都平壌にある国家幹部養成のための国立総合大学。一九四六年一〇月に、故金日成主席の「あらゆる困難を乗り越えて、教育と幹部養成を全てに先行させる」という指示によって創建された。現在、歴史、経済、哲学、法学、朝鮮語、朝鮮文学、外国語文学、物理学、化学、生物学、地質学、数学、力学の一三学部と、八研究所を置き、三年制の研究院（大学院）、一年制の特設研究院、その上に二年制の博士院がある。学生数は、一万二〇〇〇人。

**北朝鮮の政権を担う政党。一九三〇年代の抗日パルチザン闘争の革命伝統を継承し、国家理念である主体思想を指導指針とする。社会主義の完全な勝利と全国的範囲における民族解放民主主義革命・祖国統一の実現を当面の目的とし、共産主義の建設を最終目標としている。党員数は、八〇年時点で三〇六万名である(北朝鮮人口の二〇%に近い)。最高決定機関は大会、執行機関としては一〇〇余名による中央委員会、さらにその内部に中央委員会政治委員会と中央委員会秘書局がある。

***故金日成主席が創始した思想体系であり、北朝鮮の憲法および党規約においてその「活動の指針」とされている、国家の基本理念となる思想体系。対外的には「政治における自主」・「経済における自立」・「国防における自衛」を、国内的には「唯一領導制」を提唱するもので、北朝鮮において、周辺大国に従属せず、主体性を堅持するための支柱となっている。

****正式名称を国家安全企画部といい、八一年一月にその前身である中央情報部(KCIA)から改称された、大統領直属の情報機関。対北朝鮮、対共産圏諜報と反共心理戦・工作を名目として、独裁政権の爪牙として人権弾圧に猛威をふるってきた。朴正熙政権時代は、対共産主義情報活動のみならず、国内の反政府勢力の監視・弾圧においても強大な権力をふるったが、全斗煥政権時代から徐々に権限が縮小され、金大中政権下の九九年一月に国家情報院(NIS)と改称されてからは、この機関の国内政治に対する関与を根絶しようという方向へ歩が進められていると言われているが、依然として旧弊を改めたとは言いがたく、最近も盗聴問題などで、その暗い影を落したりしている。

黄:まず『ハンギョレ』創刊一〇周年、おめでとうございます。実は、昨年、私たちが来たときから会ってみたかった数少ない方のうちの一人が、李泳禧先生だ。ようやく会えた。何日か前、統一院担当の記者たちとの懇談会で、私がそのように話した。これまで、短時間内のインタビューのような形式に偏っていて、したい話が全くできずに誤解ばかり招いている。それで、今日も李泳禧先生と単独で会おうと言ったのだが、聞いてみると『ハンギョレ』創刊一〇周年ということなので、では公開対談をしようということになったんだ。われわれは北朝鮮の同胞を解放するために越境してきた者であって、安楽な暮しをするためではない。絶対に誤解してはならないよ。だから、私は亡命ではないのだ。それで『ハンギョレ』に会おうといったのだよ。『ハンギョレ』の性格からすれば、話がわかるはずだと。また、たくさんの情報を提供して韓国政府の対北朝鮮政策が変わるかと思ったら、一つも変わらない。われわれは全部話した。私は金日成主席の理論秘書として、七年以上働いた。党中央の秘書としても七年以上働いた。四〇年間、その中枢部で働いた。われわれはわれわれなりに、北朝鮮のあの悲惨な状態をどのように終わらせるか、そのことに対する戦略を話した。その戦略が実施されないのは、政府ではなく言論機関の責任だ。最も大きな発言権は、言論が持っているのではないのかね？　戦略問題を話したら秘密を保障してくれと要請したが、ここにきて、それを秘密にする必要はないと考えたのだ（黄氏は、自分が一年余りのうちに大きく変わったという『ハンギョレ』の社説の指摘に対する不満、北朝鮮がまもなく崩れるはずだという自分の主張を韓国側が信じないことに対する不満、労働党農業担当秘書の徐寛熙《ソグァンヒ》が北朝鮮で銃殺されたことなどについて、長く話し続けた。彼はそんな話をしながら、時には上気したり、興奮したりした）。

李：ちょっと待って下さい、私は記者会見ではなく対話と聞いてきたのです。対話というものは、一人が長く話すのではなく、もう少し短い話が行き来するものと考えます。お互い短く、たくさんのことについて話をやりとりしましょう。

黄：いや、記者会見も何も、会って対話はできないよ。

李：対話というのは、話がたくさんやりとりされることをいうのでしょう。

黄：いや、私は対話をそのようにしようと言っているんだよ。

李：私を新聞社の人間と考えないで、黄先生と初めてお目にかかるので、たくさんの話題があるのですから、話がやりとりされてこそ読者も多くのことを新しく知り、疑念を解くことができるのではないですか？

黄：私の話をもう少し聞いてから話しなさい。だから戦略問題も、結局は、われわれが提起して政策化されるのではなく、国民が支持しなければならないのに、支持のためには言論機関の力が大きいのだよ。だからこれは序論なんだ。何を載せるかは新聞社側の自由だが、答えたくないことは答えなくても、私は嘘は言わないから。私の話を載せるなら、私が言ってないことは載せないでくれよ。

李：私は今日は対話だと思って来たのですが……それから載せるか載せないか、またどのように載せるかは新聞記者がすることですし。

黄：（かなり興奮し、机を叩いて）対話も何も、ひとが話しているのになぜしつこく口を挟むのかと言ってるんだよ。はじめに少し話してから始めようとしているのに。私は全部話すと言っているじゃないか。われわれが命を捨ててきたのだということを知ってるのかね？　われわれが安全企画部の言うとおりにする人間かね？

李：（興奮がやむのを待ち、対話の雰囲気を和らげるため落ち着いた声で）まず個人的な話をしましょう。私が生まれたのは一九二九年ですから今年七〇歳ですが、黄先生は一九二三年生まれとお聞きしているのですが……？

黄：私はもともと陰暦でいえば一二月七日、壬戌生まれだ。陽暦でいえば一月二〇日だが。

李：それなら私にとっては五、六歳上のお兄さんですが、今日は私が公人の立場で来ましたので、黄先生とお呼びすることにします。私は李教授とでもして下さればよいですし。個人的にはお兄さんのようだという気持ちです。私がお聞きしているところでは、安全企画部がこれまで、黄先生が来られてから一年間、保護し、協議するのに時間を費やしたということですが、これから韓国社会の一自由市民として、安全企画部の枠から抜け出して自由に発言し、活動なさることと思います。よくご存知でしょうが、民主主義が正しく機能してはいないとはいえ、それでも韓国では一定の地位と権威を持つ個人は、私有財産だけ公開するのでなく、その思想と人格と行動を国民の前に公開して選択されるのではないですか？　まして世界の注目を集めてこられた黄先生はいうまでもないでしょう。この一年の間、韓国の多くの人々から様々な評価が出てきています。拒否反応もあり、友好的な反応もありますね。個人的には私は、黄先生に対して特別に友好的なわけでもなく、先入観でもって拒否的なわけでもありません。非常に冷静に知識人として困難な決断をして越境してきた、その知識人の全ての話を聞き、私の意見も述べたいと思っています。

黄：いいよ。なんでも聞きなさい。

李：お聞きしたいこともあり、意見を述べることもありえます。簡単に私の紹介からいたします。元々、平安道出身で、解放前にこちらに来て中学校を終え、戦争になって陸軍歩兵として七年間服務しました。除隊してからは言論界におりましたが、途中で漢陽《ハニャン》大学に行きました。主に国際・外信関係を担当し、少しばかり勉強しました。これまで黄先生が書かれたり発表されたものはほぼ全部、真剣に読ませていただきました。その内容については、たくさん話したいことや問題、解決しなければならない提案がありますが、同時に韓国における多くの人々が、この文の主人公である過去の北朝鮮主体思想の哲学的立案者である黄先生に対する懐疑も持っています。そのような問題について、この機会におっしゃってくださると幸いです。

黄：それで何を読んだのかね？　ファイル[*]を読んだかね？

＊『黄長燁秘密ファイル』を指す。黄長燁が亡命前に北朝鮮で秘密裏に執筆したとされている、「改革と開放」、「社会主義政治要綱」、「哲学の使命」、「社会発展と関連する諸問題について」などの論文をおさめたもの。朝鮮日報社『月刊朝鮮』の一九九七年四月号別冊付録として刊行された。

李：私が持っているのは韓国内で発表されたもので、一九九七年二月一二日に中国駐在韓国大使館で書かれたという自筆陳述書と、ソウル到着の挨拶と国民に対する言葉で一九九七年七月一〇日に話されたものと、一九九七年九月二四日に『朝鮮日報』[*]に出た「主体連呼では北を救援できない」と、一九九七年一〇月二〇日の「金正日継承批判」と、最後に、来られる前の一九九六年八月に北朝鮮で作成して外部に流出された「朝鮮問題」という長文の論文です。国内に報道されたものの中で、ほぼ全部について国民は真剣に受け入れましたが、唯一「朝鮮問題」という論文については、他の論文を読んだ大部分の人々が、なにか釈然としない部分を感じました。はなはだしきに至っては、真摯かつ率直、正確に話をするためではありますが、これが果して黄先生自身の文か、韓国情報部の作品か、疑問を感じています。この資料の真偽を糾明してから次に進みたいと思うのですが。

＊日本植民地下に創刊され、韓国で最大部数を誇る、反共超保守系新聞。

黄：その「朝鮮問題」は私が書いた。そこ（北朝鮮）からそれが露出すれば、銃殺される。その時は私が命を差し出そうと考えていたんだ。私は九九％まで、二年の内に（北朝鮮が）戦争をすると考えていた。ところが韓国の実情は全く違っていた。それで、早く行って話すべきだと考えたのだよ。私の知り合いが、いまは韓国事情が複雑だから、大統領選挙が終わってからきてくれと言った。それで私は叱りつけたんだ。一体どうして大統領選挙が終わってから来いというのか。私が責任をとるからと言って、私が論文を送ったのだ。

李：用語が他のものと少し違っていて……

金徳弘：（そばでじっと聞いていたが、はがゆいといいたげに）北朝鮮の人々が見れば、黄先生が書いたものだと一目で分かる。それは間違いありません。

李：ありがとうございます。貴重な事実です。韓国では黄先生が来られる前に、すでに中国に来られたという話が出たときから直接入国されるまで、反応が実にたくさんありました。例えば韓国の極右や反共の個人や勢力は、諸手をあげて英雄として対し、その一方で同じ極右、反共集団が、過去、朴正熙時代に偽装して越境してきた李穂根《イスグン》*を知っているため、懐疑的にもなっていました。ですが概して多くの人々には、黄先生が高い地位で享受していた全てのものを捨てて来られるので、「民族愛の化身」であるという良い反応でした。民主的決断をした知識人という反応もありましたし。また他方では、言葉を飾る必要はありませんからそのまま表現するならば……

*一九六七年、北朝鮮中央通信副社長であった李穂根は、板門店を通じて韓国に脱出・亡命した。六九年度にカンボジアを通じ北朝鮮への脱出を試みたが、サイゴン空港で逮捕され、韓国に押送されて死刑に

処せられた。北朝鮮からの二重スパイとも言われている。

黄：そのような前置きをせずにそのまま話しなさい。私も机をたたいて話しているのだから……

李：変節者ではないのか、これまで北朝鮮の主体思想とそれに立脚した国家理念を樹立してきたような人間が、そんなふうにするのは、責任回避ではないか、偽装的平和主義者ではないか、それにそんなに熱意にあふれているのなら、北朝鮮に残って改革をするべきだろう、ここに来て何の影響力を持つというのか、などの懐疑論もありました。また他の人々は、これは民族平和を求めてのことではなく、敵対心を助長しようという危険な人間であるとも評価しました。もしかしたらご覧になられたかもしれませんが、韓国社会で尊敬を受ける人々の集団である天主教正義具現司祭団は、黄氏には戦争と南北間の敵対心をあおろうという疑惑があるので、北へ帰れとの声明を出しもしました。私は今日、黄先生に、白紙の状態で対しようと思っておりますが……

黄：そのような話はたくさん耳にした。もちろん想像を絶するとは思うが、それはこちらの人々があまりにも北朝鮮の実情を知らずにする話だよ。このような推測に対しては、少しも意に介するつもりはない。ナチスドイツのヘスと似ていると言う人もいるが、私はそんな人は相手にしない。私は（北朝鮮で）本も思うように書くこともできず、講義も私の勝手にはできず、軍隊に行って（講議を）した。北朝鮮において私の名前で出されたものは大部分が偽作で、下書きしたものに加筆したものもある。私の思想がわずかでも反映されたものは、全て金正日、金日成の名前で出されたものだ。

李：その事実は、韓国ではあまり知られていません。わかりました。権力者が学者の理論や思想を盗用することは、どの国においてもそうなので理解できます。

黄：ここに来て、妙な話を聞いた。まず金正日と私の家とは、直接的な関係はない。一九五八年から金日成の理論秘書四名のうち、三名は経済学を、私は哲学を学びながら論文を書いた。統一を願い、同胞の悲惨な状態を救援するという考えのもとに論文を書いたのだ。

李：私個人も同じように考えないわけではありません。（一九三〇〜四〇年代の日本の中国侵略戦争時）日本との和解を通じて、中国人民の惨状を自分なりに救済しようとして、抗日戦争の無益性を訴えるために日本に脱出、日本の傀儡になった蔣介石政府の副総統・汪精衛、ヨーロッパの平和と安全のために戦争（終結）交渉をしようと、ヒトラーに対抗し単身英国へ行ったルドルフ・ヘス副総統の前例が、脳裏に浮びます。完全に正しい比喩だとは思いませんが、歴史的前例が思い出されます。先生がここで韓国同胞を説得し、韓国同胞の理解を土台として北朝鮮解放という民族事業をするためには、韓国の国民が抱いている様々な疑問が、一度解かれなければならないというのが前提です。一般的に話せば亡命の動機は、最初は理念の違い、次に政策の違いです。先生は主体思想を作りあげられたのに、権力者たちに悪用されたと理解しています。統一はまた平和的統一でなければならないのに、そちら側では武力統一を主張しました。三つ目は世代の違いです。第一世代の金日成主席と親しく、今でも心情的にそのような気持ちを持っておられる方々が、金正日世代になって第二、三世代によって更迭される過程です。先生の文の中に金日成主席に対する批判はなく、金正日に対しては猛烈な批判が節々に書かれていたことから察するに、何らかの理由で新しい権力者（金正日）の寵愛を失なった、人間関係でのトラブルがあるのではないかと推測されるのです。四つ目は権力闘争です。強硬守旧勢力と穏健国際派などの権力関係です。最後に、長い間北朝鮮で「朝鮮問題」のような論文を書いていた時から、韓国にくることを構想しており、メモが在米同胞を通じて出てきたことから見て、安全企画部の懐柔工作が成功したと推し量られもします。

黄：金正日とどういう私的な対立はないよ。一九九四年の金日成主席の葬式の時は、まず最初に私に電話した。こいつは悪い奴だが、父が死んだとまず電話してきたところを見て、少し考え直してやろうと思った。ところが様子を見ていたがいけないようだ。権力闘争はしたことがないが、彼は私を技術者として利用したのであり、政治家として利用したことはない。それで私は言いたいことを少し言った。

李：韓国で北朝鮮について勉強したり研究している人々の間で、政治的に通用しているものに、北朝鮮内の政策執行過程と思想路線において穏健派・国際派、守旧勢力・遊撃隊*世代などの区分がありますが、こういった区分は適切ですか？

＊抗日パルチザン闘争、特に一九三〇年代から朝鮮人民革命軍として共産主義主導の武装闘争を行った勢力からなる。北朝鮮においては、最も中心的な指導勢力ではあるが、抗日戦争第一世代は次々と亡くなっている。

黄：人々を互いに会えないようにするので、派を形成することはできない。思想によって穏健な人、盲従する人を分けることはできるが、あそこでは毎日忠誠を誓わないと務まらないのだ。

李：韓国にきた北朝鮮の人々を指す表現は、帰順者、脱出者、亡命者、投降者など様々ですが、先生は亡命という用語を使いたくないと言われました。
黄：最初に亡命だと書くなと言った。自分の祖国にきたのに、何ゆえ亡命か。ここに安着する考えはない。北朝鮮に韓国の実情を、韓国に北朝鮮の実情を知らせてはいるが、闘争の途上で金正日の弾丸をくらって死んでも構わんし。そのままタタミの上で往生するつもりはないよ。
李：韓国にそのままとどまりはしないというお言葉で思い出しましたが、張承吉《チャンスンギル》エジプト駐在大使のように、なぜ米国を選ばなかったかのという意見もあります。
黄：ここが祖国なのに。
金：張承吉大使が米国に行ったのは、祖国を裏切ったのです。統一されても、北朝鮮も韓国の人も、皆あの人を相手にしてはならんよ。あいつは自分だけ良い暮らしをしようと行ったのです。北も南も祖国なのに。
李：たいへん新鮮な角度の解釈です。統一された南北朝鮮、どちらに対しても裏切者ではないのかという見方ですね。ところで韓国の人々が（あなた方を）どのように呼ぶべきなのでしょうか？
黄：関係ないよ。亡命者でもいい、投降者でもいい。われわれは自分がすべきことをするということだよ。
李：こちらに来て政府にさんざん話しても、対北朝鮮政策に大きな変化がないと失望なさっているのに、失礼な話かもしれませんが、黄先生が今まで強調してきた通り、大韓民国政府が政策を変えるだろうと期待なさったとするなら、韓国政治権力の構造、政治論理に対する理解が不十分だと思います。
黄：そうかもしれん。あちらで考えていたのと比べ、韓国の人々が北朝鮮の実情を本当に知らず、金正日、マルクス主義、主体思想に対してもよく知らないし、どのような状態なのかもよく知らず、正確な統計を出してもあまり信じないような状態だからね。

李：それだけではないのです。北朝鮮だけでなくソ連、中国、東ヨーロッパなどの共産主義・社会主義環境の中で長く生活すると、韓国の政治は民主主義とはそうとうかけ離れた嘆かわしいものではありますが、それでもある一人の人物の理論で政府があちらこちらに引きずられたり、引き戻されたりするのは、解放五〇年間に蓄積した議会民主主義世論の機能と原理が作用しているので不可能です。北朝鮮であるならば、金日成、金正日がしようとすれば、一朝一夕に変えることができますが、どんなに黄先生が良い勧告や政策変化の提案をしても、韓国政府が立派な民主主義ではないとはいえ、多様な姿と政党政治があるので予想したようには、なかなかならないのです。

黄：われわれは、われわれなりにすることがあるから。

李：われわれは（黄先生がおっしゃっている）北朝鮮の金正日その人個人が危険な性格であるとか、北朝鮮政権の無責任さ、そのなすことを十分に理解はします。強調なさる部分に同調しながらも、北朝鮮だけが平和と、韓国との共存・統一を拒否して、ひたすら軍事力による戦争統一方式だけを追求し、韓国は正反対に終始一貫して平和・友好・戦争反対を堅持してきているようにお考えであるという印象を持ちました。実際に北朝鮮が今のようであることは理解できるとしても、もしかしたら韓国が北朝鮮とは正反対に、ひたすら平和で民族的統一を願い外勢に依存しないのだと考えていらっしゃるのではないか、北朝鮮だけを一方的に批判するので、このような疑問が生じるのです。

金：韓国の場合、戦争という方法で統一することはやめようというのは明白でないですか？　われわれはそのように理解しています。統一は目的です。

李：双方の政権が、戦争によっては統一しないといっているのは、言葉や、文章では同じだといえますが、韓国の政権を構成する権力集団の戦略が最後までそのままかということについては、そんなに自信が……

金：金正日自身が北朝鮮政権を革命政権、階級解放の手段といい、韓国を解放するべきだと公然と指摘しており、労働党綱領・規約にも全部そう書いてあります。現実に、一九六〇年代初めまでに工業化を完成してからは、戦争準備だけしています。独裁維持のためのことを、統一のためと大義名分を立て、武力による赤化統一を内部で教育していますし。

李：面白いことに、よくご存知でしょうが、李承晩《イスンマン》、朴正熙時代の三〇余年にわたる南北統一政策を見ると、朝鮮戦争は北が挑発したものですが、朝鮮戦争以後、国家的潜在力が大きい方が弱い方より先に、常に平和と統一を余裕満々として唱えます。一九五〇〜七〇年代は韓国が北朝鮮より劣悪で、平和統一を主張しさえすれば死刑に処され、統一を主張すれば反共法、国家保安法で処罰されました。（そのため）悲惨に生涯を終えた人も多いのです。その当時、北朝鮮は優位に立っていたため、平和統一を主張しましたし。偽装だったとは思いますが、表面的にはそうでした。いまは韓国の経済力は北朝鮮の二〇倍で、（軍事・政治・外交どれにおいても）優越しているので、平和を掲げるようになりました。韓国が柔軟な政策に逆転し、北朝鮮は反対に……真意があるかないかではなく、能力が勝れば（平和を押し立てて）、劣勢ならば自己保護のために拒否して。一九七四年を分水嶺として南北の立場が逆転したと考えます。

金：北朝鮮は統一・対南政策において、一貫性を持っています。一九六〇年代も今も同じです。変わったことは何一つありません。

李：南北間に総体的な国力差が出る時、相手方を軍事的・経済的に窮地に追いこむことは、結局、相手方に生き残るために核兵器のような軍事力しか頼るものがないのではないかと考えさせがちでしょう。一九七〇年代初めの韓国の朴正熙政権がそうですし、いまは北朝鮮の金正日政権がそうです。ダブルスタンダードを適用するのは適切ではないと思います。

黄：ここで討論する問題は多いだろうが、歴史的な問題を議論する時間はないよ。一つだけ言うなら、今現在、南北が対立しているが、われわれ民族の少なからぬ部分、一〇〇余万名が死んでいる所は北朝鮮だよ。テロ国家としてわれわれ民族に恥をかかせている所も北朝鮮だ。問題を相対的に見る時、北朝鮮が悪いのは明白だろう。こういう条件で北朝鮮をずっと支持するのは反逆者だ。南北対立において北朝鮮が悪いということ、北朝鮮がわれわれ民族を亡ぼしているのに肯定・否定（面）があるといって、和解するというのは間違っている。そのような問題をもっと討論しようというなら、午後にしよう。

李：歴史的な話はよくないというのには異議があります。歴史は過去として完結したことはなく、今日を見て明日の方向を決めるためのものですから、過去は過去の事ではないのです。

黄：しかしわれわれは今とりあえず急いでいる。北朝鮮の同胞が毎年一〇〇余万名ずつ死んでいるのに、それをどう救ったらよいのか？　私が先生に会いたかったのは、ハンギョレの精神*で北朝鮮の問題も共に考えようという趣旨であったのだ。北朝鮮の実情がよく分からないようだね。林秀卿《イムスギョン》**がきた時、黄晳暎《ファンソクヨン》***がきた時、会って話してみたかった。あの時は黄氏にもっとも優秀な弟子を選んで送った。だが盗聴装置が置かれている状況では限界がある。後で黄晳暎氏に会い、感想を尋ねた。ここにきてからもそうだ。まず第一に話したいのだ。だが、北朝鮮に対して関心を持つことはいいのだ。来て見ると、関心がない。高校生の六〇%、大学生の三〇%が、関心がないんだ。

*朝鮮語でハンギョレは「一つの民族」の意で、統一への願いを込めている。『ハンギョレ新聞』創刊時に新聞名を公募したところ、一位を占めた。漢字語なしの純粋ハングルである点が民族の宿願と重なり、今日韓国でよく使われるようになった。

**一九八九年、平壌で開催された第一三回世界青年学生祝典に韓国の全国大学自治会協議会の代表として、当時、韓国外国語大学生だった林秀卿が参加した。この事件は、韓国においては学生運動の親北朝鮮化として、北朝鮮では、その統一政策に対する韓国民衆の具体的な呼応として大きな衝撃を与えた。彼女の清新で率直なキャラクターにもおって「統一の花」と呼ばれ、朝鮮南北社会で、多くの人々からの共感をえた。韓国に帰った後、国家保安法違反で三年五カ月の獄中生活をへて、現在、アメリカ留学中。

***小説家、代表作、長編歴史小説『張吉相』、底辺労働者の生活をえがいた『森浦へ行く道』など。一九八九年、北朝鮮訪問、その後、米・独などで亡命生活をし一九九三年、帰国とともに国家保安法で逮捕、投獄され、一昨年、釈放される。

李：その通りです。

黄：北朝鮮に好意的な人々、そのような人々は関心があるので、誤りをただしてあげればわれわれと意見を共にする人だ。それで会おうといったのだ。

李：よく分かりました。

黄：私はこの年になるまで、たくさんの人に会ってきた。私は先生を誤解するような人間ではない。一言一言、何を言おうとしているのか分かるが、とりあえず今、急いでいるということなのだ。あれを直接見ないうちは分からない。どんなに悲惨であればわれわれが（韓国にまで）来ると思うかね？　あちらで闘争するだけの条件があるなら、なぜやって来るかね？　それでも私は金正日と関係があったのに（韓国に亡命したことを）、他の人には理解できないだろう。われわれは唯物論者だ、食事をしてから続けよう。

（昼食後また会うと、金徳弘氏が封筒を出していた）

金：北の同胞のための寄付として、黄先生と私と一〇〇万ウォンずつ準備しました。

李：ハンギョレ新聞社の社長に渡します。有難うございます。

黄：午後は時間もあるから、仲良くやろう。

李：黄先生の統一問題戦略について、韓国国民が誤解している問題を話します。黄先生が書いた論文などの統一戦略には、一言で北を飢え死にさせる戦略として表現される内容が多いのです。一例として、このようなものがあります。「北を鎖国政策のまま持続させろ。改革すれば北が強化されるから、鎖国政策を助長しよう。孤立化を持続させなければならない。経済生産力を続けて弱化させなければならない。韓国は軍事費を継続して投入し、北朝鮮を消耗させなければならない。経済封鎖を続けて強化すべきである。農業改革を援助する努力はせず、遅延させるべきである。そして北朝鮮の韓国に対する食糧依存度を継続して高めるようにしなければならない」、これが統一の方法として記述されています。誤解の余地があるようですが？

黄：私が要求するのは、改革・開放だ。ところが金正日が改革・開放を絶対に受け入れない。あの論文は個々の人に、参考に戦術として与えただけだ。北朝鮮の強力な点は二つ、軍事と思想だ。われわれにには経済的優越性と国際的優越性がある。戦略は、敵の弱い所を、われわれの強い所で撃つことだ。今、食糧問題が並大抵ではない。毎年一〇〇万名が死ぬよりは、はやく崩壊させる方がましだろう。これは政府としては口に出して話せる問題じゃない。和解すると言わなければならないだろう。金正日を打倒しようと言いながら対話はできないだろう？　はやく亡ぼす方法は食糧だよ。食糧をわれわれに依存させるのだ。同胞的な見地からも、当然われわれが解決すべきだ。同胞愛からしても政治的にもこれが正しい。韓国同胞が自分らを忘れないで援助してくれるということを知っていれば、あの（北の）人々が戦争をするかね？　一五万トンあげても非難されたと言う人もいるのだから、二〇〇万トンはやらないと。世界に宣布して。それをなぜ赤十字を通じて渡すのか？　なぜ人道主義か？　同胞愛的な見地でわれわれが責任を負わなければ。二つ目は北の事業が全部失敗したことだ。一九九五年に軍需工業は党で管理したのだが、軍需工業担当秘書が言うには、労働者が五〇万名いるのに、かなり技術の水準も高いのに、その中で二〇〇〇名が飢えて死んだというのだ。もう少し待てば軍需状態が麻痺する。まだ軍需工場だけは残っているが。私の論文を発表した時は、非常に腹が立った。われわれが韓国にくることに反対する人がこのようにしたのだと思った。戦争を全くできなくして、思想の問題ならば、そのようにしようという意味で（そのような方式を）提起したのに、全部発表してしまった。学者だというのにどうして一貫性がないのかというが、私の話は改革・開放しようというものなのだ。改革・開放さえ成し遂げれば、八〇％は統一したといえるだろう。今は改革・開放でやり遂げる方法をこそ考えなければならない。その時のわれわれの打算(計算)では、こうしさえすれば二年あれば(北朝鮮が)亡びると考えてそのように提起したが、今はこれではだめだ、他の方法でやらなければということだ。

李:それなら、ここで今おっしゃった論理および戦略と、北を出る前に書いて外に搬出した論文の中で、あらゆる面で弱化させて北朝鮮崩壊を促進させなければならない、米を与えるのは結局蛇を生殺しにすることだと主張したこととは、内容的に矛盾します。今、韓国に来てから考えが変わったのではなく、元々そうであったと言われましたが、外に向けて人々に活字などで知らされたものは、矛盾したり、考えが変わったわけではないと言われるのですね。

黄:考えが変わったわけではない。はやく解放させるためにどんな方法が正しいのか、苦しいけれど最初はこの方法を選べば良いはずだと考えたが、(韓国)国民が支持しないのでできなかった。戦略が間違っていたとはおもわない。

李:韓国の国民がそうしないというのは、そのような論理に同意しない人も多いということでしょう。

黄:ところが十分に討論したこともない。ここにきて誰ともこのような問題について一日中討論したことはないんだ。あれは一九九六年八月に書いたものだが、その時、私はもうだめだ、韓国と協議してはやく崩壊させるべきだと考えた。

李:その当時の一九九六年八月の韓国は、国会で国家保安法、労動法など、軍事政権下で強行された矛盾した法律を改正している時でした。それでデモも起き、労組ストライキもかなりありました。そんな時、黄先生が論文の中で「韓国内部で政府に反対し闘争する勢力は敵だ。妥協や調整できない

『敵』」と表現し、学生運動も「内部の敵」といいました。「韓国のあちこちに工作員が配置され、長期的に活動している。学生運動や労組運動は北朝鮮で指令を受けて操縦されたものであり、革命地下組織が食い込んで活動していたり、軍隊・警察・情報機関に固定スパイ*がいるのが問題である。これを放任しているということは政権の職務遺棄程度ですむことではなく、犯罪活動だ」、韓国内部の状況をこのように判断なさいました。安全企画部が主張するそのままの角度からの状況判断であり、個々人の良心、民主意識、政権に対抗し個人も集団も権利を行使することができるという初歩的理念に冷水を浴びせる見解であったため、多くの誤解を招いたのです。

＊北朝鮮から韓国に送り込まれる政治工作員の中でも、韓国社会に定着し地下党の建設などを通して長期的な工作を担当する者を言う。情報収集のような、いわゆる「スパイ」ではなく、長期間の政治工作と地下組織の構築を行い一大事変に備えるものである。

黄：それについて少し話そう。私は先ほども言ったが、南北が対立している、われわれ民族の運命をくるわせているのは北だと思う。現段階で私は、資本主義的理想を支持はしない。私がブルジョア民主主義を知らないような人間かね？　今、一年に一〇〇万名の人を死なせているのはあちらだ。それに反対して闘争することが先決問題だろう。（北朝鮮の）対南事業というものをかなり知っているのではないか？　膨大な部署があるのだ。地下組織があるどころか、作戦部があるのだ。海外調査部は第三国で対南事業をしている。大韓航空爆破事件はそこでしたことなんだ。対南事業の部署だけがこのようにあって、その他に外貨稼ぎをする機関が二三〇ある。その中で最も重要なことは、全部対南部署が掌握しているということだ。全て諜報事業だ。その他に国家保衛部があって、軍隊偵察局もある。自然発生的に出てくる運動はない。全て指導して出てくるのだ（韓国反政府運動と関連した言及）。会って北朝鮮の実情を話しながら、北朝鮮を支持したなら、それは反逆者だ。そのような意味で私が話したのに、私が隣の人にささやくように話したことを（韓国で）発表してしまって誤解を買ったが、恐れる必要はない。

李：はい、そうです。ただ今でも韓国の民主化運動、学生運動は北朝鮮の色々な部署から派遣された固定スパイによって操られていると思われますか？

黄：私は学者として、見ていないことは、ああだこうだと言いたくない。

李：韓国のある大学の総長が、黄先生の文章をあらかじめ読んだのか、韓国のあらゆる民間運動がそのような指令の下にあると言って、人々がおじけづいてしまいました。こういう見解や観察は、韓国社会を相当誤解する素地があります。

黄：それでまず「朝鮮問題」、これは私の個人的見解を話したものだが、これが発表されたこと自体が、私はなぜなのかわからない。

李：韓国の状況に対する評価と分析に関しては、金正日がいるかぎりは戦争だ、どうしようもない当然のなりゆきだと結論を出しておられますよね？　韓国で黄先生のこういう状況判断に対して、ちょっと不安に考える人々がいないわけではありません。特に軍事問題について、そのような黄先生の主張・判断のように、韓国に比べて北朝鮮が圧倒的に強く、韓国は虚弱な状態なのか、力の優劣と諸般の国力の比較において、多くの人は韓国で黄先生の意見に同調しようとはしません。事実、戦争などというものは、どんな場合でも六つの基本要素があるではありませんか？　現在双方の軍事力比較、総動員できる戦争遂行総能力、戦争遂行における国民と政府間の忠誠関係、国際的同盟関係、戦争がどれほど崇高な目的のためであっても、戦争の結果失うものと、得られるものを比較した時、「儲かる商売」かどうか、最後は指導者の意志でしょう。金正日の戦争の意志を強調しますが、残りの全ての条件が韓国より劣るならば、どんなにいかれた奴でも意志だけで戦争を決定するかということです。

黄：彼が戦争ときり離せないことは事実だが、勝手に戦争を起こすことはできない。彼の戦争の意志だけは確固不動だと言ったのだよ。

李：黄先生の多くの文全体を通じて見るならば、韓国に対して推奨したことの骨子は、要するに韓国政府が内部のこのような政府批判勢力を除去し、軍事力・公安力を強化しなければならない……こういうふうに要約されます。

黄：私が一体何か変わったことを言ったとでも？

李：そうなんです。戦争のあらゆる条件が自分に不利な時にも戦争をできるかということです。戦争の恐怖を韓国国民に与えてきた歴代三〇年間の軍事政権と、黄先生が勧告する方式が同じだということです。

黄：それはこの次に話そう。

李：おもしろいことに、一九九三年現在韓国の国民総生産が約四〇〇〇億ドル、軍事費が年間一三〇億ドルなのに、北朝鮮は国民総生産がその年たった二二〇億ドルです。どんなに軍事費を絞り出したとしても、二〇～三〇億ドルが限界でしょう。今は韓国の軍事費がはるかに増えて、一九九五年に韓国の軍隊が米国から武器と装備を導入した金額だけでも、四三億ドルを越えます。北朝鮮の総軍事費より多いでしょう。新武器につぎ込む金額だけでも北朝鮮の総軍事費より多いのです。洪水が起きてからは、さらに言うまでもないでしょうし。

黄：それなら米国の軍隊が韓国からなくなってもなんともないだろうか？

李：そこまでの判断は難しいですが、政府は米軍の必要はあるとみるでしょう。北朝鮮の軍事力を過大評価して韓国国民に恐怖感を与えるのは、軍事政権と似ているという印象を受ける可能性がありまｓす。

黄：拒否感を持った人は、そう思えばいいだろう。われわれは戦争の問題について、深刻に考えるべきなのだ。

李：常に深刻に考えるべきですが、具体的にどのようにどれほど考えなければならないかを重視するべきですよ。

黄：それは戦争の専門家、軍事の専門家がすることで、私たちが認識していることを全部あらわすことはできないだろう。

李：黄先生のおっしゃられたことからちょっと外れますが、この一年間、韓国社会を見て回られたと思いますが、論文で、また到着されたときに大韓民国を口を極めて称賛されたように、韓国社会の道徳、文化などが称賛に値するとお考えになりますか？

黄：私は口を極めて称賛したことなどはない。挨拶としてそのくらいはすべきだろう。北朝鮮と比べれば天と地ほどの差があるから。

李：私は、黄先生がこの社会の自由人となられた時に温かく受け入れられ、知識人の苦悩に充ちた決断に対する誤解が解けることを望んで、申し上げたのであります。
黄：有難う。だが私は別にそのように望んでいない。誤解する人は誤解すればいい。
李：ところが、北朝鮮が改革・開放しないよう、孤立化させねばならないと、おっしゃったので……
黄：金正日独裁の状況で、真の改革・開放はありえない。ここで人々が連邦制がどうだとか言うので、私は痼癪を起こしたのだよ。連邦制にする時間があるかね？　手紙のやりとりや離散家族に会うこともままならないというのに、そんなものは全てまやかしだ。
李：実際に東ドイツの崩壊に見られるように、北朝鮮の未来に対する予測は誰もできませんが、大きな流れとしては、孤立封鎖を続ければ遠からず崩壊するでしょう。そうなった時、心配される事があります。北朝鮮の飢餓状態を分析した「国境のない医師団」の報告を見ると、三年前に一歳であった子供から、今後六〇余年の間、少なくとも四〇歳まで生き残るとしても、栄養失調の余波による多くの非正常児が予測されます。韓国の主導下で統一された時、この世代が空白をどのように埋められるでしょうか？　韓国主導の下での統一でも、食糧問題は解決されるべきなのですが……食糧支援問題が発生した三年前から、支援に反対する個人やその他の勢力が、事実上九〇%を越えています。教会でこの運動を提起した時、推進する人の数は、韓国全体の人口の五～六%程度にしかならなかったのです。
黄：今みんなが餓え死んでいるというのに、それを見物だけするつもりなのか。改革・開放の方向に進むなら、（北朝鮮側は）自分たちの力でするると言うだろう。われわれが、餓えている時に支援しなかったと。とにかくわれわれが同胞愛的な見地で食糧だけは与えて、非正常児が生まれないようにしながら、戦争を防止しなければならないのではないか？　だが戦略物資は与えてはならない。

李：金泳三政府が三万〜五万トンを送ったといって極右保守・反共勢力が金泳三政府を非難し、地方選挙で惨敗した。それで翌年の総選挙の時は、送ることにしていた米を送らなかった。このように米を送ったり送らなかったりということが、韓国の中の現実の政治の利害関係、誰が国会議員になるかならないかに左右されたのです。

金：その人たちはなぜ民族を統一しようとしているのですか？　民族がみんな死んでしまって、非正常児だけが残って統一したらどうするのですか。一五万トン送ったことを知った北朝鮮の人々は、感謝しました。

李：黄先生が北朝鮮を離れることを決意された昨年初めを基準にすると、三年前の洪水の前の状態、すなわち正常な国家運営の状態であったとしても、経済を維持するために必要とした物的基盤が、韓国と北朝鮮は二〇対一で、物的基盤だけでなく他の基盤にしても戦争などは想像もできないほどなのに、もちろん北で見られたそのままをお話しされたのでしょうが、果して可能なのでしょうか？

黄：ここから戦争を一度しかけてみればどうかね。（北朝鮮は）必ず（一戦）交えるよ。

李：南北の国家の力を比較すれば、北朝鮮人民は韓国に比べて政権による洗脳の程度が激しいでしょうから、偽造された精神力は勝るでしょうが、これを差し引くと何一つ勝るものはありません。今後多くの韓国市民と接触しながら、こういう疑問点を解いて下さるようお願いします。吾不関焉（自分には関係ないこと）だと言われるかもしれませんが。韓国社会は、人々の意見も世論が作用する社会だから、そうなのです。
黄：それを言論機関ですべきだろう。
李：このような事実が忠実に報道されることが、たいへん役に立つのです。
黄：われわれが期待したのは、『ハンギョレ』が中でも自主的に思考し、統一を考えていると思って会ったのだが、意見の食い違いが多い。戦争の問題についてあれこれ言うが、米国の軍隊が撤退してはならない。戦争の問題はもうやめて、現在、改革・開放へどのように引っぱっていくかについて、私も初めは戦略的なことを言ったが、耳を傾ける人もいない。英国皇太子妃が亡くなった時は各新聞が一斉に書いたが、統一について書く人はいない。
李：その代わり、統一院で支援する予算三〇〇〇億ウォンが大学のセミナーや外国の大学者を呼び入れて、つまらないことを言わせています。研究用役費用として何百万ウォンずつ使っているものを貯めただけでも、大きな図書館がひとつ建つでしょう。
黄：そんな金があるなら、米でも薬品でも買って送ればいいのに。
李：私もそう思います。抽象論だけ言ってただ座っているのです。理論的に研究されたものは、これ以上は必要ない程たくさんあります。
黄：とにかく韓国国民に北朝鮮の実情を知らせなければならない。北朝鮮をスターリン式の社会主義と同一視してはならない。東ヨーロッパとも違う。中国は改革・開放の方向に進むことができる。だが彼ら（北朝鮮）が民主主義と市場経済に門戸を開放すれば秘密が全て明らかになるだろうが、怨みを持った連中がじっとしているだろうか？

李：かなり時間がかかるでしょう。なぜなら韓国でも、四〇年間ひたすら北朝鮮に対する敵対感、憎悪感を植えつけることで政権を維持してきました。教科書もそのような話でぎっしり埋まり、ラジオ・新聞・テレビの戦争主義が四〇年以上も持続したことにより、国民意識には困ったことがたくさんあります。

実に大変な問題です。

黄：北朝鮮の人々は、ここでの実情を全くしらない。外貨稼ぎ、対外事業をしている人々は少し知っているが。

こちらに来てみて、誤って考えていたことが多かったことに気づいた。まして、あちらにいる人々はみんなそうだ。北朝鮮の同胞が韓国の同胞について知るだけでも大きな変化がやってくるだろう。『ハンギョレ』が先に立ってそのような話を繰り返ししなければならない。たまにしていたのでは効果がない。国民が理解するようにしたいのなら、話したことを手をかえ品をかえ、また宣伝しなければならない。

李：良いお考えですが、この問題はお分りになっておいたほうがいいでしょう。韓国の資本主義新聞は、資本の極大化のために毎日話題を新しく変え、結果的に浅薄な新聞を作り出すという害毒があります。同じ主題を繰り返すことは、資本主義的新聞の方式によれば、読者を失うと考えるのです。

黄：人を変えて度々書いたらどうかな？　政府当局者がするのはさておき、民間次元でそうしようということだ。われわれはそのために努力しようということだよ。

李：今後出される著書は、大体今日おっしゃったことと同じような哲学や方向になりますか？

黄：表題は『北朝鮮の真実と虚偽』だ。あまり虚偽が多いので、そのようにつけた。ところで、これからもまた会う考えがありますか？

李：お会いするのは構いません。ただし他のことは全て通じるのに、ただ一つ韓国の民主運動に対する見解はずいぶん違いますね。では、公式の対談はこのくらいで終わりましょう。

北のスパイを送り返し、南のスパイを受け入れよう

昨年（一九九八年）、李泳禧教授が北朝鮮を訪問して帰ってきた後、記者は彼に「北朝鮮の人々は、教授が来られたとたいへん喜んだことでしょう」とあいさつした。李教授の答えは「北で喜ばれる理由もありませんが、もしそうであったとしても今後は違うでしょうね？」であった。韓国に向けてと同じく、多くの批判と苦言を呈したからだということだ。後で聞くと、「なぜスパイ（韓国では「間諜」を用いる）を送っておいて認めもせず、彼らに対して責任をとろうともしないのか？」と、あからさまに批判してきたということである。

一九九九年二月、法務長官が長期囚*の送還を取り上げて論じ、翌日北側が南へ派遣した工作員一七人をはじめとする二〇人の送還を要求したことから長期囚の送還が懸案事項となった時、記者の脳裏には李教授が浮かんだ。彼の「苦言」が一応成果を上げたのではないだろうか？　この時点で彼が南北に送るであろういま一つの「苦言」を聞こうと、四月二日京畿道山本《サンボン》に李教授の自宅を訪問した。

*長期受刑良心囚の略。国家保安法などの政治刑法に抵触して、懲役七年以上の長期刑を受けた者。左翼活動家や北朝鮮のスパイとして捕まり、一部は非転向を理由に四〇年以上の獄中生活を強いられるなど、朝鮮分断史の悲劇の象徴となっている。南北首脳会談の結果により、九月初までには、出獄した非転向政治犯全員の送還を行うことが取り決められた。

ところがインタビューの趣旨を説明するなり、李教授は逆に記者に聞き始めた。

「今回出てきた一七人の他に、既に出ている人もたくさんいるが、スパイや工作員として来て非転向のまま出所した人が全部で何人くらいになるかね？」

――社会安全法で投獄されていた者の出獄者を含めれば、生存者はおよそ八〇～九〇人くらいでしょう。

「すると既に出所されている方の中で送還を望んでいる人はいないのか？」

――たった一人、公開的に意思表示をしたことがあります。他の人は帰りたいが、自分から先に帰ると言い出すのは正しくない態度だと考えておられるようです。

「そう？　驚いたね。それは意外だね……ところで君は、非転向のまま出た八〇～九〇名の法的性格をどのように規定するかね？」

インタビューしようとしてきたのに、答弁ばかりすることになった記者が答えた。

――みんな全く同じではありません。人民軍捕虜、パルチザン出身、南へ派遣された工作員など……

「南出身のパルチザンを除くと、大部分が北の国家機関が送った人々だろう？　彼らが停戦協定締結前に出てきたのか、後に出てきたのか、また軍服を着て肩章をつけ、銃を持って出てきたのか、民間人の服装に偽装して潜入したのかなどの違いにより、身分が変わるんだが、この八〇～九〇人の中で南出身のパルチザンを除外すれば、大多数が停戦協定後に南へ派遣された人々だろう？」

――そうですが、朝鮮戦争の間に南へ派遣された方々も二〇～三〇人くらいいるでしょう。

「だとしても、軍編成に所属して制服を着、所属部隊の標識をつけていなければ、国際法による捕虜待遇を受けることはできない。彼らは軍属でもなかっただろう？　結局停戦協定の締結後に南へ派遣された人々は、彼らが上部から与えられた任務の主観的解釈がどうであれ、法的には同等な主権・独立国家である南と北がそれぞれの国家保安法や刑法上の規定をはじめとする、『停戦』状態における様々な戦争法規と慣例を規定した戦争に関する国際条約により、法的身分は軍人捕虜でなく『スパイ』になる。国際法上、スパイは捕えられた国の法律、裁判によって処罰されるようになっている」

スパイ？　後味が悪かった。

――けれども南北が分断されているわれわれの現実において、スパイという用語だけで非転向長期囚を説明するのは難しくないでしょうか。

「もちろんそうだろう。私も心情的には同じだ。南北間の特殊状況を考慮した『政治的意味の附与』とそれにともなう名称も可能だ。しかし国際法的身分上では、スパイ（spy）という名称を使う。こういう主題の解釈や分析から生まれる感情を排除した、事実的叙述によるものだ。ここでスパイという用語を使う時は、その人の任務・機能を土台とした、あくまでも法的身分の概念であって、政治的善悪や道徳的価値判断をするものではない。誤解してはならないが、自分の国のためのスパイや工作員は、決して不名誉な機能や名称ではない」

ようやく記者は質問者の立場に戻ることができた。

――一九九八年に教授が北朝鮮を訪問なさった時、工作員の派遣を否認する北側の態度に対し、問題提起なさったと聞きましたが。

「したよ。一緒に行った『ハンギョレ』代表団が安炳洙《アンビョンス》祖平統*副委員長と会見した時だった。『ハンギョレ』の政治部長が『南北関係の改善のため、韓国政府に対する北の第一の要求は何か』と尋ねたところ、安副委員長は『非転向長期囚の無条件送還が第一条件だ』と言って、韓国政権の非人道的行為を猛非難した。会見が終わる頃、北側が敢えて私になにかひとこと言うように求めた。私の北朝鮮訪問の目的を、南北両政府に対してはっきりと『離散家族の生死確認と再会』だと言っていたので、私は政治的な問答はできるだけ控えていた。敢えて私の発言を求めるので言った」

＊祖国平和統一委員会。一九六一年五月一三日、組織された朝鮮労働党の外郭社会団体であり、韓国の四月学生革命による情勢変化に応じ、対南（韓国）革命戦略を効率的に遂行するための、平和統一と南北交流を標榜、諸政党、社会団体、各界人士、三三名を網羅し作られた機構。この機関の機能と任務は、韓国の各界・各層と海外同胞を対象に統一実現のための宣伝活動展開、労働党の統一、及び南北対話政策を代弁し、実際的な統一業務推進などである。組織は中央委員会を頂点に、書記局を置いて、傘下に組織、宣伝、会談、調査研究、総務の各部と資料調査室などの六個の部署がある。

李泳禧教授のかなり長い「対北朝鮮発言」を要約すると、次のようになる。

「あなた方は、非転向長期囚を数十年の間、抑留して拷問した韓国政府を猛烈に非難するが、私が見たところ責任の半分は北朝鮮当局にもある。韓国政府が彼ら（南へ派遣されたスパイ・工作員）の問題について、国際舞台であなた方（北朝鮮当局）を非難するたびに、彼らを死地に送った北の共和国政府は、『我々の知るところではない。南のでっちあげである』と一貫して主張したのではないか？そのために韓国の監獄で二〇～三〇年間、あるいは四〇年近く、動物的処遇に耐えたあなた方の英雄的な革命家らは、共和国の公民でも韓国国民でもない、無国籍の人間になってしまった。韓国当局が北に送ることを拒否し、苛酷な行為をしうる根拠を与えたも同然である。むしろ韓国の中の民主化・人権活動家らは、彼らに家を用意してやり、食べ物を分け合い、秋夕や正月には共に過ごし、一緒に観光旅行もする。私も多くの民主化活動家たちと共に、刑務所の中であなた方が送ったスパイや工作員と一緒に収容されたので、彼らと親しくなり、韓国の民主化運動をする学生たちと共にたたかって、彼らに対する当局の処置をわれわれの水準へと改善させるのに努力した。出所してからも、冬には少しばかりの下着やお金を何度か送った。そのくらいのことも、韓国では容易なことでない。ところがあなた方は、あなた方の任務のために死地に送った彼らに一体何をしたのか？　韓国当局だけを非難して、自分たちには責任がないといえるのか？」

――なんと答えましたか？

「雰囲気が非常に深刻になったよ。みな重い表情になり、沈黙が流れた。そうこうしたあと、『検討します』の一言とともに会見が終了した。そこから出るとき、北側の一人が私に言ったよ。『われわれの革命のために命を捧げた人々の運命に対して、このように深刻な批判が提起されたのは初めてです。われわれは、対南赤化統一を追求しているのではないという名分を前面に押し出すために、これまでスパイと工作員の派遣を否認するよりほかなかったのです。ですから今日、提起して下さった問題は、かなり真剣に検討されるはずです』」

――事実、南北が熾烈な名分戦を繰り広げてきた冷戦状況で、北側がスパイの派遣を認めるというのは、容易なことではありませんよね？

「そんなことは全くない。それは南北それぞれの閉鎖的で偏向的な考え方だ。スパイというものは、敵対国家間には当然存在するもので、太古からあった活動なのだ。だからこそ、スパイの処遇に対するたくさんの国際法や規範や慣習が作られているのだ。スパイ事業を認めたからといって、いかなる道徳的・政治的ダメージもないよ。特異なことに、民族に潔白を主張することを目的とした北朝鮮式の両面性が、過去一九六〇~七〇年代に『赤化統一』は求めないという名分の下、自分たちの手で送ったスパイの処理を妨げた一面もある」

——五〇年の間、冷戦思考に染まったわれわれ全国民が、教授のお言葉のようにスパイという存在をなんの感情もなく当然存在するものと受け入れられるか、疑問です。

「そのくらい常識ではありませんか？　スパイ映画007もたくさん見て、最近は、あの、『シュリ』だとかいう南北スパイ作戦を描いた韓国映画を何百万人が見たというのに。敵対国家間でスパイが行き来するということくらいは、韓国の子供でも日常茶飯事だと思っているのではないかね？」

——一九九七年の大統領選挙の時、いわゆる北風事件*で活躍したという安全企画部工作員がいました。その人は事業家に偽装して北朝鮮に出入りしていましたが、『時事ジャーナル』の報道によれば、実際に銀行では不良債権者になっていたそうです。もし彼が捕まって、北に安企部がスパイを送ったと攻撃されても、「その人は事業に失敗して北朝鮮に逃げた人」だと、とぼけるためだったのでしょう。安全企画部がスパイ派遣の事実を隠蔽するため、徹底して対備したのですね。それほど、南北両方がスパイ派遣を公式に認め難い土壌の上に立っていると、見るべきではないでしょうか？

＊一九九七年秋、大統領選挙の過程で当時与党であった李会昌《イフェチャン》陣営が選挙を有利に進めるために、当時野党の金大中氏はアカであるとのイメージを広げようと、金大中氏の支持を依頼する北朝鮮当局名義の怪

文書を情報部が多くの人たちに郵送した事件。

「どの国の場合であろうと、スパイや工作員の事業は、その事業の性格上、はじめから認めるのが難しいのは当然の事実だよ。おかしくはないだろう。双方とも嘘はつくよ。それで私はこの問題に関する限り、南北の権力集団が両方とも頑迷で、また非人道的だと考えている。これまで南の諜報工作機関も、特殊訓練スパイ・工作員、死刑囚、凶悪犯など、数千名を北へスパイとして送ったのではなかったか？　彼らが途中で死んだのか、捕えられたのか、生きているのか死んだのか、関心すらないのではないか？　韓国政権の方が、ひどいかもしれないね」

――もう一つ問題があります。非転向長期囚自身の立場です。彼らは自分たちを、韓国において統一のために仕事をするように任務を受けた革命家であると考えるため、たとえ今なにもできないとしても、自分の持ち場を離れることは変節だと考えています。それで、戻りたい気持ちはやまやまですが、帰ると言い出すことは正しくない行為だと思っています。スパイ交換問題において、このような個人の信念はどのように評価されるべきでしょうか？

「まず、その方々が自身の信念と自らに附与された任務に、最後まで忠実であろうとする精神は、たいへん崇高な生き方だと思う。しかし信念は、歴史的・状況的なことだろう。『革命・統一』のために四〇年間も服役してあらゆる苦労をした挙句、今度は『連邦制統一』のために韓国に残って工作しなければならないため、家族のもとには帰らないという主張は不自然なだけでなく、その同じ姿勢では韓国の人々を説得できない。今は、家族と階級のうちで二者択一しなければならない一九世紀末でも、二〇世紀初期の革命前夜のような状況でもないだろう？　さらに言うなら、その方々が来た四〇年前の状況でもないだろう？　彼らは自分の祖国の命令によって死地に来て、附与された任務の遂行のために彼らの能力の及ぶ、あらゆる仕事を忠実に果たした。逮捕された後も、同僚を密告しないために、また彼らの上部機関や金日成主席を背信しないため、転向を拒否して過酷な拷問にあった。それほどまでに自分の任務と使命を尽くした『戦士』には、生きて彼らの祖国に戻り、血縁に会う堂々とした資格と権利がある。彼らが北にいる妻子に対する愛情や恋しさを表現する時、共産主義者として志操をつらぬこうとする透徹した歴史意識だけでなく、温かい人間の情と血縁に対する愛情も持つ人間としてはじめて韓国の人々の共感を得、この社会の変化を促進できるだろう。彼らが何十年も前に残して来た家族に会いたいという心情は、決して離反でも変節でも恥でもなく、名誉ある選択なのだ。完遂した任務だけが名誉ではない。失敗したとしても、任務のために死力を尽くした行為は名誉なのだ。そうは思わないか？」

――南北当局は、非転向長期囚などの問題をどのように処理しなければならないと思われますか？

「韓国政府は不必要な反共、法理論を捨て、韓国当局によって苛酷な迫害を受けた方をただちに送還しなければならず、北朝鮮政府は『祖国はあなた方のご苦労は忘れていない』と、彼ら皆を温かく受け入れなければならない。受け入れてからは、彼らを政治行事の材料として利用するのでなく、敵地において祖国のために命まで捨てて信念と志を守った彼らに、心から国家的感謝を表明し、温かい老後を保障しなければならない。そしてその対応的措置として、北に彼らのようにスパイ罪やあるいは他の理由で意思に反して抑留されている南の人々がいるなら、送り返すべきだ。そうしてこそ、不必要に韓国の反共主義を刺激せずして、極右、反共主義の個人や勢力に、北朝鮮政権の理性的な思考と行動を新たに認識させる効果を産み出すのだ。

私は以前、一九八九年初めに韓国の盧泰愚《ノテウ》大統領と北朝鮮の金日成主席に、南北のスパイ・工作員などの無条件相互釈放・交換を提議した文を発表したことがある。その年の新年の辞において、南北の二人の指導者は一様に『民族の和解』を提唱したんだ。立派な新年の辞だったよ。しかし二人の指導者の『民族和解』提案の裏には、相手方の誠実さに対する根深い疑惑があった。それで私は、すぐ一月五日付『ハンギョレ新聞』の『ハンギョレ論壇』に『二人の指導者に言いたいこと』という文を書き、次のように言った。双方の体制的利益にひびを入れずに、相手方の誠実さを確認することができる小さな一歩がある、極めて小さなジェスチュアーでありながら、永らく凍りついている国民感情を溶かすための知恵と意志の表示として、お互いが抑留しているスパイと工作員を釈放・交換すること以上に、意味深くて効果的なことはない、と提案した。それから私は、外国の事例をいくつか挙げた。一九六〇年、ソ連の領空で撃墜された米国のスパイ飛行機Ｕ２機の操縦士ゲリー・パワーズと、一九六二年に米国内で逮捕されたソ連諜報機関ＫＧＢの大物スパイ、ルドルフ・アベルが、米・ソ両国当局によって釈放・交換された例を挙げた。米国のアイゼンハワー大統領も、ゲリー・パワーズを逮捕したというソ連の発表に対して、南北政権の指導者たちのように初めはＵ２スパイ機事件が世界に暴露されることを恐れ、スパイ飛行の事実を否認した。しかし結局、そんなことは世間の常識なのに、嘘をついたところで効果がないと考えた米・ソ双方が、二人を交換した。その結果、米・ソ関係は大きく改善された。さらには、米国はソ連で逮捕された自分の諜報機関員を返してもらうために、第三国に逮捕されているソ連のスパイを、金で買ってきて交換したこともある。他の国々、南北朝鮮と同じように分断されて敵対関係にあった東西ドイツ間では、逮捕されたスパイの交換が一つの通例になったようだった。

このような例をあげながら、盧泰愚大統領と金日成主席に送った文を通じて、一九八九年の年頭にスパイの交換を促した。ちょうど一〇年前だね。その当時、誰も敢えて考えようとしなかった提案だったが、私はそれが南北指導者の相互不信を解く、意味ある最初の出発だと確信した。そのような過程が繰り返されれば、南北和解がかなうのだ」

［初出：『月刊マル（ことば）』一九九九年五月号、インタビュアー・申俊英記者］

金大中大統領に対する要請

尊敬する金大中大統領閣下

今日ここに、何日も迷い考えた末に、敬愛する金大統領に手紙を差し上げようと決心した私は、過去の長きにわたる軍部独裁下において、金大統領が政治的見解を異にするという理由で、あらゆる迫害による受難を体験した時期、時には同じ刑務所の監房で、時には暴力が乱舞する恐怖の現場で、微弱ながらも同志の道を共に歩んできた大学在職の一知識人であります。

政権交替を成し遂げてからこの一年間、財政が破綻した国家を立て直すため、当選の喜びもそこそこに昼夜激務に励まれる金大統領の健康を、遠くから心配し、民族史に末永く輝く繁栄と民主化の大業を成し遂げられることを、心より祈願する者であります。今も昔もかわらないそのような同志的心情から、本人には何らの私心なく、金大統領に一つどうしてもお願いしたいことがあります。

それは、「世界人権宣言」が規定する「市民的権利と政治的権利」を主張し、行使したことで投獄されている、この国の数多くの善良な市民の運命に関してであります。聞くところによると、民族の栄光の三・一記念日*八〇周年祝賀において、政府は大規模な赦免措置を実施しようとしているとのことです。

＊一九一九年三月一日、朝鮮の民衆はパゴダ公園での独立宣言文朗読を契期に、全国的に「朝鮮独立万歳《マンセ》」を叫んで立ちあがった。

喜ばしいことです。しかし今回の赦免措置においても、去年のようにいわゆる「遵法誓約書」というものを赦免の条件として要求していると聞いています。

敬愛する金大中大統領閣下、いわゆる「遵法誓約書」＊というものは不法・不当であります。過去、まさにその悪法によって数えきれないほどの死の峠を越えてきた金大統領の、大きな決心があるべきです。「金大中」という大統領が、暴悪・無知漢の歴代の前任者たちとは違うということを、国民の前に立証し、歴史にそう記録され、残るためにも、彼らに対する条件なき赦免が執行されなければなりません。その理由は次の通りです。

＊韓国の政治犯に対しては、解放後も、日本帝国主義の治安維持法体制を引きついで、思想転向を強要してきた。しかし韓国の民主化の進展とともに、これは内外の激しい批判の的となり、一九九七年一一月には国連の人権委員会は思想転向制度が国際人権規約違反であるとの勧告を韓国政府に行った。そのような状況をうけ、一九九八年七月には、韓国法務部は思想転向制度を廃し、「出所後、大韓民国政府の法を守る」との遵法誓約に代替すると発表した。しかし、これは実質的には思想転向と同一のものであるとの批判を受け、九九年二月には非転向政治犯一七名がいかなる誓約もなしに釈放され、無力化された。

第一に、条約ですから、法規や法理論の是非に先立ち、最も平凡で初歩的な道理に外れ、常識に外れています。国家の基本秩序を破壊して国家の安全を危険にさらしただけでなく、今日の社会・経済的破綻を招いた最高責任者であり、破廉恥犯人である全斗煥・盧泰愚前大統領とその追従集団らは「遵法誓約書」のようなものを書かなくても全員が赦免され、天下を闊歩しています。

二つ目に、金大統領の理念であり、政策目標である「自由市場と民主主義」にも外れます。経済的自由市場も政治・社会的民主主義も、社会構成員の思想の多様性と意思表示の自由を土台にし、前提としてのみ可能であるということは、文明社会の鉄則です。

三つ目に、国家保安法それ自体は言うまでもなく、その悪法により投獄された人々に対するいわゆる「遵法誓約書」も、「世界人権宣言　Ⅱ3」、すなわち「市民的及び政治的権利に関する国際規約」第一八条（思想・良心・宗教の自由）と第一九条（表現の自由）をはじめとする多くの条項に違反するものとして、国連や民主・文明社会の非難と侮蔑の対象になっています。今年は世界人権宣言発表五一周年の年です。大韓民国は、これ以上いつまで文明世界の糾弾と蔑視の対象にならなければならないのでしょうか？

四つ目に、政府は「遵法誓約書」の国際法的根拠として、「世界人権宣言　Ⅱ3　第一九条の但書b」（国の安全・公共秩序・公衆の健康または道徳の保護）を前面に押し出しているとのことです。この「但書b」は、恒久的規定ではなく、五〇年前の宣言発布当時の「暫定的」性格のものです。また、大韓民国の安全と公共秩序と社会の健康と国民的道徳を、間違いなく破壊して蹂躙した前職大統領らとその権力集団と政治家をはじめとする「力ある者」たちは、前に指摘したように何も書かずに釈放され、赦免されました。このことに、国民は納得することはできません。

五つ目に、現在国家保安法で収監中の人々は、金大統領自身が過去の民主化・人権・良心・自由のための運動と受難の過程で確認したように、真剣にこの国と社会の正義に基いた発展を希求して行動する善良な分子たちです。国と社会の姿から目をそむけ、傍観するばかりで、苦しむことなどなかった人々に比べ、何十倍もの愛国者です。

六番目に、韓国の政治道徳が北朝鮮より優れているという証拠を、「具体的」に示すべきです。「太陽」政策や「包容」政策で、北朝鮮の共産主義者たちとの和解を模索する情況ならば、（国家保安法は少しの間先送りしても）その悪法の犠牲者たちの条件のない釈放と赦免が、極めて当然の論理ではないでしょうか？

七番目に、もしも金大統領がいまだに冷戦時代の蒙昧状態にある少数の極右・反動・守旧勢力に配慮して「遵法誓約」というくだらない手続きを許可されたとしても、今は状況がある程度変わったと評価されます。就任以後、一年間の諸般政策執行を通じて、金大統領に対する彼らの根拠なき曲解は、「遵法誓約」なしの赦免を受け入れる程変わったと信じることができます。今や執行する時でありま す。

以上のような理由により（実はもっと多くの理由がありますが）、今でも獄中にある数多くの「人権犯」たちに、「遵法誓約」という屈辱を強要せず、三・一記念日赦免の恩典により金大統領の歴史的な「第二の建国」事業に賛同できるよう、ステーツマンらしい一大英断を下すことをお願いします。

〔初出：『ハンギョレ新聞』一九九九年二月一〇日付〕

第2部　偶像と神話の正体

「北方限界線」は合法的軍事分界線であるのか？

——真実を知って主張しよう

序：状況的背景についての理解

一九九九年六月一一日から一五日の間、朝鮮半島西海上の延坪島《ヨンピョンド》西北方面甕津《オンジン》半島南端九月峰《クウォルボン》南方海上において発生した南北朝鮮の海軍による武力衝突は、一九五三年七月二七日の朝鮮戦争停戦協定締結以後、実際に南北朝鮮間で行動化した軍事衝突の中でも最大規模の不祥事である。今回の海軍による交戦は、偶発的行為の結果ではなく、双方の緻密な計算と準備を通じた軍事行為であったという事実により、一層重大な事件となった。停戦協定発効後四六年を経て起こった今回の海軍衝突の純粋な軍事的結果は、北朝鮮海軍艦艇一隻の沈没、三隻の大破（北側による公式発表）、韓国海軍艦艇三隻の軽微な損傷（南側による公式発表）であることが判明した。わずか数分間で沈没した北朝鮮艦艇一隻とともに、その乗務員二〇~三〇名が死亡したという非公式発表が南側の軍当局によってなされた。北側の公式発表には兵力の損失についての言及がなく、確定することができない（一九九九年七月二〇日現在）。

停戦協定発効以後に発生した南北間の主要な軍事衝突は今回を合わせて七度あり、それぞれの状況は次の通りである。

・一九六七・一・一九：韓国海軍駆逐艦第五六号が、沿岸停戦境界線附近の北側陸地近接地点において、北側海岸砲と交戦し、沈没。乗務員死亡一一人、負傷三〇人。

・一九六八・一・二三：米国の電波通信収集用最先端諜報艦プエブロ（Pueblo）号が、北朝鮮の元山《ウォルサン》沖の領海（一二マイル）を侵し、拿捕される。領海侵犯を認めた後の一二月二三日、乗務員八二人が釈放されが、スパイ活動を行った者は送還されなかった。

・一九六八・一・二一：韓国東海岸の尉珍《ウルチン》・三陟《サムチョク》に北朝鮮の武装ゲリラ部隊が侵入し、ソウルの青瓦《チョンワ》台《デ》（大統領官邸）から至近距離の所まで接近することに成功し、交戦（「金新朝《キムシンジョ》部隊ソウル侵入事件」）。逮捕五人、自首二人、射殺一〇〇余名、南側軍人の死傷者七〇名と発表される。

・一九六九・四・一五：米国空軍の高空諜報偵察機EC121機が、北朝鮮の領空を侵攻した（？）として北朝鮮空軍機により撃墜。

・一九六九・八・一七：米国陸軍のヘリコプターが中部停戦境界線を越境し、領空侵犯として撃墜される。米国側が領空侵犯の事実を認めた後、乗務員二人の遺体が引き渡された。

・一九七六・八・一八：非武装地帯上の板門店《パンムンジョム》共同警備区域内において米軍と北朝鮮軍が衝突し、米軍将校二名が死亡。共同警備区域内にある柳を米軍側が視界をよくするために斧で伐採していたところ、それを制する北朝鮮軍と衝突した事件。

・一九九九・六・一五：延坪島北西方面の海上で、南・北海軍による交戦。

以上の主要軍事衝突七件中、北朝鮮と米国間の事件は四件、南・北朝鮮間の事件は三件であり、地上二件、空中二件、海上三件と分類される。武力衝突発生の時期的状況の特性によって分類すれば、韓国駆逐艦（一九六七年）、米国プエブロ号（一九六八年）、北朝鮮特攻隊の青瓦台（大統領官邸）奇襲（一九六八年）、米国EC121諜報機（一九六九年）、米国陸軍ヘリコプター（一九六九年）などの事件は、米国のベトナム戦争絶頂期と韓国軍のベトナム戦争への介入および参戦期間（一九六六〜一九七五年）に、朝鮮半島周辺および南北朝鮮の間につくり上げられた、米国・北朝鮮・韓国間の一触即発の危機を反映したものである。板門店共同警備区域内でのいわゆる「殺人」事件は、その後遺症といえる。

一九七六年までの諸事件の直接・間接的な原因が、米国のベトナム戦争と韓国軍の「ベトナム派兵」であったこととは異なり、一九九九年六月の西海上での南・北朝鮮海軍による交戦は、その原因が四六年前へと遡り、一九五三年（七月二七日）に調印・発効した停戦協定の不確実性と協定で合意された条文に対する南・北朝鮮の解釈における差異（または一方的歪曲）に起因する。そのような理由から、今回の海上交戦はその停戦協定の原点に立ち戻って厳正な事実究明をすることによってのみ、その是非を見分けることができるのである。そして紛争点を正しく見定めてこそ、今後このような軍事衝突が再発するのを防ぐことができる。南・北朝鮮それぞれの主張は、全面的な対立で終わるものではない。この不幸な事態の原因・過程・結果に関して、双方が全的に自己合理化に固執している。われわれ南側の場合、その上に一部の軽薄で煽動的な新聞・放送・記者・評論家たちが、いかなる事実認識についての根拠もなく、北朝鮮海軍艦隊の「韓国領海侵犯」とまで叫びながら興奮した。政府（軍事）当局さえ「領海侵犯」とは主張しないのに、むしろ問題の全体的な脈絡や構造に対して無知な新聞人たちといわゆる「専門家」を自任する知識人・教授たちが「韓国領海侵攻」と大きく特筆し、放送・テレビで国民感情を煽っているのである。このような韓国のいわゆる「言論（人）」のふるまいは、かつての冷戦・反共主義・反平和軍事独裁時代の無責任さと御用性と軽薄さを少しも清算できていない「反共煽動主義」をそのままさらけ出している。

この論文の本論で全体像を詳細に分析し叙述するが、今回の海上での南・北艦隊間の交戦の性格は「北朝鮮の計画された挑発」または「領海侵犯」と一言で断定し、全ての違法行為と責任を一方に転嫁しすませてしまう、そんな単純・明瞭な事件の構造ではない。非武装地帯のどこかで銃声がしたり衝突のニュースがあれば、わが政府（軍部）と「言論」、そして彼らの言葉に盲目的に従う大部分の国民は、五〇年間飼いならされてきたとおりに、ほとんど条件反射的に「また北朝鮮共産主義の徒党がしでかした悪辣な休戦協定違反行為！」と断定し、興奮しながら糾弾してきた。今回の西海上での海軍衝突全体の過程を通してもそうであった。このような国民感情はいつでも、事件と事態の真相究明を自ら進んで拒否する危険な固定観念なのである。

専門的・客観的観点と南・北どちらの側にも偏らない独立（中立）的観点から見ると、南・北朝鮮間の行為には、ほぼ例外なく相互に原因がともにある因果関係と相互作用の連鎖的な性格があることがわかる。停戦境界線の非武装地帯での衝突が、もっとも適当な実例である。事態の全貌を徹頭徹尾検証してみると、どちらの側も責任を回避することはできない。南・北朝鮮のどちらか一方は全面的に潔白であり、もう一方は全面的な違法者であるというような、単純で安直な図式は成立しえないのだ。この事実は、善良な韓国の市民にとっては心情的に心地よいものではないかも知れないが、事実は事実である。北朝鮮に対し、常に自国の行為の潔白性や優越性を信じることを望み、また無理にでもそのように考えてこそ気が安まる「狂信的極右・反共主義者」たちも多いであろう。

今回の西海上での南・北海軍による交戦について、単純明快な一方的違法性や責任を主張したがったり、あるいはそう信じたいと望む人々には、霧で覆われた心の目を晴らすにふさわしい統計的根拠が存在する。停戦協定が発効した一九五三年七月二七日の午後一〇時から現在（正確には一九九八年六月末）まで、軍事停戦委員会に提示された南・北それぞれの「停戦（休戦）違反の現況」を知れば、南・北間において起こる問題の隠された真実を理解するのに少しは役立つであろう。

統計を見ると、北朝鮮側の違反件数は総計四二万四三五六件である（表1参照）。韓国側の潔白性とは対照的に、北朝鮮側の常習的な協定違反の習性を強調するため、研究者朴《パク》ホノクは南側（米国＋韓国＝国連軍）の違反の現況について次のように記している。

「一方、北朝鮮側が認めた協定違反件数はたったの二件に過ぎない反面、一九九一年まで国連軍側の休戦協定違反は四五万四六〇五件であると主張しているが、国連軍側の実際の違反件数は一六件であることが判明した[1]」

つまりは、北と南が認めた違反件数はそれぞれ二件と一六件だが、双方によって相手側が違反したと提起された停戦協定違反件数はそれぞれ四〇余万件と同等の数であることがわかる。にもかかわらずこの研究者は、「……結局北朝鮮が朝鮮戦争をしかけ、敗戦によって締結された休戦協定にもろく

表１　北朝鮮の休戦協定違反の現況

区分	計	地上	海上	空中
休戦以後～1960	628	538	11	79
1961～1970	7,544	7,476	57	11
1971～1980	49,414	49,371	26	17
1981～1990	359,669	329,659	7	3
1991～1997	36,867	36,865	2	0
1998～６月末	234	233	1	0
合計	424,356	424,142	104	110

出典：朴ホノク，「北朝鮮の休戦協定違反の半世紀」韓国軍事学会『軍事論壇』通巻第16号，1998年秋号，24ページ。

に従わないまま、常習的で意図的な大小の挑発を継続してきたことが、韓国の安保への脅威を深めたこと以外にも、朝鮮半島の平和政策や民族統一を引き延ばしてきたことへの責任を、民族の歴史の前でとらなければならない(2)」と断言している。

南・北双方の相当な停戦協定違反の事実に対する詳細な内訳を目の前にしても、このように一方的な結論を導き出すのが、韓国の政府（国防部）、そしていわゆる「専門家」たちや盲目的「愛国者」たちの傾向である。まして、なんの情報も手にしていない一般知識人たち、ひたすら政府当局の発表のみをありのまま信じるよう飼いならされた、またその上そう信じることを望むこの国の男女老若などについては、これ以上言及するまでもないだろう。西海上での海軍衝突においても、同じことが言える。

以上、検討した若干の事前知識あるいは「真実」を知ろうとする客観的問題意識から本論にうつるとしよう。

停戦協定による合法的な「分界線」とそれに関わる「区域」

停戦協定は、南・北の交戦当事者（軍隊）を分離し「武力行為の完全な停止」（序文）を保障する「境界線」と「地域」（空間）を、四つの項目に分類し規定している。

1．「双方」が承認した区域、または水域の解釈および理解

(1)地上の軍事境界線および非武装地帯（西海岸から東海岸までの陸地空間、DMZ）について：第一条「軍事境界線と非武装地帯」の一、二、三、四項は、東海岸から西海岸までの地上約二五〇キロメートルの長さの「停戦線」と、その南・北に協定上それぞれ二キロメートルの幅で設定された非武装地帯（DMZ）という「緩衝地帯」について、詳細に規定している（しかし、これら地上における諸規定は今回の西海上での海軍交戦とは無関係なので、本論では省略する）。地上でのこの境界線と非武装地帯が、停戦協定において「双方」が合意した「線」と「地帯」である。この「双方」という概念が重要なのだ。「双方」が合意したものであるのか、さもなくば「一方」的な主張や決定であるのかというのが、今回の海上交戦とそれが起こる動機・理由となるいわゆる「北方限界線」の性格規定についての核心的な決定要素であるからである。

(2)「河口水域」という南・北共用の特殊区域：漢江《ハンガン》が西海へ流入する「漢江河口水域」は、停戦協定の「第一条　軍事境界線と非武装地帯」の第五項によって、南・北朝鮮双方の民間船舶（主に漁船）にその利用が開放されている。この規定の性格は、陸地上の非武装地帯においては南・北の民間利用

図１　停戦協定添付地図　第２図

停戦協定第１条　軍事分界線と非武装地帯　第５項　漢江河口の水域

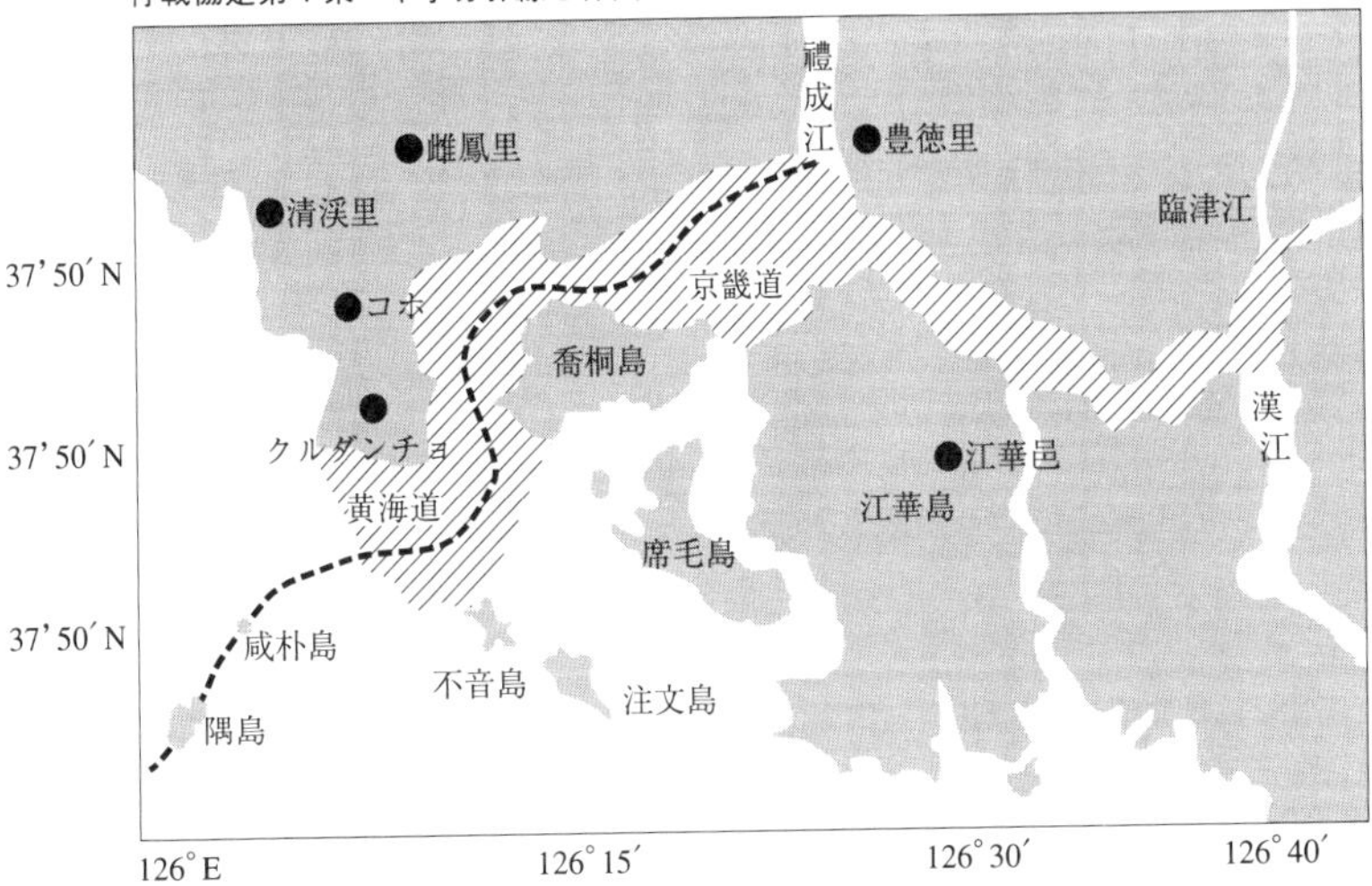

を禁止しているのとは対照的である。この協定の規定は以下の通りである。

第一条　第五項：漢江河口の水域で、その一方の河岸がもう一方の統制の下にある所は、双方の民間船舶の航海に対しこれを開放する。添付の地図（第2図を見よ）に表示した部分の漢江河口の航海規則は、軍事停戦委員会がこれを規定する。双方の民間船舶が航海するにあたり、自分の側の軍事統制下にある陸地へ船をつけることについては制限されない。

図1（協定文中の「第2図」）で見るように、南・北の民間船舶が自由航海・利用できるこの特殊区域は、漢江と臨津江《イムジンガン》が合流する地点（東側）から、再度漢江となって江華島の北側と北朝鮮側の黄海道の禮成江《イエソンガン》が合流し広大な漢江下流水域を形成しながら広がり、北側のクルダン

チョの先端と南側の小島不音島《プルム》を南北に連結する線によって囲われた、曲がりくねった形の南北間水域である。

この規定はその他何らかの用語や表現によって明示されてはいないが、協定条文の内容から推察すると、漢江下流から黄海道に接する南・北朝鮮間の水域を一種の「国際水路」(international water ways) 的性格をもつものと規定した。この西海岸の「漢江河口水域」内において、南・北朝鮮の民間船は一種の「自由通行権」(right of free passage) または「無害通行権」(right of innocent passage) を認定されている。斜線で表示された区域は、停戦協定の調印当事者「双方が公認」し、また「双方が管理する区域」と規定された。だが、停戦協定で規定したとおりに民間漁船の自由な利用が許されてきたかどうかは疑わしい。

この「双方」という用語が重要である。陸地上での軍事境界線と非武装地帯を除けば、西海でこの「漢江下流水域」のみが北朝鮮と国連軍総司令官の「双方」が認定・合意し、「双方」が「共に」管理してきた水域であるからだ。今回の南・北朝鮮の海軍衝突後、わが政府（国防部）当局者や言論界のとある識者たちは、いわゆる「北方限界線」とその線に沿って南側に韓国側が設定した「緩衝区域」や「漁撈境界線」を、北朝鮮側が一九九一年一二月一三日に調印した「南北間の和解と不可侵および交流・協力に関する合意書」（「南北合意書」）の「付属合意書」第三章の「不可侵境界線および区域」第九条と第一〇条において認定したと主張した。しかし、このような解釈は正しくないと見るべきである。なぜなら「南北合意書」の「付属合意書」では、停戦協定に関して再度明示的に規定したとおり、どちらか「片方」の行為や決定を指す際にはその状況の場合によって「一方」、「自分側」、「相手恐れ入りますが、切手をお張り下さい。

〒113−0033

東京都文京区本郷
2−3−10
お茶の水ビル内
（株）社会評論社　行

おなまえ　　　　　　　　　　　　　　　　様

（　　　　才）

ご住所

メールアドレス

購入をご希望の本がございましたらお知らせ下さい。
（送料小社負担。請求書同封）

書名

メールでも承ります。　book@shahyo.com

今回お読みになった感想、ご意見お寄せ下さい。

書名

メールでも承ります。　book@shahyo.com

側（または相手方）」と表記し、協定当事者または南・北が「共に」認定したり、共に管轄した（してきた）事柄を指す際には、必ず「双方」という用語を使用しているからである。この用語の区分は、「南北合意書」の「付属合意書」を作成する協議過程において、北朝鮮側が停戦協定上の双方（国連軍総司令官と北朝鮮・中国軍司令官）が「共に」認定・合意し条文化した決定事項として「共に」、つまり「共同」で「管理」してきた事柄のみを、「双方がこれまで管理してきた」線または区域として厳格に区分している。「片方」と「両方」を厳格に区分したこの用語の意味を、韓国側の代表たちが認識できなかった結果ではないかと推測される。北朝鮮側は、「西海北方限界線」は韓国側が「自分の側」または「片方」で設定した線であり、停戦協定上の「双方」という概念に該当しない線、または区域であると主張する。この協定用語の分別的使用は、今回の海軍衝突や「西海北方限界線」の協定上の効果を分ける核心的基準となる。にもかかわらず、この事件後の諸々の発言の中で、この重大な事実を多くの論者たちが見過ごしている。どちら側の解釈が正しいのか？　当然、韓国側の味方をするべきであろうと思われる国連軍総司令官（米国）は、南・北の海軍衝突以後、韓国側に有利な説明や公式発言をしていない。米国（国連軍総司令官）のこのような態度は、何をものがたっているのだろうか？　深刻に吟味してみるべきである（「南北合意書」の解釈および国連軍〔米国政府〕と南・北間の海上における「線」、「地帯」に関しては、後でまた個別項目として詳述する）。

2．分界線の性格

停戦協定において韓国の西海岸の海面に「双方」が合意して引いた「境界線」と、双方が「共に」

図2　停戦協定添付地図　第3図

停戦協定第2条第13項（b）において規定された西海5島

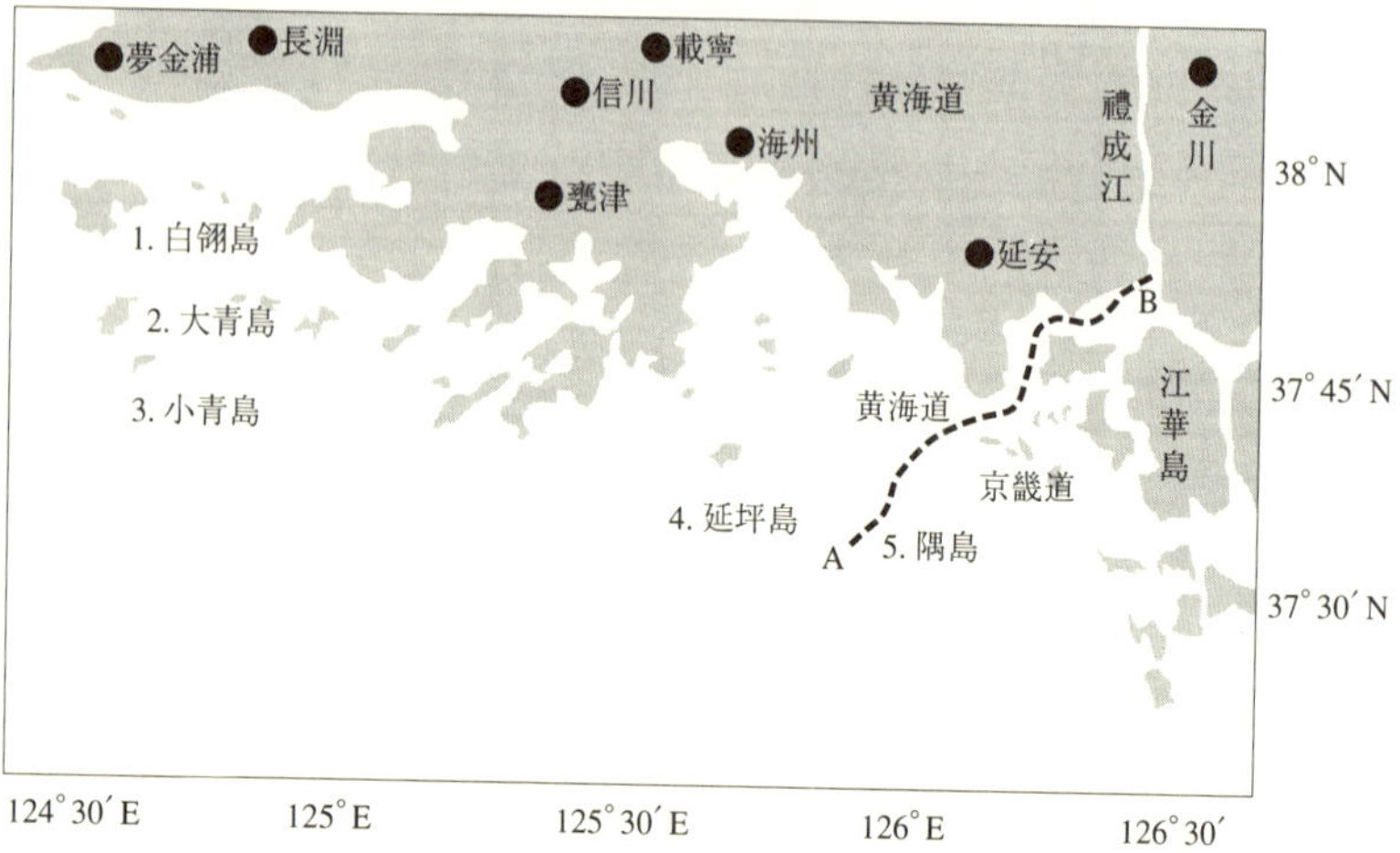

管理してきた線は、停戦協定「第二条　停火および停戦の具体的諸措置」の第一三項（b）によって引かれた「A・가《カ》―B・나《ナ》」線である。

　この線は、上記の一項で検討した西海岸の「漢江下流水域」における南・北朝鮮間のほぼ中央の線に沿って、江華島、席毛《ソクモ》島の西側約三〇キロメートルの距離にある隅《ウ》島《ド》までを結ぶ線である（図2：停戦協定添付地図　第3図を見よ）。停戦協定の添付地図において、国連（米国）側の地図上には「A―B」と、朝鮮人民軍の地図上には「가―나」と表示されているこの線は、陸地の軍事境界線（DMZ）と同様の規定や性格をもつ、西海上の軍事的海上境界線ではない。この差異を、明確に理解しなければならない。

　この「A・가―B・나」線は、停戦協定第一三項（b）において、西海岸の「漢江下流共用水域」に点在する数多くの小さな島々への統制権を、国連軍と北朝鮮側に区分するための基準線として設

定されたものである。上記の一項で検討したように、漢江下流共用水域内で南・北の民間船の自由航海が認められているので、この線は陸地の軍事境界線のような分離の機能を果たさない。隅島から漢江河口水域の端である黄海道（北側）のマハン洞と、韓国側の不音島を結ぶ直線部までの「河口水域」の外側の距離は約一三キロメートルである。

このA・가―B・나中の約一三キロメートルに該当する線は、黄海道（北朝鮮）と京畿道（韓国）の道境界線として、その線の南側と北側にある数多くの小さな島々の管轄権を表示する線に過ぎず、海上での何らかの「軍事的境界線」としての機能を備えていない（停戦協定の添付地図　第3図でA・가―B・나線の性格と機能を明示した但書より）。

この黄海道―京畿道の道境界線と漢江下流の民間船舶自由航海区域が、西海岸と西海の海面に「双方」が設定し「共に」管理してきた、停戦協定上唯一の線と区域である。

西海五島の「北方限界線」と「軍事緩衝地帯」の法的性格および地位問題

一九九九年六月に起こった南北海軍による西海上での戦闘について、南北朝鮮の主張は正反対なのである。韓国当局の公式または非公式の主張は、次の通り要約される。

（1）隅島―延坪島―小青島《ソチョンド》―大青島《テチョンド》―白翎島《ペクリョンド》を結ぶ海上の線は、「北方限界線」（NLL）である。この線は北朝鮮艦艇あるいは漁船が越えることのできない「軍事分界線」である。

（2）そして、その南側平均約一二キロメートルの幅の海域は南北間「軍事緩衝地帯」である。

（3）「北方限界線」は、朝鮮戦争中に国連軍が設定した軍事境界線である「クラーク・ライン」にそのまま従った線である。

（4）北朝鮮はその間、「暗黙的」に北方限界線を認めてきた。

（5）北朝鮮は一九九二年に締結された「南北基本合意書」においても、双方が管轄する「地域」を認めるとした。

（6）「北方限界線」は過去四〇数年間、事実上南北間における西海海上境界線の効力と機能を果たしている。

（7）国際法的に、「実効性」と「凝固」の原則によって受容されている。したがって、北方限界線と緩衝地帯を越える行為は不法侵犯行為である。

（8）したがって、今回の延坪島西北方面の海上における韓国海軍の行為は、正当防衛であり合法的自衛権の発動である。

以上の内容が、今回の事件についてのおおよその韓国政府（国防部）を代表する国防部スポークスマンの公式見解[3]であるとともに、その他の政府当局の主張である。

これに対して北朝鮮は、海軍衝突があった海上附近を「われわれの領海」と主張し、韓国側の主張を全面的に否定しながら、「われわれの艦船を相手にした武装挑発であり、軍事的挑戦」であると規定した（事件発生直後の放送による報道、板門店での朝・米軍事将校級会談、北京での南北政府次官級会談などでの声明）。

このように、南・北の主張はどの一項目においても合致点がなく、全面的に相反し対立している。北朝鮮側は、韓国側の国防部スポークスマンの声明によって代表される韓国政府の主張を全面的に否認するだけだけでなく、韓国側の主張するいわゆる「北方限界線」と「西海上軍事緩衝地帯」が重大な停戦協定違反であり、韓国の一方的な決定であると非難している。そして、その紛争海域は北朝鮮の「正当な領海」（国際法上の）であるということを主張し、北朝鮮の漁船と艦艇のその場での作業を妨害・攻撃した韓国海軍の行動を、「許されない武装挑発」であると糾弾した（事件後繰り返された北朝鮮放送、北京での南北朝鮮次官級会談、その後の板門店停戦協定会議など）。したがって、このように全面対立する諸々の主張と解釈についての正当性の是非が、まず明らかにされなければならない。そしてその事実認識を基に、南・北の政治・軍事的態度が修正されなければならない。このように前向きな思考と理性的な努力をせずに、互いが自分の側による解釈と主張のみを固執するのであれば、南北朝鮮間には今後も一九九九年六月と同様の軍事危機が繰り返されることは明らかである。その同様の武力衝突が継続される場合、「戦争」へと拡大されないという保障はないのだ。

停戦協定上唯一の「分界線」と「水域」

今回の武力衝突は、西海上の島嶼・線・区域などの概念に関する解釈の違いと主張の対立がもたらした結果による不祥事である。前で骨子だけを要約して記述した通り、停戦協定におけるこの諸争点に関する条文は、第二条停火および停戦の具体的措置、A．総則、一三項（b）、一五項および一三項（b）の添付地図（図2）に記載された追加的合意内容の三種の諸規定である（漢江河口の道境界線と開放水域に関しては、前で検討した）。停戦協定規定の全体構造と規定内容を正確に理解しようとすれば、一三項（b）の文章の構成どおりに全文を知らなければならないが、ここでは便宜上一三項（b）の協定文を内容別に項目化して細分化してみることにする。

（1）停戦協定発効後一〇日以内に、双方は相手方の後方にある沿海島嶼および海辺から兵力・装備・物資を撤収する。

（2）これを履行しない時は、相手方はその領域に対して治安維持に必要な措置をとる権利を有する。

（3）「沿海島嶼」の定義は、停戦協定の発効時にどちら側が占領していたかに関わらず、（戦争発生前日の）一九五〇年六月二四日にそれぞれが統制していた島を指す。

（4）ただし、黄海道と京畿道の道境界線の西・北方にある全ての島の中から、白翎島・大青島・小青島・延坪島・隅島の五島は、国連軍総司令官の軍事統制の下に残しておく。その海域におけるその他のあらゆる島々は、朝鮮人民軍と中国人民支援軍総司令官の軍事統制の下に置く。

（5）西海岸における上記の境界線の南方にある島々は、国連軍総司令官の軍事統制の下に置く（図2）。

上記の五通りの合意された措置事項を、わかりやすく説明するとこうである。三年一カ月間の戦争

が終結した時、西海上の相当の数の島々は圧倒的な制空権と制海権を掌握した国連軍の占領あるいは管制下にあった。しかし、停戦協定では交渉過程での熾烈な論議の末に、海上の島々の統制権は（1）停戦発効当日（一九五三年七月二七日）の実際上の占領または管制状態に帰属するのではなく、（2）三年一カ月前の戦争発生の前日（一九五〇年六月二四日）を基準として、（3）その境界線は、原則的にその過去の時点での黄海道—京畿道の道境界線（図2の「A・가—B・나」線）とするが、（4）ただし、北朝鮮の黄海道海岸付近の島嶼を国連軍は放棄するが、その中でも大きな島である白翎島・大青島・小青島・延坪島・隅島の五島のみをそのまま国連軍の統制の下に置くように合意し、（5）その他に黄海道—京畿道の道境界線（「A・가—B・나」線）を基準に、韓国の陸地から近い西海岸の漢江河口に点在する島々は国連の統制の下に、その線の北方にある島々は北朝鮮の統制の下に置くようにしたのである（地図を詳細に参照すれば理解できる）。この部分の停戦協定の合意規定を理解するのに最も重要な事実は、この西海岸における水域の境界線が、黄海道と京畿道の道境界線であるという事実である。その道境界線は、漢江河口水域（図1の斜線部分）の先端から隅島（北緯三七度三六分、東経一二五度五八分）までであり、隅島（A・가）で終わるという事実である。この境界線の長さは、江華島から直線距離では約三六キロメートルにすぎない。隅島で終わる道境界線以外に、停戦協定上「双方が認定し、双方の合意によって設置された線」はない。「北方限界線」の問題を理解しようとするなら、この事実を基にしなければならない。

西海五島の停戦協定上の性格および法的地位

この問題と関連してはまず、現在韓国海軍（国連軍）の統制下にある西海五島の地理学的位置・大きさ・北朝鮮との隣接距離を知る必要がある。延坪島の場合は、最も近い北朝鮮領土の島からわずか四キロメートルの距離に位置しており、黄海道甕津半島の端から国際海洋法上の領海距離である一二マイル（約二〇キロメートル）の半分にしかならない至近距離に位置している。参考までに、仁川港《インチョン》から白翎島までの距離は直線距離でも一八〇キロメートルを越える。このように西海五島は、その全てが北朝鮮の黄海道の海岸線を南西から完全に包囲した位置にあって、国際海洋法規定の北朝鮮領海内にあるのだ。

1．「西海五島」の停戦協定上での特異な性格

幾何学の初歩的な公理の一つは「位置はあるが大きさはない」と定義することができるが、まさにそれは西海五島に該当する。停戦協定第二条一三項（b）においてその軍事的統制権による所有が規定されたこの島々には、別途の規定で特殊な性格上の制限が加えられている。

米軍（国連軍）・北朝鮮人民軍・中国支援軍の総司令官は、この島々の所属統制権を規定した後に、地図上での確定作業過程で次の通り「註」の形式で厳格な別途の但書を付けた（朝鮮人民軍側のハングル条文と国連軍司令部側の英文を併記する）。

表2　北朝鮮の領土と西海5島との距離

島	位置	面積	陸地との距離
白翎島	37° 58′ N, 124° 40′ E	47㎢	長山串（岬）より17㎞ 月内島より12㎞
大青島	37° 60′ N, 124° 42′ E	25㎢	ハリョン島より19㎞
小青島	37° 46′ N, 124° 46′ E	6㎢	ハリョン島より15㎞
延坪島	37° 38′ N, 125° 40′ E	7.4㎢	甕津半島より12.6㎞ ミリョクリ島より 4 ㎞
隅　島	37° 36′ N, 125° 58′ E	0.2㎢	ハリョン島より9.8㎞

貼付した地図　第3図
朝鮮西部の沿海諸島の統制
（第一三項나項目を見よ）

黄海道と京畿道の道境界線（가―나線）北方と西方にある全ての島の中から、下に記した五島嶼群を除外したその他あらゆる島々は、朝鮮人民軍最高司令官と中国人民支援軍司令員の軍事統制の下に置く（五つの島の位置：東経、北緯、度分表示）。上記の五島嶼群は、国際連合軍総司令官の軍事統制の下に残しておく。韓国西部の海岸において、上記の境界線以南にある全ての島々は、国際連合軍総司令官の軍事統制の下に残しておく。

（註1）上記の境界線（가―나線）の目的は、単に朝鮮西部の沿海諸島の統制を表示するものである。この線は、何らその他の意義はなく、またこれにその他の意義を付与することもできない。（The purpose of the line A-B is solely to indicate the control of coastal islands on the west coast of Korea. This line has no other significance and none shall be attached thereto.)

（註2）各島嶼群を取り囲んだ長方形の区画の目的は、単に国際連合軍総司令官の軍事統制の下に残す各島嶼群を表示するものである。このような長方形の区画は、何らその他の意義はなく、またこれにその他の意義を付与することもできない。（The rectangles which inclose island groups are for the sole purpose of indicating island groups which shall remain under the military control of the Commander-in-Chief, United Nations Command. These rectangles have no other significance and none shall be attached thereto.）

（註1）における가（A）―나（B）線の性格は既に前で検討したように、京畿道―黄海道の道境界線として陸地に近い西海沿岸の多くの島々の南・北統制権を明示する線に過ぎず、その線を延長して、あるいは接続させてその他の「線」や「区域」の一部として利用することはできないという規定と解釈しうる。

（註2）には図2（停戦協定添付地図　第3図）で見るように、五つの島の周りに、島の位置が視覚的に明確になるよう点線でできた四角形を描いてある。この島の周りの地図上の点線四角形は、（1）島の位置を明示する視覚的目的にすぎず、（2）その島々の他に、島に属する空間の面積を意味するものではなく、（3）その四角形の点線内の空間がいかなる「水域」、「区域」、「地帯」、または「区画」のようなものを形成もせず、（4）その点線四角形を互いに結んで何らかの目的の「線」を引くことも認められないという意味として解釈しうる。

図３　韓国側の主張する「軍事北方限界線」と「西海海上軍事緩衝地帯」

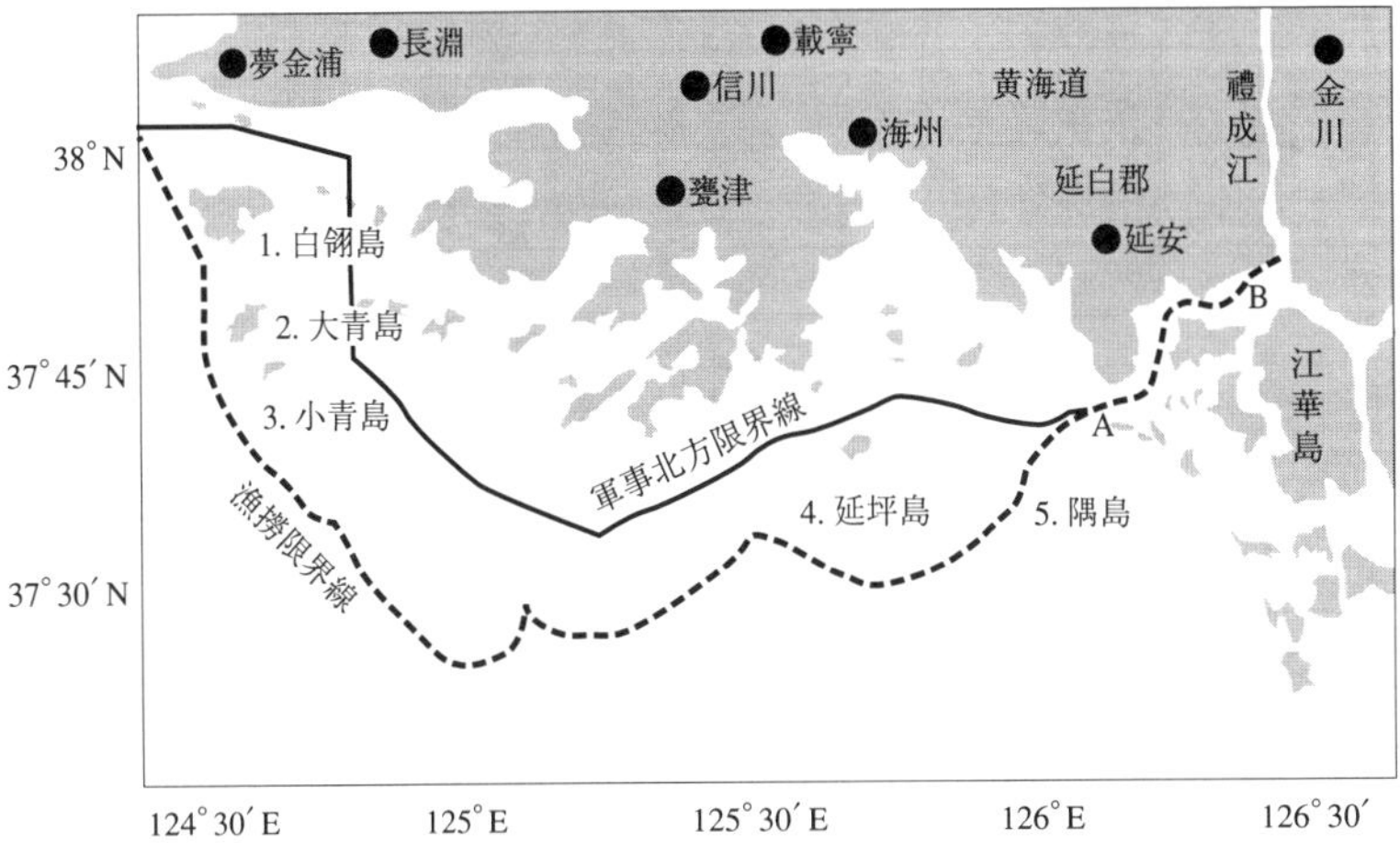

＊停戦協定添付地図第３図の一部に，国防部が発表した新聞報道用「北方限界線」等を追加したもの

2. 線で結ばれない西海五島

ここで最も重要な事実は、「西海五島」はそれぞれが別個の一つの幾何学的「点」として国連軍の統制の下に置かれるにすぎず、軍事目的や漁業・産業的、または政治的目的の線によって結ぶことができないということである。したがって、白翎島・大青島・小青島のそれぞれの距離六キロメートルと四キロメートルの海上空間はもちろんのこと、ほぼ一〇〇キロメートルにもなる延坪島との海上空間は、何らかの目的や名分による線によって結ぶことはできない。この部分の西海の海域空間は、停戦協定発効後三カ月以内に参戦諸国家の政府級政治会談（協定第四条第六〇項）によって締結される予定であった「平和（講和）協定」によって性格が規定されたり、国際海洋法の解釈に委ねられるものである。

朝鮮戦争参戦諸国の政府級政治会談は、最

終的に決裂し何らの結論も下すことができなかった。第三次国際海洋法会議において調印（一九八二年）され、一九九四年に正式発効した海洋法の領海をはじめとした漁業専管水域、経済水域などに関しても、南北朝鮮間には何らの合意がないことが今日までの現実である。したがって、この海域での南・北間の権利・義務関係は、その間は停戦協定の決定と解釈に、そして一九九二年以後は休戦協定と共に「南北基本合意書」（一九九一年一二月一三日）の決定・合意・解釈に従うべきことであると解釈される（「南北基本合意書」でのこの解釈に関する部分については、上記で別に検討した）。

結論的にいえば、「漢江河口水域」の黄海道―京畿道の道境界線「A・가―B・나線」を除けば、国連軍（米国）を含んだ南・北朝鮮間で合意された独占的「水域（水域・区域）」や「境界線」は存在しない。したがって、北朝鮮が一九七七年に宣布した五〇マイル「軍事境界水域」や韓国が主張するいわゆる「西海軍事北方限界線」も、全て同様に一方的宣言および主張にすぎないのである。このような「線」や「水域」は、今後停戦協定に代わる講和条約（平和協定）や国交正常化の過程で、互いに合意し決定すべき問題として残されている。

「西海軍事北方限界線」の前身（または根拠）として主張されるいわゆる「クラーク・ライン」の実像

今回の南・北海軍による艦艇衝突が起こった原因についての韓国側の主張は、北朝鮮の漁船と海軍艦艇が繰り返し「西海北方境界線」を侵犯し、撤収要求・警告に応じなかったためだと発表された

（国防部スポークスマンの声明）。北朝鮮側は、軍事目的によるそのような境界線は存在しないという主張とともに、「南朝鮮の傀儡たち」が黄海道の康翎《カンリョン》郡双橋《サンギョ》南東側の「われわれの領海」において、北朝鮮の海軍艦艇らに対し無謀な「軍事的挑発行為」を行い、北朝鮮艦艇を沈没・破壊したと主張した（事件直後の平壌放送による報道）。

韓国側が存在すると主張し、北朝鮮側が存在しないと主張する、韓国の主張するいわゆる軍事的「北方限界線」と「南北緩衝区域」の法的な存在の是非が、今回の海軍による武力衝突に限らず、今後も西海の海域問題に関する争点を判定する核心問題として提起される。南側のもう一つの主張は、現在の「北方限界線」が、朝鮮戦争時に宣布された海上軍事境界線であるいわゆる「クラーク・ライン」とその法的効果をそのまま継承したというものである。

では、いわゆる「クラーク・ライン」とは、いかなるものなのだろうか？ それは、われわれの側の主張とは、全く違うのである。

1．クラーク・ラインの生成過程、その目的と効果、そして廃棄

クラーク・ライン（Clark Line，一九五二年九月二七日に設置、一九五三年八月二七日に撤廃）は、朝鮮戦争の期間中の一九五二年四月二八日から一九五三年九月一〇日まで、米軍総司令官兼国連連合軍総司令官の地位にあったマーク・W・クラーク（Mark W. Clark）米国陸軍大将の名前にちなんだものである。一九五一年七月一〇日、開城《ケソン》において正式会談が開始された停戦協議が遅々として進まず、新たに参戦した中国人民支援軍（中共軍）の大攻撃で守勢にまわった米国（米軍・国連軍）には、

中国（軍）と北朝鮮（人民軍）に対する外部からの圧力を強化すべき必要性が一層増大していった。外部（外国）の武器・物資の補給・支援・交易を全面的に断つことによって、敵（北朝鮮・中国）をして米国の停戦条件をできる限り短期内に受諾させるよう圧力を加える手段として、中国と北朝鮮に対する海岸封鎖（Embargo または Blockade）を実施し、国連総会においてそれを承認するよう要請したのである。

米国政府（軍）による中国・北朝鮮海岸封鎖案は、国連をしてすべての加盟国家に通信・電子製品資材、飛行場および道路建設資材、各種化学物資および化学機材、発電機および発電関連機材、鉄・金属材およびそれらの製造用機材、石油（油類）関連装備、精密製作機械類、その他（品目を明示しないまま）全般的な工業用装備の一切の対中国・北朝鮮輸出、および中国と北朝鮮からのあらゆる直接または間接的輸出・再輸出および中継的方法の輸送などを完全に禁止させることを目的としていた。これは米国の海軍艦艇に、この海岸封鎖線内を出入りする外国船舶らに対する警告・停止・乗船・臨検・捜索・拿捕などをできる権限を附与する国連の決議を採択しようとするものだった。

原文は次の通りである。[4]

RECOMMENDATIONS FOR EXTENSION OF UNITED NATIONS
SELECTIVE EMBARGO

The General Assembly might recommend that every state prohibit all direct or indirect exports, re-exports and trans-shipments to Communist China and North Korea of communications and electronics equipment, airfield and road construction equipment, chemicals and chemical equipment, electrical and power-generating equipment, metals, minerals and their manufactures, metal-working machinery, petroleum equipment, precision instruments, and general industrial equipment.

実際は、国連に対する中国・北朝鮮海上封鎖措置要請の一週間前に（一九五二年九月二七日）クラーク国連軍総司令官は上記の目的と機能のための実質的な封鎖措置をとっていた。これが「クラーク・ライン」である。だが米国政府（軍）は、中国本土の海岸に対しては、ロシアをはじめとする多くの諸国の反対によって実効性のある海上封鎖を行う可能性が薄かったので、北朝鮮の海岸だけをその実力行使によって封鎖する状態が続いたのである。

2．クラーク・ラインの性格および機能

クラーク将軍（国連連合軍総司令官）の戦略として表現された米国政府の対北朝鮮海上封鎖は、本来次のような具体的措置を含んでいた。

（1）いかなる国家の船籍または国籍に登載された船舶や航空機も、自国の禁輸種目である産物やその物資の原産国による禁輸物資を問わず、いかなる出発点からもそれらの中共と北朝鮮への輸送を禁じる。

（2）中国政権や北朝鮮当局のために直接または間接的に、その国家の国民やその政権あるいは当局の代行的な役割をするいかなる法人や行為者に対しても、船舶および航空機の販売または賃貸を禁止する。

（3）中国人または北朝鮮人の所有または支配下にある船舶に対してはもちろんのこと、自国によって禁輸措置がとられていたり、その物資の原産国によって禁輸措置がとられているあらゆる種類の物資を積載していると確信しうる全ての船舶に対し、停泊または港湾施設の便宜的な提供を禁止する。

（4）第三項に含まれる船舶と第一項に含まれる物資・商品に対する、領海・領空管轄領域内でのあらゆる保険または再保険の提供を禁じる。

原文は次の通りである。(5)

1. Prohibit vessels or aircraft of its registry from any point to Communist China or North Korea any types of goods embargoed by itself or by the country of origin of the goods.
2. Prohibit the sale or charter of vessels and aircraft to the Chinese Communist regime or to the North Korean authorities, or to their nationals, or to any person or entity acting for them.
3. Deny bunkering and port facilities to vessels owned or controlled by the Chinese Communists or North Koreans, and to vessels of any nationality believed to be carrying to Communist China or North Korea types of goods embargoed by itself or by the country of origin of the goods.

4. Prohibit the insurance or reinsurance within its territorial jurisdiction of vessels included in paragraph 3 and of cargoes included in paragraph 1.

すなわち「クラーク・ライン」は、朝鮮戦争中、南北朝鮮間の海上戦闘行為に対するいかなる境界「線」、緩衝「線」、または緩衝「地帯」などの目的のために設置された線でもなく、第三国の船舶と航空機の北朝鮮支援・交易・出入などを阻止し、共産軍の戦力の弱体化を期して、相手方に対し米国の条件通りに停戦協定を受諾するよう圧力を加えるための「海上封鎖線」であったのだ。

3. 停戦協定第二条一四項規定と「クラーク・ライン」の廃止

北朝鮮を停戦協議において屈服させるために、停戦協議の途中（一九五二年九月二七日）に一方的に宣布されたいわゆる「クラーク・ライン」という対中国・北朝鮮海上封鎖案は、国連総会では採択されなかった。国連安全保障理事会が、戦争発生当日（一九五〇年六月二五日）に北朝鮮に対し、そして一九五〇年一一月北朝鮮に進撃した中国軍の朝鮮戦争参戦後である一九五一年二月一日に国連総会が採択した中国に対する「侵略者決議」において、「侵略者」に対する直接的支援の自制を勧告する一般原則の勧告案を採択したことがあったためである。

「クラーク・ライン」封鎖前のその存在の如何とは関係なく、北朝鮮に対する第三国の海上または空中支援行為は、米国の圧倒的な制空権と制海権の下では実際問題として不可能であった。米国政府は、そのように既に実際上行っていた対北朝鮮海上封鎖線（クラーク・ライン）に対し、国連総会決議という国際的合法性の名分を付与しようとしたのだ。海上や空中で、そのような危険を顧みない国家や個人、あるいは法人など存在しなかったと言っても過言ではない。

問題はもう一つ存在する。この問題に関連した事実と事態の進展について、韓国内において知っていたり、また指摘しようとする専門家は一人もいないのである。

「クラーク・ライン」が一方的に執行され始めた一〇カ月後、停戦協議は終結し、停戦協定が締結された。その協定の「第二条　停火および停戦の具体的措置、A．総則、一五項」において、米国（国連軍）と中国・北朝鮮は次の通り合意した。

第二条　一五項：本停戦協定は、敵対中の一切の海上軍事力に適用され、このような海上軍事力は非武装地帯（陸地）と、相手方の軍事統制の下にあって朝鮮の陸地に隣接する海面を尊重し、朝鮮に対するいかなる種類の封鎖も行えない。

第二条　一六項：空域に関する一五項と同様の規定（省略）

北朝鮮は、停戦協定調印（一九五三年七月二七日）の当日になってまで北朝鮮の全ての海岸を実質的に封鎖していた米国に、協定発表後のその海岸封鎖に対する不法・不当性を指摘した。米国は、それに同意したのである。これが、停戦協定第二条一五項の合意なのだ（一六項は空中領域に関する同様の合意規定）。

この合意規定にしたがって、クラーク国連（米軍）総司令官は正確に協定発効一カ月（三〇日）後の一九五三年八月二七日、一一カ月前に自らの権限で設置を発表した「クラーク・ライン」の撤廃を告げた。これで北朝鮮「海上封鎖線」としてのいわゆる「クラーク・ライン」は、一九五二年九月二七日の発表日から停戦協定発効一カ月後の一九五三年八月二七日までの一一カ月間の存在を終了し、消滅したのだった。これで、朝鮮戦争中、南北朝鮮間の海上に引かれていた境界線または分界線は、停戦協定第二条、A．総則、一五項の規定によって消え去ったのである。

「北方限界線」の生成過程、その動機・目的・性格・効果

1．李承晩大統領の停戦協定破棄および朝鮮戦争再発への威嚇

李承晩大統領が、豆満江《トウマンガン》―鴨緑江《アプノクカン》ラインまで戦争を拡大させることに固執しながら、米国（国連軍）の停戦交渉への努力を執拗に妨害した政策と行為については、周知の事実である。トルーマン大統領の後任であるアイゼンハワー大統領候補は、朝鮮戦争の「早急な停戦」と米軍の大幅撤収、おおむね三八度線にあたる戦闘線においての停戦を選挙公約として掲げ当選した。大統領選挙当時、米国民の六六％が即時停戦と米軍撤収に賛成していた。米国政府としては、あらゆる苦難のはてに停戦を成し遂げ停戦協定を成立させたにもかかわらず、協定発効後にも引き続き「北進統一」を叫び、豆満江―鴨緑江ラインまでの戦争再開を要求・威嚇する李承晩大統領を懐柔・宥和・脅迫するのに、例えようのないほど苦労した。

李承晩大統領は、公式・非公式的に、また公開・非公開的に、「韓国軍による単独での停戦線突破、対北朝鮮・中国軍攻撃、北朝鮮共産政権および国家の軍事的打倒、豆満江—鴨緑江ラインの失地回復、統一達成」を言明し計画した。李承晩大統領の心づもりと計算は、いくら米国民と政府が二度と朝鮮半島での戦闘や軍事的介入を望まなくても、自分の命令によって韓国軍が地上で停戦線を、または海上で黄海道の海岸を攻撃・上陸・進撃すれば、米国は結局、自分が引き起こした朝鮮戦争に再び介入する以外に他の選択の余地がないというものであった。

アイゼンハワー新大統領は、せめて停戦協定第四条六〇項合意によって協定発効後九〇日以内に政治会談を開き統一問題を論ずるまで、協定破棄と戦争挑発行為を慎んでほしいと、時には哀願するように、また時には脅すように要請した。だがそのように繰り返される米国政府の要請は、李承晩大統領にはむしろ米国の弱点と映ったのだった。停戦交渉期間に露骨になっていった李大統領の停戦反対、軍事的挑発による威嚇、停戦協定調印の前後にこれを阻止または破壊しようとする韓国軍の北朝鮮軍攻撃計画、協定発効後の政治会談開始とその会期中の彼の軍事的・挑発的発言と行為は、二年間も続いた。韓国政府と韓国軍の停戦協定破壊行為は、アイゼンハワー大統領と米国軍部・政府を激怒させた。そのような韓・米間の緊張状態は、ついに李承晩大統領と韓国政府および軍に対してのアイゼンハワー米国大統領自身による一種の「最後通告」的な露骨な脅迫によって、しばらく沈静したのだった。

アイゼンハワー大統領が李承晩大統領に送った極秘親書

ワシントン、

一九五三年一一月四日、

極秘（Top Secret）

……（自分が韓国にいる米国と国連参戦国の軍人の生命と安全を保障しなければならないという重大な責任を負っていること、共産主義者らが停戦協定に違反した際には、自分は当然、彼らを懲めるための軍事行動をとるなどと決意を表明した後）……しかし、かりに貴下が独断で（北朝鮮に対する）軍事的攻撃行為を決心するのであれば、私は貴下に大韓民国の軍隊は悲惨で壊滅的な敗北に終わるだけでなく、機能しうる軍事集団としては永遠に存在しえなくなってしまうはずだという私自身の確信を伝える。それゆえ私は、われわれの軍事指導者たちが（停戦発効後の）適切な計画を立てられるよう、貴下が私と意を共にする準備があるのかどうかを知ろうとしている。

停戦協定に署名するにあたり、米国は朝鮮（半島）においていかなる軍事的紛争の再発も望まないと誓約した。われわれは、その協定義務を全面的に履行する決意でいる。さらにここで強調しようとする事実は、大韓民国の軍隊（諸部隊）によるいかなる軍事的挑発行為の再発に対しても、それを助ける行為によって米国はどのような形態や方式においても、停戦協定の規定と義務を直接または間接的に違反したり回避しないということを明確にしておく。もし、相手方の共産軍側は停戦を誠実に履行するのに、貴下が軍事行動を計画するなら、私としては駐韓米軍と国連参戦国の軍事力をしてそのような事態に巻き込まれるのを阻止し、その軍人らの生命と安全を保障するために望ましい最も適切な方法と手段を講ずるしかない立場にあるという事実を理解していただきたい。

原文は次の通りである。(6)

...... But if you should decide to attack alone, I am convinced that you would expose the ROK forces to a disastrous defeat and they might well be permanently destroyed as an effective military force. Therefore, I must know whether or not we are to stand united so that our military leaders may make appropriate plans.

In signing the armistice, the United States has pledged itself not to renew hostilities in Korea. We mean to carry out that commitment fully. Moreover, we will not directly or indirectly violate or evade that commitment by assistance in any form to any renewal of such hostilities by ROK forces. If you were to plan to initiate military action while the Communist forces are complying with the Armistice, my obligation as to both United States forces and other United Nations forces would be to plan how best to prevent their becoming involved and to assure their security.

米国政府とアイゼンハワー大統領は、停戦交渉の過程で既に李承晩大統領と韓国政府、または彼の命令下にある韓国の陸・海・空軍が停戦ラインを越えて北朝鮮に侵攻し、停戦協定が破られるという危険を深刻に恐れていた。米国政府と国連軍司令官は、この可能性と危険性に備えて、李大統領と韓国に対する断固とした措置を考えていたのだった。米国（国連軍総司令部）は二年半にわたった停戦協定交渉を通じて、停戦協定を遵守しようとする共産国（中国・北朝鮮）側の誠実さを確信したようだ。それとは逆に、米国は停戦協定の履行と朝鮮半島での平和が、韓国による対北朝鮮軍事挑発によって壊れるであろうと恐れていた。停戦樹立後に、韓国軍が地上の非武装地帯を越えたり、西海で西海五島を基点に北朝鮮の西海沿岸を攻撃できないよう、韓国海軍の軍事行動の限界線を引かなければならないという危険な状況であった。

米国政府と国連軍総司令官が、韓国政府（李承晩）と韓国軍による停戦協定・停戦状態の破棄行動を阻止するために事前に決定した様々な措置は、次のような基本計画にしたがったものであった。

発信：行政秘書室長

受信：国務長官

極秘

ワシントン　一九五三年一〇月二八日

（李承晩大統領と韓国軍の停戦協定破壊および停戦状態攪乱計画に関する可能性、その危険性などの評価……省略）

1．大韓民国参謀総長に、国連の対策決定方針を履行するように命令すること。

2．（国連方針に）応じない韓国軍指揮官を、解任すること。

3. 韓国軍に対する一切の兵たん支援撤回および韓国軍拡張計画の停止。
4. (韓国軍に対する)空軍支援の中断、韓国空軍機の離陸・飛行禁止、韓国軍弾薬補給基地中、指定された基地に対する爆撃。
5. 命令に服従しない軍および民間指導者などの逮捕・拘束。
6. 韓国内の輸送機関、輸送手段および戦力関係施設の占領・統制。

駐韓米軍第八軍司令官(リッジウェイ将軍)は、同時に国連軍総司令官(ホール将軍)に次の諸措置を上申できる。

1. 李(承晩)に、国連軍総司令部の諸般の政策決定と布告に服従するよう強要し、その決定を全ての韓国軍に布告するようにさせること。
2. 軍事援助および経済援助の縮小。
3. 李(承晩)政権に対する承認撤回および国連軍司令部からの大韓民国の陸・海・空軍の追放。
4. (韓国に対する)海岸封鎖(網)宣布。
5. 大韓民国の金・ドル取引の封鎖・凍結。
6. 李承晩打倒のための公共宣伝活動の展開。
7. 戒厳令の宣布。

参考までに、原文は次の通りである。[7]

Subject: Revised Plan EVER READY

Top Secret

(Washington) October 28, 1953

1. Instruct the ROK Army Chief of Staff to enforce UN counter-measures.
2. Relieve disloyal ROK commanders.
3. Withdraw all logistical support and delay ROK Army expansion.
4. Withdraw air support, ground the ROK Air Force, and bomb designated ROK ammunition-supply points.
5. Secure custody of dissident military and civilian leaders.
6. Secure control of Korean transportation and electric power facilities.

The Eighth Army Commander may also recommend to CINCUNC (General Hull) the following:

1. Demand that Rhee comply with the UNC declaration of policies and disseminate this decision to the ROK Army, et al.
2. Reduce military and economic aid.

3. Withdraw recognition of the Rhee government and expel ROK forces from the UNC.
4. Establish a naval blockade.
5. Block the ROK dollar-sterling accounts.
6. Initiate an anti-Rhee publicity campaign.
7. Proclaim martial law.

s/s-NSC files, lot 63 D 351, NSC 167 series

このような事実は、のちの西海五島の法的地位や、韓国が主張するようになる「北方限界線」という「線」の生成過程と性格および目的を正確に理解するための決定的根拠となる。『朝鮮戦争に関する米政府内極秘文書集』には、ほぼ二〇〇ページにわたって韓国軍による北朝鮮攻撃と危機の醸成を警戒し対策を立てて協議するために交換された数多くの最高機密文書が収められている。その要点は、次のような評価であった。

特別評価報告書と SF-48

ワシントン、

一九五三年一〇月一六日、

李（承晩）は現状において、自分が共産軍に対する一方的な軍事行動を開始しても、米国としては自分の行動を阻止するだけの能力がないと確信していることは明らかである。それだけではない。さらに悪いことは、李（承晩）が自らの軍事攻撃によって共産国側の大規模な軍事的対応行動が起こったとしても、米国としては韓国軍に対する軍事的支援をせざるをえないであろうと見込んでいることが明らかなことだ。……米国が、しかたなく戦争に引き込まれる可能性が何千分の一でもあるように見えると思いさえすれば、李（承晩）は米国が嫌々でも自分を全面的に支援するようになるはずだという希望から、そのような行動を行うであろうと確信する。それとは逆に、かりに自分が始めた韓国での戦争再発に米国を巻き込むことができないと気づくようになれば、その時は共産国側に対する一方的軍事攻撃を断念するだろうと思われる。軍事攻撃開始の希望が消えされば、彼は（停戦協議で合意した）今後の政治会議において韓国に不利な決議がなされないようにするために、しかして米国の保護軍隊が韓国に引き続き駐屯できるようにするために、今度は政治会議の進展を妨害するのに全力を尽くすことと思われる（原文省略）[8]。

再言するが、西海上での戦争再発の可能性に関する限り、米国（国連軍総司令官）は北朝鮮共産国（北朝鮮・中国）側の挑発よりは、李承晩（韓国）側の計画的軍事挑発をより一層恐れていたことがわかる。この事実を知らなければ、「西海五島」または西海「北方限界線」などの問題の本質を理解することができない。米国は様々な方法と系統をつかって、韓国軍の首脳らに何度もその事実と米国の断固とした決議を聞き入れるよう、強力に示唆した。その決議は次の通りである（数十通りの類似した計画中の一例)。

国防省と国務省および中央情報部が共同で安全保障会議に送った文書

(対李承晩応懲計画案)

ワシントン、

一九五三年一一月二日、

極秘

NSC 167/1

韓国の不安状況に対する適切な政治的解決が不可能な場合の、米国の韓国での行動構想

1. 韓国が停戦協定によって定められた非武装地帯内、またはその北方にある中国軍や北朝鮮軍に対して一方的な軍事攻撃行為を行う場合には、李(承晩)とその他の韓国軍指揮官らに即、次の事実を通告すること。

a. 米国の陸軍・海軍・空軍は直接的であれ間接的であれ、そのような行動を一切支持しない。

b. 米国はそのような軍事行動に対して、一切の軍事的または物資的支援を行わない。

c. 米国の一切の経済援助が、即時中断される。

d．国連軍の傘下にある全ての指揮官は、部下の将兵らがそのような交戦状態の再発に巻き込まれないようにするとともに、彼らの安全を確保するために必要と思われる一切の措置をとる。

2．このような措置とともに米国は、李承晩から非武装地帯内の、またはその北方にある共産軍に対して、今後絶対に一方的な軍事行動を行わない、という旨を文書にした誓約書を受け取る(9)（以下、おおむね同じ内容の具体案らは省略）。

その他の秘密文書によれば、韓国軍が北朝鮮を攻撃する場合の李承晩大統領に対するクーデターと逮捕、韓国政府の解体、韓国臨時政府樹立、米軍の撤収などが緻密に計画されている。

2．米国の対応措置――「北方限界線」の実体

李承晩大統領の北朝鮮侵攻作戦と停戦破壊計画に対する米国の対応は、四通りからなっている。

（1）韓・米防衛条約の締結：この条約によって米国は、かりに北朝鮮の軍事攻撃があった場合、「制限的」範囲の軍事的支援と保護を約束した（韓米防衛条約の批准：一九五四年一月一九日）。

（2）平和協定交渉の期限設定と交渉失敗時の韓国軍増強総合計画実施：ジュネーブでの政治会談は、双方の主張が対立し失敗した。米国陸軍大将バン・フリートを使節団長とする、韓国軍増強総合計画が実施された（一九五四年五月六日から）。

（3）韓国の戦後復旧・復興のための経済援助、支援計画の実施。

（4）西海での韓国海軍行動規制：韓国の軍隊による、陸地での非武装地帯と西海での北朝鮮海岸に

対する軍事的侵入・攻撃などの一方的な軍事行動を防止する措置として、国連軍司令部は西海での韓国海軍による行動の北方限界を、おおむね以前の対北朝鮮「海上封鎖線」（クラーク・ライン）に制限すると思われる。「北方」限界線という名称自体が、その目的を示唆している。その語彙と概念は、南の軍事力の行動範囲についての北方での限界を意味するのである。かりに北朝鮮海軍の南方行動圏の限界線ならば、「北方」限界線ではなく北朝鮮海軍に対する「南方」限界線と名付けるべきであろう。

この線が、その後韓国政府と海軍によっていわゆる「北方限界線」という名で通されるようになったものと思われる。この線が停戦協定違反とまでされるのかどうかという問題について、筆者としては断定しようとはしないが、少なくとも停戦協定では全く合意されたことのない一方的な線であるという事は確かである。

停戦協定の修正または増補に関する規定

停戦協定規定について何らかの修正や増補を要する場合には、第一にその意思と内容を相手方に正式に通告し、第二に相手方の同意を得て、第三にその変更事項を双方が共同で管理および執行しなければならない。ここで重要な要素は、①正式通告、②相手方の同意、③それについての共同管理および執行である。

「北方限界線」も、この規定に適用して検討されなければならない。停戦協定第五条の付則は次の通り規定している。

停戦協定　第五条　付則

六一・本停戦協定に対する修正や増補は、必ず調印者双方の司令官による相互合意を経なければならない。

停戦協定第二条一五項の合意によって廃止された対北朝鮮海岸封鎖線（クラーク・ライン）の位置に、何らかの新たな「線」や「水域」を設定しようとすれば、同意を得なければならないのである。これが協定規定なのだ。一部の学者たちは国連軍総司令官の通報があったように推定あるいは主張しているがそれが確認されことはなく、国連軍司令部はこれを否定している。北方限界線の合法性や正当性を、韓国側の立場から主張している研究者、金《キム》ヒョンギ氏（韓国軍事学会研究委員、国防大学院教授、国際政治学博士）もこの点について認めている(10)。

参考までに、李承晩大統領が朝鮮半島周辺の海域（東・南・西海）に、戦争中である一九五二年一月一八日、宣布したいわゆる「李承晩ライン」または「平和ライン」（Peace Line）の西海の部分は、延坪島―大青島―小青島の連結線の外へと上向し、韓国・満州の国境である鴨緑江河口の西端まで接する線によって、北朝鮮の西海岸を包囲していた。米国政府は停戦協定が発効された後、北朝鮮海岸封鎖線（クラーク・ライン）の撤廃についで、「李承晩ライン」も一方的措置なので不法であると規定した。そして李大統領（韓国政府）にその法的無効性を主張し、それを撤廃させたのである（一九五三年一一月二日）。これは、米国（国連軍）がいわゆるクラーク・ラインを撤廃した直後だった。同様の根拠によって、北朝鮮の一方的な宣布である西海の「軍事警備線・区域」も、南にとっては存在しないものであり不法と見なされた。韓国が主張する「北方限界線」も、やはり同じ基準で存在しないし不法であると見るのが妥当である。

韓国側（国防部）の見解と主張の問題点

以上、全ての可能な方向と根拠から検討した結果、次のような問題点が浮び上ってくる。

（1）北方限界線の法的性格：「クラーク・ライン」の後身であると主張される「北方限界線」は、停戦協定の合意規定に基づかない一方的措置である。韓国軍の作戦統制権を掌握していた（いる）国連軍司令官の部下による、内部的海軍作戦運用規定の性格をもつと見るのが正しい。

（2）「北方」限界線という名称：「北方へはこれ以上進むことができない」ことを含意するNorthern Limit Lineという名称からして、北朝鮮海軍の韓国側に対する南方への行動停止線または限界線であるよりは、韓国海軍の北方への挑発行為を予防するために規定・運営された内部的限界線と見る方が正しいと思われる。

（3）西海五島を結ぶ軍事目的の線または区域の問題：西海五島は前に詳細に検討したように、停戦協定によって単純に国連軍側の統制下でそれぞれ（これが重要である）その位置に在るのみであり、その島々を結ぶ何らかの「線」を設定したり、その線の何らかの部分に「区域」を設定できない、

「各個散在」する「個別的存在」である。したがって、いわゆる「北方限界線」とその南方へ平均一〇キロメートルの幅を持つ「緩衝区域」というものは、停戦協定に違反すると見るべきであろう。

（4）その法的効果についての疑義性：停戦協定のどこか一部についての修正や補足は、協定調印双方の当事者間による公式通報と合意がなければならない。国連軍司令部は、北方限界線の設置についての通告や合意を認めてはいない。国連軍司令部は、今回の南・北海軍衝突事件以後にも、板門店停戦委員会においてであれ米国政府の立場からであれ、「北方限界線」が合法的との公的発表をしたことは一度もないのである。

（5）北朝鮮は四〇年間、北方限界線を暗黙的に認めてきたという主張：韓国政府を代表する国防部スポークスマン（車《チャ》ヨング）のこの主張は、事実とは異なり真実を歪曲していると解釈し得る。その証拠として、国防部が言論機関に提供した「西海五島周辺海域の北朝鮮主要挑発日誌」（次ページ表3）を見ると、北朝鮮は一九五六年以来毎年定期的に数えきれないほど多くの「北方限界線侵犯」を犯した。北朝鮮の北方限界線に対する「挑発」の側面を強調しようとする目的で国防部が提示した前の表は、結果的には国防部の意図とは逆に、北側が行動によって「北方限界線」の存在に対して異議申し立てを繰り返してきた実績を反証してくれている。北朝鮮のこのような度重なる行為は、法律的には韓国の実際上の武力による「権利取得の時効」への主張に対抗して、北朝鮮の権利を法的に主張する「消滅時効の中断」または「その中止」、あるいは韓国の権利主張に対する北朝鮮の継続的な権利行使または「催告」行為の継続と見るのが正しい。

（6）「北方限界線」の「占有の事実状態の保護」に当てはまるのかという問題：法律的に、占有の

表３　国防部発表の西海５島周辺海域における北朝鮮の主要挑発日誌（小規模の衝突は省略）

日時	内　　容
1956.11.7	西海の上空において韓国軍機２機を襲撃
1957.5.16	北朝鮮船舶，延坪島において漁船を拉致
1958.4.24	延坪島において漁船一隻拉致
1960.8.24	延坪島近海に北朝鮮の武装船侵入，韓国艦艇が砲撃戦の末撃沈される
1962.12.23	延坪島近海において北朝鮮艦艇と交戦，韓国軍将兵６名死傷
1964.3.20	白翎島近海において漁船２隻が北側に拉致される
1965.10.29	江華島沖合において北朝鮮艦艇，漁夫109名を拉致
1968.6.17	延坪島近海において漁船５隻（漁夫44名）拉致
1970.6.5	延坪島西北方面において海軍放送船拉致（乗務員20名）
1970.7.9	白翎島近海において漁船５隻（漁夫29名）拉致
1971.1.6	西海岸において北朝鮮の警備艇，漁船に砲撃し１隻が被害をうける
1972.2.4	大青島西側海上において，北朝鮮艦艇が韓国漁船１隻撃沈，５隻を拉致
1973.12.1～12.7	延坪，大青，白翎島近海で，北朝鮮艦艇の警備艇が11度にわたり10数隻侵犯
1974.2.15	白翎島西側公海上において，北朝鮮艦艇が韓国漁船２隻を拉致
1975.2.26	北朝鮮船舶10隻，白翎島西南海上を侵犯。北朝鮮艦艇ミグも越境
1975.3.24	北朝鮮機30機，白翎島周辺上空を侵犯
1975.6.9	ミグ21機２機，白翎島上空を侵犯
1976.1.23	北朝鮮機２機，白翎島上空を侵犯
1981.8.12	北朝鮮のミグ21機，白翎島上空を侵犯
1981.8.26	北朝鮮，米軍偵察機SR-71機にミサイル攻撃
1983.1.31	北朝鮮IL-28機，白翎島上空を飛行し逃走
1985.2.5	白翎島公海上において，漁船２隻を拉致
1991.4.13	北朝鮮警備艇１隻，白翎島近海の北方限界線侵犯
1993.6.21	北朝鮮警備艇１隻，白翎島東北方面面積2.5マイルを越境し侵犯
1996.4.19～8.27	北朝鮮の魚雷艇，警備艇等，1996年の一年間に西海NLLを13度侵犯
1997.5.29	北朝鮮警備艇１隻，白翎島西北方面5.6㎞ NLLを侵犯
1997.6.5	北朝鮮警備艇１隻，白翎島西側海上12.9㎞ NLLを侵犯（北側，艦砲３発発射）
1997.7.2	北朝鮮警備艇１隻，白翎島西側海上12.9㎞ NLLを侵犯
1997.7.4	北朝鮮警備艇１隻，白翎島西側海上12.9㎞ NLLを侵犯
1998.11.24	江華島に，スパイ船が出没・逃走など30数回出没
1999.6.7	北朝鮮警備艇９隻，白翎島NLLを侵犯
（1999.6.15	延坪島西北方面の海域において，南北海軍砲撃戦）

出典：『ハンギョレ新聞』，1999年６月16日付。

事実状態が権利として部分的保護を受ける場合は、（5）の場合以外にも、その占有が「暴力」や「隠秘」によらないものでなければならない。また、その占有に対する権利主張の催告なく、その状態が一定期間継続した場合である。

「クラーク・ライン」（北朝鮮海岸封鎖線）が公的に撤廃された後に、再びそれに類似した線を公的に宣布し、その事実を正式に適法な経路を通じて（すなわち、停戦協定の軍事停戦委員会など）相手方に通告し、その通告内容に対する相手方の同意と双方の合意があったのなら停戦協定上合法的なのである。すなわち、「隠秘」なく占有すればその行為は合法化される。前に見たように、そのような事実はなかった。また、「暴力によらない」場合にも占有権保護の一事由となる。ところが表3で立証されるように、過去四〇年間数えきれない程のほぼ定期的な北朝鮮艦艇による「北方限界線」を無視しての越境という「催告」や「消滅時効の中断」行為を、その度に韓国海軍が軍事力によって駆逐したのなら、「暴力によらない行為」としての「占有の事実状態の保護」であると解釈し得るだろうか？　韓国海軍が、北朝鮮の漁船や艦艇の南方航海を武力によって撃退してきたのだとすれば、この事実もまた問題になる。

（7）実効性の原則と凝固の原則によって受け入れられているのかという問題：国防部のスポークスマン・崔《チェ》ヨングは、二つの原則によって受け入れられていると主張した。一定期間事実上の占有状態が持続した場合には、占有の法的合法性についての是非を問わずに、「一定の」法律的保護を享有することができる。そのような状態が一定期間持続したと主張しながら、占有の実効性が「凝固」（solidify）、すなわち固定したというのである。前で省察した（1）、（3）、（4）、（5）らの実際上の法的な諸抵抗が明るみになっているにもかかわらず、占有の実効性が「凝固」したと断定できるのかどうかを断言するのは困難であり、多くの疑問が残されている。

「北方限界線」を韓国の「領海線」とする主張

朝鮮戦争の停戦協定の調印主体である北朝鮮・中国と国連軍（米国・韓国）間には、平和協定が締結されていないという理由から、それぞれの領海に関する合意も承認も存在しないという現実がある。にもかかわらず今回西海上において海軍砲撃戦が起こると、ほとんどの新聞と多くの南北問題「専門家」たち、そして国際政治・法の教授たちは「北方限界線」を韓国の「領海線」であると主張した。そして北朝鮮海軍艦艇による「悪辣な大韓民国の領海侵犯」とまで軽率にふれ回るという光景が演出されもした。韓国の新聞・放送などマス・メディアによるお決まりの煽情主義は、古びた極右・反共・反北朝鮮的偏見を極度に煽った。これらの盲目的愛国主義や非学問的で感情的な先入観による独断論は、今回の南・北間における危機的事態の核心や真実、全貌を理性的に明らかにしようという少数の見解を黙殺した感がある。このようないわゆる言論機関（言論人）のふるまいは、目新しくもない極右・反共主義的な慢性病である。その精神的・思想的な慢性病が、学問や理論を専門とする学者・教授たちのほとんどの頭脳までも致命的にむしばんでいるのを、今回の事件によって再度確認させてくれた。この実像は、西海上の諸々の紛争点ばかりでなく、南北関係の全般的改善や統一への努力に深刻な阻害要因として作用してきたのである。

「南北基本合意書」第一一条とその「附属合意書」第九条および第一〇条の解釈の違い

政府当局といわゆる専門家・学者たちは、南北朝鮮が一九九一年一二月一三日に調印した「南北間の和解と不可侵および交流・協力に関する合意書」（「基本合意書」）において、北側が「西海北方軍事限界線」の存在を認めたと主張している。

「南北基本合意書」において、今回の西海での海軍交戦事態と関連付けられる合意は第一一条の境界線および区域に関する内容である。

第一一条：南と北の境界線と区域は、一九五三年七月二七日付の軍事停戦に関する協定において規定された軍事境界線とこれまで双方が管轄してきた区域とする。

この条文の「軍事境界線」と「これまで双方が管轄してきた区域」についての解釈には、緻密で詳細な協定用語の性格分析が必要である。陸地の「軍事境界線」とその南・北を含む「非武装地帯」に対しては、双方の政府と民間学者・専門家たちの間にも異論はない。この「線」と「水域」の概念と、それが停戦協定において指し示す対象は厳しく指定されているからである。南・北がそれぞれ勝手に引いた何らかの線を「軍事的境界線」とは呼べず、朝鮮戦争発生前日の一九五〇年六月二四日時点で占有していた島々を結んだり、そのような線の周りに一方的に引いた（設置した）区域を、軍事的性格と機能のある「区域」とするものではない。この概念の非精密性（または意図的な混用）が、南・北間の主張の差を生む原因であり核心である。

韓国の多くの識者たちと国防部（スポークスマン）はこの「基本合意書」第一一条の「線」と「区域」を、韓国が主張する「西海北方限界線」を「線」として、そしてその南方に平均一〇キロメートルの幅で制定した「緩衝区域」を「区域」であると理解または主張している。しかし「南北基本合意書」はその「附属合意書」において、この問題に対し（1）陸地と海をわけて別々に、（2）非常に明確な用語の区別と条文の表現を用いて明らかにしている。

南北基本合意書における、第二条　南北不可侵の履行と遵守のための附属合意書
第三章　不可侵境界線および区域

第九条：南と北の地上における不可侵境界線と区域は、軍事停戦に関する協定で規定した軍事境界線とこれまで双方が管轄してきた区域とする。

「南北基本合意書」のこの条文の解釈における核心は、どちらか「一方」が設定し一方が管轄してきたものではなく、南・北（国連軍と北朝鮮軍）の「双方」が合意し管轄してきたという意味である。

この九条は、明確に地上に関わる規定である。すなわち、われわれがしばしばＤＭＺと呼ぶ「停戦線」と、その南・北へ原則的にそれぞれ二キロメートルの幅で設定された非武装地帯をいっている。

これが、ここでいう「線」と「地帯」または「区域」である。朝鮮半島の東西を結ぶ地上境界線と非武装地帯に関するこの規定に対しては、国防当局と学者たちにも大きな意見の隔たりがないように思われる。問題は、海上に関してである。海に関しては、第一〇条の規定がある。

第一〇条：南と北の海上不可侵境界線については、今後継続して協議する。海上不可侵区域は、海上不可侵境界線が確定される時までは、双方がこれまで管轄してきた区域とする。

この規定は、二つの内容によって構成されている。すなわち、前半は境界「線」に関してであり、後半は「区域」に関してである。前半部分の合意は、西海にはDMZのように軍事境界線によって確定された「線」はないという事実と、したがってその問題は「今後継続して協議する問題として残す」というものである。停戦当事者のどちらか「一方」の措置や「双方」の措置についての解釈と意味に関しては、既に前で詳細に検討したのでここでは簡略に論ずる。

第一〇条の二つ目の事項は、海上の軍事的境界線は確定されたものがないという前提の下に、「境界線が確定される時まで」、そのような線にしたがって設定されなければならない（陸上の非武装地帯のような）「区域」の問題は、「双方」がこれまで管轄してきた区域としようと合意したものである。

海上での軍事的境界線の形式は、東海の場合、陸地の停戦線が東海と接する地点から真東に延長した線を、停戦協定発効後事実上四五年以上双方間で受け入れてきた。ただし、海岸からのその線の距離（またはそこに内包される領海「区域」の幅）に関しては、国際海洋法によって一二マイル領海制度が確定されるまでは意見の違いと衝突があった。一九六七年一月一九日に韓国海軍の駆逐艦第五六号が東海軍事境界線の北方――北朝鮮海岸に接近した際、北朝鮮の海岸砲射撃によって沈没した事件がまさにその例である。一九六八年一月の米国の先端電波探知諜報船、プエブロ号の拿捕事件も、これに属する。南側は米国にしたがって三マイル領海説を主張し、北側は当時の第三世界諸国の主張である一二マイル説にしたがって、韓国駆逐艦五六号が東海海上境界線を越えて北朝鮮領海内に侵入したと主張し、対立した。

西海は、東海上の境界線が事実上四〇数年間双方に受け入れられてきた状態とは対照的である。西海上には、南・北が互いに認めた状態で「双方」によって共同で「これまで管轄されてきた区域」はない。本論で既に詳細に検討したように、「双方」がともに設定し、ともに管理してきた線と区域は、「漢江河口の道境界線」(協定地図上のA・가―B・나線)とその線によって区分された海岸水域、北方と南方の島を含む「区域」、すなわち南・北にその使用が開放された「西海漢江河口水域」がこれに該当すると見るべきであろう。

他の点についてはほぼ全面的にわれわれの国防部スポークスマンと主張をともにする国防・軍事専門研究者の場合も、この点に関しては率直に国防部の解釈に対する懐疑を表明している。

「……このような西海での事実上の状況を総合して見ると、東海の場合とは違い、NLL(「北方限界線」――筆者註)は南北朝鮮双方が事実上管轄してきた海上区域の境界として機能してきた、と簡単に判断するのは難しいとすべきであろう。ただし境界が、北朝鮮の主張する黄海道と京畿道の道界線の延長線でもないことだけは明らかである。東海とは違い、西海における南北朝鮮の境界は、南北朝鮮双方が協議を通じてこれまでの状況と休戦協定の諸規定を検討し、確定することが稳当であると考える」(11)

暫定的結論の総合

筆者のこの研究が、完全無欠なものであると主張する気はない。だが前で検討した根拠をもとに、筆者は次のような暫定的結論に達する。

(1) クラーク・ラインは存在しない。存在した当時にも、国際法や国連の承認を得られなかった、不法で一方的な線であった。のみならず、クラーク・ラインは軍事作戦および占有の境界線ではなく、海上封鎖のための線であった(一九九九年四月~六月のコソボ戦争中、米国〔NATO〕軍がユーゴの海上封鎖を試みたが、不法との理由からあきらめたのと同様の場合である)。

(2) 南・北のどちら側に対してであれ、海上封鎖的性格の海上包囲線は停戦協定違反である(停戦協定第二条一五項および一六項)。「北方限界線」が、これに属する。

(3) 西海岸と西海上に「双方」が設置し共同で管轄してきた「区域」は、「漢江河口A・가—B・나水域」のみである。

(4) 直線距離でも八〇~一〇〇キロメートルになる二つの島嶼群(延坪島と小青島・大青島・白翎島)間の海上を、「一方的」軍事行動を正当化する何らかの意味の国家主権行使の基準とすることはできない。国際海洋法上、領海の連結基準距離を超過する。
（5）西海「北方限界線」という名の線があるのは、それが北朝鮮海軍に対する南方限界線であるよりは、むしろ韓国軍の作戦指揮権者である国連軍総司令官が韓国海軍の西海上における北方への行動の限界を規定した、国連（韓国）軍の内部規定的性格であると考えるべきであろう。
（6）国連（米国）軍総司令官の西海における南北朝鮮の軍事的分離に対する必要性は、北朝鮮軍の軍事的挑発や停戦協定違反の可能性によるものではなく（あるいはそれよりも）、停戦協定調印後に起こりうる韓国政府と軍部の、北朝鮮への攻撃的軍事挑発行為を予防・阻止するための緊急な必要性から発生したのである。
（7）北朝鮮が「北方限界線」や何らかの「水域」に対しても、停戦委員会において国連軍側に抗議し、西海海上での「北方限界線」を無視したり線を「侵犯」してきた四〇年間の事実行為は、その無効性を主張する「催告」的行為と解釈されなければならない。したがって、「北方境界線」を「暗黙的」あるいは「実際的」（de facto）に認めたと見るのは難しい。
（8）過去四〇数年間繰り返された北側海軍の周期的「侵犯」行為と、一九九九年六月一五日前後の延坪島西北方面の北朝鮮領土付近七〜八キロメートルの距離において発生した、北側海軍の実力による公開的否認（challenge）から推察しても、国際法的に「北方限界線」の実効性が「凝固」されたと見ることはできない。
（9）国連軍総司令部（総司令官）が、「北方限界線」の設定に関し停戦協定当事者である北朝鮮と中国側に正式通告したという根拠がない。今回の西海海軍衝突以後にも、国連軍総司令官（米国政府）

は、その線の正当性や合法性を主張する韓国政府・軍を支援する公式発言をしたことはない。

（10）一九九一年一二月一三日調印された「南北基本合意書」と不可侵境界線および区域に関する別途の「附属合意書」（一九九二年九月一七日）も、西海の「線」と「区域」については、「双方」が共同で設置し共同で管理してきたもの（漢江河口水域とA・가—B・나線）以外にはいかなる存在も認めず、今後、協議することを規定している。

（11）一部の言論機関（人）らが今回の北側艦艇の進航を、大韓民国領海への「侵犯」と断定したり、そのように煽動した行為は、真実を誤認したり故意的に歪曲した無責任であり、むしろ危険な挑発的言説である。西海五島の島嶼間の距離は、国際海洋法上の領海条項によって結ぶことのできる距離をはるかに上回るので、領海線によって結ぶことはできない。

（12）西海五島はそれぞれ個別に存在し、島と島の間の海域は今後現行の停戦協定に代わる平和協定の締結や「南北合意書」にしたがって、または国際海洋法によって南・北がその法的・経済的用途について合意するまでは、だれに対しても排他的権利を認めることのできない公開的海域空間とみるべきであろう。

結論と提案

南・北間の西海水域は、どちら側も合法的に管轄権の排他的権利を主張できない、停戦協定上空白として残されている水域だ。したがって南北朝鮮（国連軍を含む）は、この水域に対する性格規定を新たに確定する必要がある。これだけが、一九九九年六月の西海上での南・北海軍衝突のような不祥事の再発を防止できる唯一の措置である。

したがって、双方は西海海域に対しての軍事衝突防止を目的とする、暫定的境界線ないしは管轄線について協議すべきだろう。西海上での南・北の民間漁業・漁撈行為を調節あるいは規制する新たな暫定的漁業協定、ないしそれに類似した措置を協議すべきである。この海域に対する領海、大陸棚、排他的経済水域……などに関しても、「南北合意書」の精神にしたがった協議を始める必要がある（最終的な決定は、結局、停戦協定の制限を受けるので、平和協定の締結や現行の朝鮮半島問題四カ国会談などの政治的妥結を急がせるべきであろう）。

なによりも重要な決定（または決断）は、韓国が、停戦協定において国連軍総司令官の軍事的管轄権を認められた「西海五島」を結ぶ「北方限界線」に対する合法性や、国際法または慣行上の占有効果ないし占有の権利主張を撤回することである。

以上の措置を実行するために、韓国政府と軍当局はいわゆる「北方限界線」の性格に対する真摯で率直な対国民啓蒙事業を行い、誤まった方向に導かれた国民（大衆）的認識と感情を改めるよう、政策的努力を展開する必要があるのだ。

（1）朴ホノク「北朝鮮の休戦協定違反の半世紀」、韓国軍事学会、『軍事論壇』通巻第一六号、一九九八年秋号、二二四ページ。
（2）前掲書、二二四～二二五ページ。

（3）『ハンギョレ新聞』一九九九年六月一六日付。
（4）朝鮮戦争に関する米国政府極秘文書：795 00/10-252, 一九五二年一〇月二日；*Foreign Relations of The United States* 1952～1954, Volume XV, KOREA, pp.551～553.
（5）前掲書、p.551.
（6）『朝鮮戦争に関する米国政府極秘文書集』、一五九〇～一五九二ページ、SIS-NSC files lot 63 D351.
（7）『朝鮮戦争に関する米国政府極秘文書集一九五二～一九五四』、第XIV巻、一九六八～一九六九ページ。
（8）『朝鮮戦争に関する米国政府極秘文書集一九五二～一九五四』、XV巻、一五三四ページ、「朝鮮戦争に対する大韓民国の行動能力と方向評価」。
（9）『朝鮮戦争に関する米国政府極秘文書集一九五二～一九五四』、XV巻、一五三八～一五八四ページ。
（10）金ヒョンギ、「朝鮮半島における海上境界線の確定経緯および維持の実態」、韓国軍事学会、『軍事論壇』、通巻第一六号、一九九八年秋号、四八ページ。
（11）前掲書、五〇ページ。
（12）韓国国防部は、ついに一九九九年一二月、西海上の北方限界線（Northern Limit Line: NLL）が、一九五三年八月三〇日国連軍司令官によって一方的に設置されたものであることを、インターネットのホームページで明らかにした。西海での交戦の正当性の是非や、限界線の設定経緯などが論議を巻き起こしていた中で、当局の公式発表としては初めて確認されたものである。それによると、国連軍司令官は、停戦協定第一三項と一五項を忠実に履行するための措置の一環として、相互の武力衝突を防ぐために、一九五三年八月三〇日に北方限界統制線として現在の北方限界線（ＮＬＬ）を設定したという。

［初出：『統一評論』通巻三号（一九九九年春）］

朝米核・ミサイル危機の軍事政治学
――危機の主要因は米国にある

北朝鮮と米国の新たなミサイル対決の危機

一九九九年の初頭から核兵器とミサイル問題をめぐって、朝鮮半島の危機は一九九四年初頭のような水準にまで激化している。一九九四年の危機は、米国が北朝鮮をして米国の条件通り核施設解体を受諾させようと、いわゆる「朝・米核交渉」の最終段階で、一九九一年初めの対イラク戦争のような規模の軍事攻撃を北朝鮮に対し始めようとした戦争準備の状態にまでいたった。(1) 新たな「朝鮮戦争」が起こる寸前の危機状況であった。現在の朝鮮―米国間における軍事危機の中心的争点は、五年前の争点が核問題であったのとは異なり、主にミサイル問題である。

数年間、国家的存立の危機に追い込まれた北朝鮮が、その軍事的危機状況を「正面突破」するために選択した核による対抗構想と計画は、唯一の核超大国として世界的な核兵器の秩序を支配しようとする米国の怒りを買った。結果、北朝鮮の軍事的・政治的後退に終わったのだ。北朝鮮の第二の選択、そしてともすれば最後の選択となるミサイル発展計画に対し、米国はやはり世界のミサイル武器秩序の単独審判官として、北朝鮮に屈服することを要求した。北朝鮮は朝・米核交渉（一九九一～一九九四）の全過程を通じて、世界最強の核軍事国家により、第二のイラク、または「第二のフセイン」にされるところであった。

あらゆる不吉な徴候から察するところ、今再び北朝鮮は、米国が地球上で執拗に求めている米国軍事力の実験対象として、第二、第三のイラクとなるかもしれない戦争威嚇に直面しているように思われる。北朝鮮が一九九四年の核危機の際に米国に屈服したような形式で、今回も米国から差し出されるわずかな物的補償への約束を信じ、ミサイル武器保有の主権的権利を放棄するのか、あるいは結果を想像するだけでも身の毛のよだつような軍事的対決を選択するのかは、予測不可能な状況である。それほど危機的な情況が急速に進展している。(2) 二〇世紀一〇〇年間の最後の数カ月を経過した現在の朝鮮半島における戦争危機が、五年前の朝・米間の核危機以上に危急であるように思われる理由は、その間のいくつかの重要な情勢変化による。それらは次の通りである。

1．米国の世界ミサイル武器秩序への単独的統制権の強化

米国は一九九七年、世界の多くの国からの反対と非難を押さえ込み、米国にとって圧倒的に有利であり米国の世界的核兵器秩序の事実上の単独的決定権を確立する、いわゆる「包括的核実験禁止条約」を実現させることに成功した。その次の段階は世界ミサイル統制体制の完全な掌握であるが、これが米国の圧力によって樹立された「誘導武器技術移転禁止条約」体制である。この体制が、独自ミサイル保有の権利を主張する、取るに足らない「五等国家」北朝鮮からの挑戦を受けていると米国は判断している。

2. 北朝鮮のミサイル武器による日本・韓国ミサイル武器競争触発への危険性

五年前でも現在でも、唯一の超大国米国の論理は、北朝鮮の核兵器化の可能性が日本・韓国の独自的核兵器開発へと連動し、中国―台湾間の核対決状況にまで拡大されるというものだ。ここから米国が掲げる主張は、東北アジア地域における核の不安定性に、ミサイル武器競争が追加・重複される危険性である。金大中大統領による韓国軍の五〇〇キロメートル射程ミサイル保有への権利主張はその初歩的対応であり、既存の気象・通信用衛星以外に軍事用スパイ衛星二機を二～三年内に北朝鮮を含む東北アジア軌道へ乗せようという日本の計画の確定がそれである。

3. 米国による核およびミサイル保護体制からの日本と韓国の離脱

北朝鮮の核およびミサイル開発に対する日本と韓国の独自的対応は、必然的に日本と韓国に対する米国の核・ミサイル「保護の傘」の無力化を招く。それは日本と韓国に対する、米国のほぼ永久的な軍事的（ないし政治的）支配権の自動的崩壊を意味する。二一世紀には、かつてのソ連に匹敵するだけの政治・経済・工業・軍事超大国になるであろう中国との必然的な対決を予想している米国は、日本と韓国に対する軍事（政治）的支配権を確実に維持しようという長期戦略を立てている。その目的のためには、北朝鮮の独自的ミサイルは重大な障害物となる（と米国は主張している）。

4. 米・日の東北アジア地域戦争協力体制の完結

米国が、短期的には対北朝鮮軍事攻撃時における必要性と、長期的には中国とロシアに対する軍事的圧力体制の一環として長らく推進してきた、米・日合同の戦争シナリオとして知られたいわゆる「米・日防衛協力指針」または「新ガイドライン」は、ついに今年（一九九九年）五月、日本の国会を通過した。この指針は、主に北朝鮮を対象にした米国の軍事行動に日本の軍事力がほぼ全面的に協同するだけでなく、米国が北朝鮮との交戦状態に陥れば、さらにその準備段階で日本は事実上の国家総動員令を発動し、日本の軍隊はもちろん国家社会の機能と国民生活を米国軍事作戦支援体制へと改編・稼動させる戦争遂行の行動計画である。

戦争権放棄と軍事力保有を禁止した世界初の「平和憲法」の改憲も、米・日両国の次の手順として予定されている。日・米二国間で長年準備されてきた順に、一九九九年八月初めには天皇制と帝国主義・軍国主義の象徴だった愛国歌「君が代」の国歌化、その視覚的象徴である日章旗「日の丸」の国旗化が、日本の国会で法制化された。これと時を同じくして、日本陸・海・空軍の軍事費の飛躍的増加と、これまでの「防御」的軍事体制および武器の攻撃型への再編・増強計画が急速な推進途上にある。前で指摘した通り、日本は既にいくつかの高性能ロケットの発射に成功したし、「人工衛星」にかこつけた強大な弾道ロケットミサイルの本格的な開発および発射計画が総力的に推進されている。

敗戦以後、日本の軍事大国化に課せられてきた、政治的・憲法的・法的・国民感情的・行政的および財政（国家予算）的制約が、今年の六、七月を機に一斉に取り除かれた。日本は、米国・ロシアについで、中国・英国とともに三五〇～三七〇億ドルの軍事費で既に世界第三、四位の現代的軍事国家となった。それほど強大な日本の軍隊が、ついに米国の対北朝鮮および東北アジア地域戦争計画になんら制限をもたない同伴者として登場したのである。反共・強硬右翼・大国主義・天皇主義・軍事大国・国連常任理事国を目標とする勢力が権力を掌握した日本は、これまで「平和憲法」の規定ゆえに、やむなく彼らが着けていた角つきの「兜」や「鎧」の上にかけていた「羽織」を脱ぎ捨て、日本刀を抜き両足をどんどんと踏みならし登場した。米国は、すでに世界第四位の強大な日本の軍事力を、直接その統制下に従えるようになったのである。米国の対北朝鮮政策と軍事戦略は、一九九一～一九九四年の核交渉時とは比べものにもならないほどその立地が強化された。米国（そして日本）は、アジア諸国と日本国内のあらゆる反対と難関を切り抜けて成し遂げた、制限のないこの「米・日戦争協力体制」の効率性を、ちょうど二カ月前に米国の新武器体系を主力として敢行したヨーロッパでのコソボ攻撃戦争のように、北朝鮮に対して試みたいという強い誘惑にかられている。

5．米国政治権力の強硬保守化への圧力

共和党が支配する米国議会と米国内の軍部をはじめとする強硬右翼・反共勢力は、一九九一年の第一次および一九九八年の第二次対イラク戦争以後、「第二のイラク」として北朝鮮を次の戦争目標にしてきた。米国は北朝鮮の国家と党と権力が、朝・米核協定による国際的圧力と核武装の挫折によって、容易に屈服するものと予想していた。泣きっ面に蜂というが、ふりかかってきた一九九五年以来の度重なる大洪水の被害および食糧難によって、短期間で崩壊すると予想し、またそうなることを期待したのである。共和党支配下の議会は、民主党クリントン政権の朝・米核協定履行を妨害しようと、協定上の合意事項の執行を遅らせたり阻止する数えきれないほど多くの条件と制限を立法化した。連絡事務所設置、年間五〇万トンの代替エネルギー供給、経済・貿易封鎖措置の解除ないし緩和、凍結

された北朝鮮資産の解除、経済交流の拡大、相互の国家承認、外交関係の樹立、大使館開設などの合意事項は、主にこのような米国側の拒否によって引き続き遅延された。冷戦時代米国における対ソ連主戦論の核心であったこの勢力は、今でも北朝鮮に対する「イラク式」戦争を執拗に求めている。

朝・米核協定を協議し、それに調印したクリントン民主党政府内部の民・軍・情報関連の最高位の首脳ら自身も、大きく異なるところはなかった。彼らは、あらゆる口実をつくって協定合意事項の履行を引き延ばせば、北朝鮮が自ずと疲れ果てて崩壊すると予想し期待していた[3]。そうなれば米国は、北朝鮮の核施設撤去との交換として約束したいかなる代価も補償も支払う必要なく、米国の軍部と政治的強硬派らが蔑すんで口にする「最後に残ったならず者」国家を地球上から抹殺してしまうはずであった。ところが、彼らの予想と期待ははずれた。少なくとも現在までは実現されていない。一九九四年に締結した妥協的朝・米核協定を廃棄するための絶好の口実として作り出したのが、いわゆる「金倉《クムチャン》里《リ》核地下施設」説である。今年度初頭の米国専門家一団による「核疑惑地下施設」現地査察（北朝鮮側は「現地訪問」と表現）の結果は、「核施設の疑惑無し！」と証明された。その結果、「金倉里」をもって北朝鮮を屈服させようともくろんでいた米国内の強硬・保守権力の体面だけが損なわれてしまった。彼らはすでに、北朝鮮のミサイル（または人工衛星、一九九八年八月三一日発射・失敗？）に新たな希望を求めようと、対北朝鮮圧力を軍事的危機の水準にまで高めている。（米国軍部はすでに一九九一年三月、イラクに対する米国の戦争「砂漠の暴風作戦」を開始した直後、対イラク戦争は対北朝鮮戦争の予行演習であることを強力に示唆した。「砂漠の暴風作戦」には、特別に指摘しなければならない重要な側面がある。……米国と国連による今回の強力な意志の誇示を、金日成が見のがしたはずはない(4)。

6. 米国大統領選挙と国会議員選挙の北朝鮮に対する含意

西暦二〇〇〇年は、大統領選挙と議会の部分的選挙の年である。米国の大統領選挙において戦争は、常に執権政党と与党の大統領候補にとってこの上なく有利な当選保証書の役割を果たしてきた。一九九一年にイラクを攻撃したブッシュ大統領の国民的人気は、一気に九七％にまで上昇した。対イラク戦争の司令官であったシュワルツコフ大将は、あたかも第一次世界大戦当時のヨーロッパ地域連合軍最高司令官であったドワイト・D・アイゼンハワー元帥と肩を並べるほどの英雄としてもてはやされた。そして有権者と両党から、大統領候補として下馬評にのぼらされるに至ったのである。第二次対イラク攻撃によって、クリントン大統領は、セックス・スキャンダルで議会により弾劾を受ける局面に追い込まれた個人的および政治的危機を克服したし、今年四月のユーゴスラビア―コソボ攻撃戦争は、議会の弾劾決議案で失墜した彼の個人的・公的（政治的）威信をまんまと元通りに回復させてくれた。現代を歴史的に振り返っても、日本の真珠湾攻撃によって始まった太平洋戦争と第二次世界大戦は、一九三九年以来の金融大恐慌と経済危機に直面していた民主党政権を救い出したし、第二次世界大戦終結による戦後の景気・経済の萎縮・軍備縮小の脅威は朝鮮戦争の発生によって解消した。一九六〇年から一九七五年の間のベトナム戦争も、米国へ同様の効果をもたらした。戦争または軍事的侵攻と政党の選挙における勝敗との直接的な関数関係は、際立ったアメリカ的現象である。この事実認識なしには、北朝鮮―米国間の核またはミサイル対決問題の意味は理解し難いのだ。

米国民は戦争英雄を好む。それが、将軍であれ提督であれ大統領であれ同じである。米軍の攻撃した戦争相手が、遠くアラブ世界の人口二二〇〇万の中級軍事強国イラクであれ、米国の小都市よりも小さくて貧しい中米の人口八万六〇〇〇人のグレナダ（一九八三～一九八五年）であれ、その効果は同じだ。「米国の裏庭」であるラテンアメリカ（中南米）において、カストロのキューバ、アジェンデのチリ、ノリエガのパナマ、サンディニスタのニカラグアをはじめとする大小の一〇数カ国が、代わる代わる米国大統領選挙で発揮するこの奇妙な効能の悲惨な証人となるよう強いられてきた。

クリントン大統領や民主・共和党とその大統領立候補者、そして上・下院議員立候補者らにとって、東北アジアの一隅にある北朝鮮とそのミサイル（または人工衛星）は、彼らの当選を保証する軍事行動を起こすに最適の生贄のように映っている。北朝鮮の自己主張が正当で非妥協的なものであるほど、なおさらそれは容認されないのである。米国政府の国務長官、国防長官、大統領北朝鮮問題調整官（ペリー前国防長官）は、ワシントンで北朝鮮に対し対イラク侵攻戦争の可能性をもって威嚇しても事足らず、交互にソウルと日本に立ち寄り軍事的危機説を強調した。それに次いで駐韓米軍司令官（ジョン・ティラリー陸軍大将）は、戦争の予備的最高指揮官らしくソウルで記者会見を自ら要請し、「韓・米両国は、北朝鮮がいかなる方法で威嚇してきても、これに対処する計画と態勢を備えている」と脅した（一九九九年八月一〇日）。米国は選挙の年を迎え、新たな戦争と戦争英雄を誕生させる必要が生じたようである。

7. 米国における軍事予算（軍事的消費）の持続的拡大に必須の武器・装備消耗と戦争の雰囲気づくり

米国は、圧倒的に軍事国家的性格を有する。世界一八〇数カ国の軍事費を比較してもそうであり、国税の用途別支出の割合においてもそうだ。一九九〇年を頂点としたソ連と共産主義陣営の崩壊によって、かつての米国の真のあるいは仮想「敵国」と、その他の諸国の軍事予算はすべて急激にそして大幅に縮小される趨勢とは対照的に、米国の軍事費支出は増加している。ゴルバチョフのソ連が一方的に軍備縮小・軍費削減を宣言した一九八五年以後、世界の軍事費支出は一九九七年には八〇四〇億ドルまで減少された。しかし、ロシア・中国を含む三八主要諸国家の総軍事費支出において、米国一国が占める比率は三〇％から三四％へと増大した（八〇四〇億ドル中二八一〇億ドル）。

米国政府は二〇〇〇～二〇〇五年間の軍事予算として約一兆九〇〇〇億ドル、年平均約三〇〇〇億ドル（二〇〇五年度分三三一四億ドル）を議会に要請している。その他にもわれわれは、次ページの表から次のような事実を知らされる。

・米国一国の軍事費は、ロシアと中国の軍事費合計の約三倍である（ロシアの約四・六倍、中国の約八倍）。

・米国とその同盟国（韓国を含む）の軍事費合計は、ロシアと中国の軍事費合計の約五倍である。

・米国の軍事費は、米国の今後の第一次的攻撃対象国である北朝鮮の五六倍である（多くの軍事研究所と軍事専門家らが北朝鮮の軍事予算を二二～三〇億ドルの線で計算しており、実際は一〇〇：一という比較が可能である）。

表１　米国と対比した，世界の国家別軍事費比較（1998年度）

金額単位：10億ドル

国家	軍事費	国家	軍事費
米国	281	イラン	6
ロシア	64	北朝鮮	5
中国	37	ギリシャ	4
英国	37	クウェート	4
日本	35	ポーランド	3
フランス	30	パキスタン	3
ドイツ	26	ベルギー	3
サウジアラビア	18	ノルウェー	3
イタリア	17	デンマーク	3
韓国	15	エジプト	3
台湾	14	シリア	2
ブラジル	14	ポルトガル	2
インド	10	リビア	1
トルコ	8	イラク	1
オーストラリア	7	ベトナム	1
オランダ	7	チェコ	1
イスラエル	7	キューバ	0.7
スペイン	6	ハンガリー	0.6
カナダ	6	スーダン	0.3

出処；*The Defense Monitor*, 1999, Center for Information, Washington D.C.

・米国が、「ならず者国家（政権）」と見なし軍事侵攻の対象としている五カ国（北朝鮮、キューバ、リビア、イラク、スーダン）の軍事費合計八〇億ドルは、米国一国の三五分の一にも満たない（米国対キューバ〔カストロ〕＝四〇〇：一、米国対リビア〔カダフィ〕＝二八一：一、米国対イラク〔フセイン〕＝二八一：一、米国対スーダン＝九九七：一）。

このように恐るべき軍事力と軍事費であるにもかかわらず、共和党議会と主戦論者の勢力による連合戦線は（クリントン）政権が要請した軍事予算の上に、新武器（一例としてF22戦闘機、国家ミサイル防御網：NMD）開発・製作計画として五年間、毎年平均一〇〇億ドルの軍事費を自ら進んで予算策定し、法案を作り、世論を喚起し、支持票を動員、可決、追加までした。米国議会の議員が、出身地への軍需および軍関連産業誘致と育成を、有権者の支持を得る重要な要因としていることは周知の事実である。米国は、旧武器と装備を持続的に消耗することによって、新たな武器と装備の質的・量的な発展・補充を絶え間なく拡大再生産しなければならない体制にある。

こうして研究・開発・製造・大量生産・実践配置された新武器は、その性能が立証されなければならない。新武器の性能を検証するための最高の試験場は、米国内のネバダ砂漠など模擬試験場ではなく、地球上のどこかの国に対する戦争である。戦場での実戦実験による成功は、米国の軍備増強と武器開発を主張した強硬右翼・主戦勢力（ソ連崩壊前には極右反共）の主張と立場を強化する。その作用は、また新たな武器の開発、それに要する予算増大のための決議案へ権威と説得力を付加させる。そしてそれは、彼ら上・下院議員の再選を保障するのである。このような個人と勢力が狙いをつけてきたものは、まぎれもなく東北アジアの小国、北朝鮮なのだ。

8. 米国の世界的軍事覇権主義の国内における社会化現象

米国が単独で「世界の憲兵」または「国際的警察」として君臨しようとする国家的意志は、米国の国民生活や社会の性格へもその影を落としている。国民の支払った税金がどこにどのように使われるのかを知れば、その国家の性格と意志、そして社会の特徴を推察することができる。人々（市民）の

表２　クリントン政府が議会に提出した2000会計年度の支出構成（総5,550億ドル）

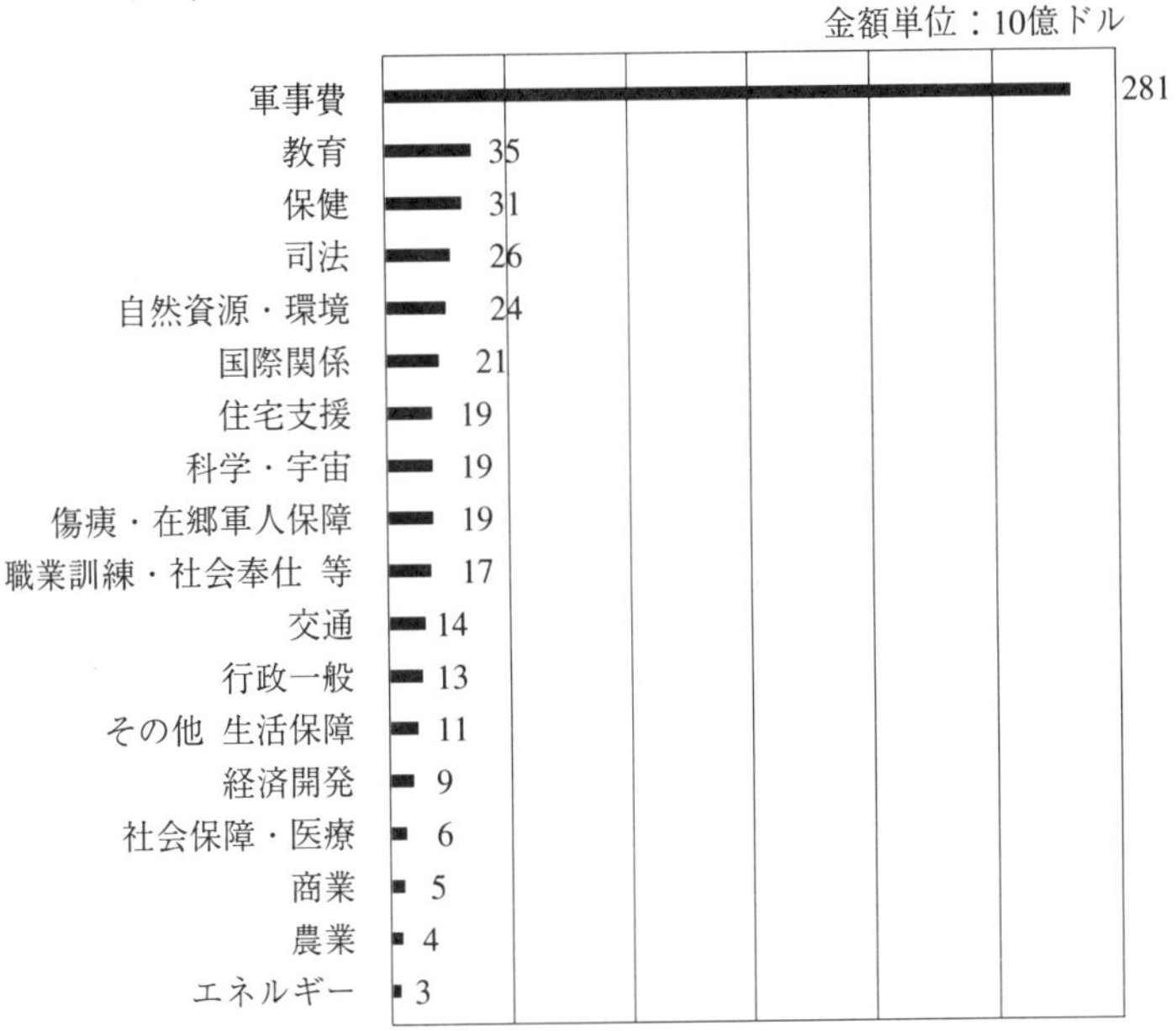

出処；*The Defense Monito*r, Volum XXVIII, Number, 1999

物質的生活と精神・文化的幸福（生活の質）を重要視する国家なのか、さもなくば結果的にそのような人間への福祉とは逆行するほかない「力の組織」または軍隊を重要視する社会なのかを知ろうとするなら、統治集団あるいは統治権力（行政府、国会など）が国民の納付した税金を配分する方式、すなわち政府の予算構造をまず調べればいい。

　クリントン政権が議会に提出した二一世紀幕開けの二〇〇〇会計年度の政府支出の構成は、上の表の通りである。国民生活の各分野に配分された人間・社会福祉予算らが、必然的に消耗的であり暴力崇拝的集団である軍隊の維持に使われる費用に比べ、どれほど微々たるものなのかが分かる。観点をかえれば、米国の軍隊と軍事力と軍事的覇権主義が、どれほど米国市民の人間的幸福を犠牲にして維持されているかが分かるのだ。

全体予算五五五〇億ドル中二八一〇億ドルが、軍隊を維持するために使われる。予算の五一%が軍事費だ。これは、真に世界の平和を求め愛する文明諸国では見受けられない予算類型である。予算の配分表の下側に置かれている商業、社会保障および医療支援、経済開発、その他生活保障などの予算項目は、軍事費に押さえ込まれて窒息しそうにも見える。もちろん、そのような国民生活の価値序列には軍事的覇権主義が横行するしかない。

米国の安全と世界的覇権競争に挑戦したソ連と世界の共産主義同盟勢力が消滅した脱冷戦時代に、無謀にも米国の安保を脅かす国家や政権は地球上に存在しない。にもかかわらず想像を越えるこのような米国の軍事予算は、米国の防衛的安全保障のためではない。ソ連と共産主義世界が消滅した直後である一九九一年、イラク戦争によって米国の意図を宣言した(ブッシュ大統領)「新世界秩序」、すなわち米国単独の世界支配体制「Pax-Americana」の確立と恒久化を目的とするものである。このような「唯一の超大国」米国の意志に唯一抵抗する存在が、取るに足らない国——北朝鮮である。

9.「米国の武器販売は戦争の炎を煽る」

米国は一九九四~二〇〇〇年間に、世界の武器市場での契約額合計一〇六五億ドルの六三%を独占した。未契約分は含まない数字である。クリントン大統領は、武器販売を米国の重要な「国家的政策事業」であると宣言し、米国内武器製造関連産業の利益に合せて海外武器・装備販売政策を決定しなければならないと強調した。米国議会は、その上一九九六年には武器販売輸出を容易にするために、外国の武器輸入者たちに提供する一五〇億ドルの政府保証武器輸出借款を、行政府から要請もされないのに率先して承認した。こういう措置には、もちろん核付属品・装備やミサイルも含まれる。米国は核関連装備やミサイル、またはミサイル構成部分装備を販売・輸出することができるが、他の弱小国や北朝鮮にはそのような権利がない！　米国によるその輸出販売は「世界平和のためのもの」であり、他の国々と北朝鮮によるミサイルまたは附属装備の輸出は「世界平和を破壊する犯罪行為」であるようだ！　誰が米国に、そのような権利を与えたのだろうか。

米国の世界政策研究所 (5)（World Policy Institute）は、一九九五年度報告で次の通り米国の武器販売について言いあらわした。

「米国の武器販売——戦争の炎を煽る」

・過去一〇年間に発生した四五の紛争の敵対的当事者らが、四二〇億ドル以上の米国製武器の提供を受けた。

・一九九三〜一九九四年間にあった五〇の相当な規模の紛争の中で四五は、紛争の片方または双方が戦闘開始以前に米国産武器や関連技術を入手したものである。

・米国は五〇の武力衝突中二六の紛争当事者らに、五年以上にわたって少なくとも五％の武器を提供した。

・米国は五〇の武力紛争中一八の紛争で、最近の五年間に片方の当事者が輸入した武器の二五％以上を提供した。

以上の事実は、数多くの武器販売諸国中で米国一国の占める比率と分量について説明しているだけではない。国家を代表する大統領自身が、武器販売を国家の「主要政策」であると宣言する米国にとっては、戦争と武力紛争のない世界は不安な世界であるということを物語ってくれる。この事実の現在の第一目標が、北朝鮮であり朝鮮半島である。そしてそれが朝鮮半島の核問題であり、米国がいう「北朝鮮の核」と「北朝鮮のミサイル問題」の本質である。

10・米国の在来式武器・装備の海外販売政策における目的と効果

米国の軍産複合権力を代表する大企業家出身であり、ベトナム戦争の主導者であったマクナマラ国防長官と、上院議員ジョセフ・クラークの次のような公式声明は、まさに朝鮮半島において米国のそのような目的や状況が現実化するのを恐れ拒否してきた北朝鮮に対する、米国の政策と戦略を理解する一助となる。米国の「政治・軍事・資本・産業・頭脳」複合体のこの理念は、この本の別の箇所でも引用したが、現在の米国—北朝鮮危機の本質を理解する際にも必須の知識なので重複するがもう一度記しておく。

「……米国は、ラテンアメリカや極東およびヨーロッパの軍隊に米国の武器を贈与したり販売することによって、彼らを米国防省に縛り付けた」

「米国は、六億以上の人口を有する一五〇〇万平方マイルの領土にわたった四〇カ以上の国家に対する『保護権』を掌握したのである。この『保護領』らの衛星国の軍（satellite army）を操ることによって、米国の体制に非友好的な政府を打倒することができる」

「これら『保護国』を勢力圏に縛り付けておくためには、例外的な場合を除いては『占領』する必要はない。対外援助、借款供与、軍事および武器援助を通じて、そして『衛星国の軍』を操ることによって、同様の結果を達成できる」

「これらの国家を支配下に置くために米国の軍隊を派遣するのであれば、アメリカ人兵士一人当たり年間四五〇〇ドルの費用が必要となる。だが米国の前哨軍事基地網の維持戦略にとって決定的に必要な五〇〇万名の同盟国軍隊は、兵士一人当たり年間五四〇ドルで維持し得る。……われわれはアメリカ人兵士一人分の費用で、『保護国』の『衛星部隊』兵八人を雇用しているわけである」(6)

したがって、冷戦の危機が去り武器購入への熱気が冷めゆくことに対し、米国政府と武器（軍需）産業の利権集団は焦燥感を抱いている。ある学者らは、北朝鮮の核開発と原始的・初歩的ミサイルの生産が、米国の国際的武器販売市場に及ぼす不利な作用を懸念するためであると解釈しもする。米国内の武器生産企業と販売商らが、米国政府に圧力を加えて北朝鮮を核・ミサイル開発阻止へのモデルとし、他の潜在的核・ミサイル開発計画国に警告するための見せしめにしようとするものであると分析しもする。

潜在的な紛争の要素がある民族や国家が、北朝鮮を手本にして独自ミサイルを開発したり北朝鮮製ミサイルを供給されれば、在来式武器・装備の購入への必要性がその分減少する。核やミサイルの開発は、基礎ないし中間段階までの開発・製作費用は高くつくが、いったん開発し終えれば、一基に数千万または数億ドルかかる数百種類の先進国の先端在来式武器を、モデルがかわる度に新しく購入しなければならない長期的費用よりも、はるかに経済的であるとの計算だ。米国の武器・装備生産業者と商人らが、世界の在来式武器市場の縮小を防ぐために、その見せしめとして北朝鮮のミサイルを標的にしたという見解である。

11. 米国の新たな「スターウォーズ」計画と北朝鮮のミサイル・核

平和を恐れる米国軍部と主に共和党を中心とする主戦論勢力は、一九八〇年代の米・ソ対決の絶頂期に構想したいわゆる「スターウォーズ」（star wars）または「宇宙武器戦争」への夢を捨ててはいない。数千億ドルの資金を投入しても実効性が疑わしいという有力な科学者たちの批判と戦略家たちの反対、そして脱冷戦時代の到来によって、彼らの妄想はいったん色あせた感があった。しかし、脱冷戦と「ソ連帝国」の崩壊でやむなくあきらめざるを得なかったレーガン大統領のかつての「宇宙戦争」への夢は、よみがえっている。一九九〇年代初頭の数年間、当時の軍事予算の減少傾向を恐れた軍部や共和党議員ら、そして武器生産資本家とそれに協力する教授・学者・科学者たちの集団によってよみがえったのである。彼らの主張は、米国が新たなミサイル攻撃の目標になっているということである。軍事予算の持続的な増額によって地位を享受し利益を得る、この「軍部―武器産業資本―反共右翼政治家―武器開発頭脳（理論家、科学者）」集団は、「米国本土」をミサイルで威嚇する「新たな敵」を捜し出さなければならないのだ。

戦略ミサイルを保有する英国とフランスは、米国の同盟国である。日本の「非軍用」ロケット群は、米国の統制の下にある。旧ソ連、今では弱体化したロシアは、その戦略武器（核やミサイル）の解体計画を米国の予算と米国の核・ミサイル専門家・軍監視官たちの指揮の下で進めてきた。米・ソ戦略武器削減計画と米・ソ間の大陸間弾道ミサイル迎撃網協定（ＡＢＭ）などによって、ソ連は大量の長距離爆撃機と核弾頭、その核弾頭が装着された戦略弾道ミサイル、そして使用済核物質の解体とその輸送および安全貯蔵に要した資金（費用）を、米国政府予算からもらい受けている。すなわちロシアの核・ミサイル戦略武器は、米国の統制下にあるといっても過言ではない。この目的への予算支出を、その法案の共同提出者であるリチャード・ルーガル上院議員（共和党）とサム・ナン上院議員（民主党）の名前をとって「Nunn-Lugar 計画」と略称するその正式法案名は、「米・ロシア協同危機減少計画」（The Cooperative Threat Reduction Program）という。

一九九一年からのロシアと現在独立国である旧ソ連邦諸国の戦略武器解体作業の費用として、米国政府は一九九一～一九九九年間に約三一億ドルを支出した。クリントン政府はこの事業への二〇〇〇～二〇〇五年間の後続計画予算として、今年新しく四二億ドルを要請している状態だ（合計七三億ドルの米国政府資金によって、ロシアの核兵器・弾道ミサイル軍事力が実際に米国の管理下に置かれるようになったも同然である）。

中国が、米国本土を核ミサイルで攻撃する理由も条件もない。五〇〜一〇〇年後ならともかく、今は中国が直接米国との戦争を構想する理由も能力もない。地球上には、敢えて米国本土を核ミサイルで攻撃する（またはできる）「敵」は存在しないことが明らかである。そうなればなおさら米国の「軍部―武器開発・生産資本―軍需産業支援政治家―武器開発理論家・科学者・技術者」らの利益連合集団は是非とも、潜在的あるいはそれにもまして顕在的敵対者をどこからか捜し出さなければならない。そのようにして彼らの目は、東北アジアの小さな半島の北側半分に「North Korea」という「怪物」または「ならず者」国家を捜し出したのである。米国の年間軍事予算とこの東北アジアの小国の軍事予算は、実際にほぼ一〇〇対一だ。そしてこの国は、生存を維持することさえ困難な実情である。しめた！　米国のこの集団は、金をせしめることのできる機会と権力と地位を引き続き享受し、高めることができる口実を捜し出すのに成功したのである。『北朝鮮がテポドンミサイルで米国本土を攻撃しようとしてる！』と叫んでいる時に、北朝鮮は人工衛星ロケット（ミサイル）を発射したのだ。その二段階が日本を飛び越えて落下した。これを口実に、三〇年間抑制されてきた日本の軍事大国化の夢を一気に実践に移す「北朝鮮ミサイル危機論」が、東北アジアの空気を揺るがし始めた。

彼らの計画は、二重構造のミサイル迎撃網の構築である。一つは、北朝鮮を相手にした日本・韓国・台湾・沖縄……が加入しその地を基地とする、いわゆる「戦域ミサイル防御網体制」（TMD, Theater Missile Defense）で、米国本土に設置しようというのが「国家ミサイル防御網体制」（NMD,

National Missile Defense）だ。これら米国の勢力は、議会において今年初めに第一次的目的を達成した。朝鮮半島周辺と米国本土に設置しようとする、その二つの「幻想的」計画を推進する予算案を通過させるのに成功したのである。二〇〇〇会計年度一年間の予算で、NMDの費用一二億八六六〇万ドル、TMD開発着手費二九億六二五〇万ドル、合計四二億四九一〇万ドル。これだけではない。彼らは①海軍用の広域および地域用②陸軍の地対空③空軍および宇宙停止軌道用などのように、ミサイル迎撃網開発費として合計二二億八〇万ドルを予算から引き出すのに成功した。事実、このような新たな「宇宙戦争」計画は、一九七二年に締結された米・ソ間「弾道ミサイル迎撃協定」（ABM）やその後の「戦略兵器削減交渉」（SALT）、「戦略兵器削減協定」（START）IおよびⅡの国際的合意からみても違反となるのである。しかし、「北朝鮮」という国はこのような全ての宇宙戦争軍事計画を正当化するほど、米国の運命に致命的打撃を与えうるミサイル脅威となっているというのだ。

以上が、朝鮮半島における核・ミサイル軍事政治学の半分の真実であり真相である。

朝鮮半島での核・ミサイル脅威の歴史的展開

1．韓国の核・ミサイル武装化計画

北朝鮮は、一九六五年に技術者のための小規模な研究および訓練用原子炉一器を導入し、一九八六年には試験用原子炉（五MW級）をソ連から提供され、建設・運営してきた。その後、原子炉運営のための科学者および技術者集団が養成されるにしたがい、発電用原子力発電所（五〇MW級）を一九

八〇年代末に建設中であったし、一九九〇年代末を竣工予定に建設し始めた発電所（二〇〇MW級）が着工段階にあった。その他、一九七〇年代にソ連の科学技術者たちの力添えで五MW級原子炉を建設したノウハウを蓄積し、一九八七年には独自の技術で三〇MW級黒鉛減速型原子炉を竣工したことが知られている。韓国では現在一一基の原子力発電所が稼動中であり、建設中のものが六基もある。一九八〇年代に、将来一六基または一九基の原子炉増設を計画したが、計画の修正があり確実ではない。

国際原子力機構（IAEA）の査察を前提条件に核拡散禁止条約に加入したのは、韓国が一九七五年、北朝鮮が一九八五年である。韓国の条約加入年度が一九七五年であることは、この論文の内容に関連する。後に詳述するが、朴正熙大統領は米国がベトナム戦争で核兵器を使用できないまま「惨敗」して、休戦協定に調印し米軍撤収を始めた一九七二年頃から、米国の核兵器使用を含んだ韓国に対しての確実な保護能力と意志を疑うようになった。「ニクソン・ドクトリン」において、米国政府は今後の朝鮮半島での軍事紛争へ、朝鮮戦争式に直接的に軍事介入する意思のないことを明言した。これは、韓国の疑惑をより一層確かなものにした。

米国のベトナム敗戦、その後のアジア軍事紛争に対するニクソン・ドクトリンの不介入政策、それによる駐韓米軍一師団の撤収、北朝鮮の総合的国力と国家的位相に比べ、おおよそ比較にもならないほど虚弱な韓国の極端な劣勢と敗北意識など……要因が複合的に作用して、朴正熙大統領の政治的な「維新」体制（個人永久軍事独裁）と軍事的「自主国防」政策の実施にのりだした。「自主国防」の核心は、韓国独自に核兵器とミサイルを開発し、当時、軍事・政治的に圧倒的優位に立っていた北朝鮮に対抗しようという戦略であった。

そのために朴正煕と軍部は急いで武器開発研究機関を設立し、一九七二年にはフランスと二三〇〇万ドルのウラニウム再処理施設導入契約を秘密裏に締結した。朴正煕の計画は、一九七八年八月一五日までに射程距離三五〇キロメートルの誘導弾製造および作戦配置、一九八〇年八月一五日、核爆弾実験および完成を目標に進められた[7]。この構想と計画は、米国政府がフランスとの秘密契約を探知して、朴正煕に核・ミサイル化計画の廃棄を強要することによって、いったん白紙にもどされた。しかし彼は、その後も様々な民間研究機関の名で設置した核兵器・ミサイル開発計画を続行した。その結果として、一九七八年九月、朴大統領は「国防科学研究所の推進中である核開発が、九五％進展したという報告を受けた」とも言われている[8]。

その他にも朴大統領は、一九八一年「国軍の日」の行事で核爆弾とミサイルの独自生産に成功したという事実を全世界に公表しようと考えていた。同時に、大統領職から退くという話を一九七九年一月に側近にしていた[9]。朴正煕は、その夢を実現できずに、彼の側近である中央情報部長（ＫＣＩＡ）の手によって射殺された。彼の後任者である軍人出身の大統領全斗煥大将も、カナダとの秘密協定によって独自的核・ミサイル軍隊の創設を試みた。しかし、これもまた米国の圧力で白紙にもどされた。

韓国の軍部と統治者が一九七〇年代に独自的核・ミサイル軍事力の確保を急いだ理由は、次の通りである。

・ベトナム戦争は、下位同盟国のために米国が核兵器を使用（保護）することができないという事実を立証した。南ベトナムの運命が、これを立証した。
・韓国の経済力と物的生産力は、北朝鮮より大幅に劣っていた。
・物的生産力・工業・科学・技術面において、北朝鮮より劣っていた。
・したがって韓国の在来式軍事力は北朝鮮のそれより脆弱で、在来式武器の生産・強化によって北朝鮮の軍事力に追いつくには長い時間がかかる。
・国民の政治的結束と社会的凝固力が脆弱であった。独自に戦争に対処するだけの政治・社会的基盤が弱かった。
・北朝鮮に比べて国際社会からの支援勢力が弱かった。北朝鮮は、当時の国際政治勢力であった第三世界と非同盟国陣営の一つの指導的国家であり、その勢力の強力な支持を得ていた。それとは逆に韓国は米国に半ば隷属しており、それゆえ国際的位相は虚弱で国際的に孤立状態にあった。
・その全ての諸要素の総合的な差ゆえに、北朝鮮による韓国の吸収統一への危険が大きかった。

以上のあらゆる事実を総合すれば、次のような重要な結論が論理的帰結として導き出される。すなわち朝鮮半島の南・北は、そのどちら側であれ背後の強大国に見捨てられ、国際社会から孤立し、その上、諸般の国内的生命力が衰退すれば、相手方に対し吸収統合の脅威を感じるようになる。圧倒的劣勢状態に追い込まれた片方は、国家的存立の危機を打開したり克服するために、最後の「自衛的」選択をするようになる。核兵器とミサイルがそれである。韓国の朴正煕政権が一九七〇年代に置かれた内外的条件と状況がそうであったし、「死なないために」手を染めたのが核兵器とミサイルであった。それは、韓国が自己の生存のためにとるしかなかった、当然で正当であり合法的な選択であった。

2. 北朝鮮の国家的実情と生存戦略

一九九〇年代に北朝鮮が置かれた国内外的状態は、一言で言って一九六〇〜一九七〇年代に韓国が置かれていた悲惨な状況と同じである。逆の位置での正確に全く同程度の危機、いや二〇数年前に韓国が置かれた危機状況よりも、何倍ないし何十倍も深刻な危機状況に置かれている。北朝鮮の軍部と国家統治集団は、二〇年前に韓国の統治者、朴正熙が恐れたまさにその危機状況に置かれ、危機から生き残るための最後の自衛的選択として、相手方、韓国がとったのと同じ選択をするようになったのである。それはやはり、核兵器とミサイルであった。南北朝鮮はその対立的条件・環境があまりにも似ているために、問題解決のための思考・行動・選択の体系がほぼ一致する。

これに関しては、既に十分多くの情報と事実が公にされた。北朝鮮に対し極端な敵対心を抱く狂信的な極右・反共主義者も、今では北朝鮮の危機状況についてはほとんど正確な認識をしていると思われる。

その認識を理性的に一歩前進させれば、次の状況判断に達する。すなわち①南北朝鮮は同様の状況条件に対して同様の対応をする。②南北朝鮮は、どちら側であれ国家の存亡が危機に瀕した条件では、自衛の最終手段として核兵器とミサイル開発に着手する。③韓国——朴正熙大統領政権は一九七〇年代のそのような条件において、核とミサイル武装計画を推進した。④朴大統領の自主的核・ミサイル軍事計画は、その国家的危機環境において、韓国民としては唯一の正当で、合法的な主権行使であった。⑤当時、かりにソ連や中国が韓国の核・ミサイル保有化計画に対し戦争をもって威嚇したなら、韓国政権もやはり抵抗したであろう。⑥北朝鮮は、二〇数年前、韓国が直面したものよりも何倍も深刻な国家存立の危機状況に置かれている。⑦北朝鮮の金日成主席や統治集団は、二〇年前の韓国の統治集団が選択したのと同様の、核・ミサイル軍事力によって危機を正面突破しようとしている。⑧一九七〇年代初めの危機状況における韓国の核武装計画が正当な主権発動であったのなら、一九九〇年代の状況で北朝鮮の核武装計画も正当な主権行使である。⑨一九七〇年代の状況で、ソ連や中国が韓国の核・ミサイル計画に軍事攻撃を加えたとするなら不法・不当であったように、一九九〇年代の北朝鮮の計画に対し、米国が戦争で威嚇する行為もやはり不法・不当である。

3. 韓・米防衛同盟と朝・ソ、朝・中軍事同盟との特徴と性格の違い

北朝鮮は、一九六一年七月六日にソ連と、そして一週間後の七月一一日には中国との「友好協力および相互援助に関する条約」を締結した。北朝鮮の、その背後にある強大同盟国との軍事同盟協定締結の日が内包する、特別な意味に注目しなければならない。韓国は一九五四年一〇月に米国と「相互防衛条約」（韓・米防衛条約）を締結したが、北朝鮮政権は一九六一年中頃までソ連と中国との軍事同盟締結を拒否してきた。ソ連は、北朝鮮の港をソ連極東艦隊の基地として提供するよう北朝鮮政権に執拗に求めたが、北朝鮮は、これをやはり粘り強く拒否した。北朝鮮の指導者と政権の哲学によるものである。すなわち、弱小国が強大国の（それがどれほどイデオロギー的に友邦であっても）軍事的隷属または主従関係に陥れば、国家的自主性、すなわち国家の政治的主権を喪失するようになると

いう考えと恐れからであった。北朝鮮政権は、ソ連が一九七〇年代に世界の下位同盟国家らに対する合法的支配権を強化するためにブレジネフ党書記長が提唱した、弱小同盟国家の「制限主権論」の覇権主義的意図を警戒し排撃した。「制限主権論」は、米・ソ超大国がそれぞれその支配下にある下位同盟国の主権行使を、米・ソに制限的に委託させようという（事実上してきた）もので、東ヨーロッパの共産国らはこれを受け入れた。

そのような強い主権意識に固執していた北朝鮮指導者が、ソ連と中国との軍事同盟条約を一週間の間隔をおいて急いで締結するよう政策を変更した理由は、その直前に韓国で起こった重大な事態の変化によるものである。その年の五月一六日、韓国の軍部が「確固たる反共を国是の第一とする」というスローガンを掲げて、クーデターによって文民政府を倒し軍部独裁政権を樹立した。北朝鮮政権は、五・一六軍部クーデターと強硬な反共主義軍事独裁政権の樹立を、北朝鮮への軍事攻撃にむけた米国と韓国の共同の意志表示と解釈した。

韓米防衛条約は、その第四条において次のように規定している。

「締約国双方の合意により、大韓民国はその領土内と周辺海・空域に米合衆国がその陸軍・海軍・空軍を駐屯・配置する権利を許与（grant）し、米合衆国はこれを受諾（accept）する」

この条約によって、大韓民国の領土・領海・領空はいかなる但書や制限や条件なしで、米国（軍隊）の意のままに利用し得る軍事的隷属国家となった。その上、韓国軍作戦統制権（作戦指揮権）は、朝鮮戦争の第一段階（一九五〇年）から駐韓米軍司令官の手に委譲されている。米国連邦政府が州に連邦軍部隊を移動・配置する時には、州政府との協議と同意が必要である。大韓民国の領土・領海・領空は、米国軍隊の使用に関する限り米国の州よりも下位にあり権力もないのだ。

このような「韓米防衛条約」軍事同盟の特性の下での五・一六反共軍部独裁政権の樹立が、北朝鮮政権に与えた衝撃は想像に難くない。金日成は、すぐにモスクワと北京を一週間隔で飛び回った。彼は、超大国との軍事同盟関係は弱小国の政治的主権を代償にしてのみ維持されるという従来の信念を曲げて、二強大国との軍事条約を締結した。けれども、朝・ソ、朝・中相互援助条約と、韓・米防衛条約との間には重要な差異がある。それらの条約では、ソ連や中国が当然の権利として、北朝鮮（朝鮮民主主義人民共和国）の領土・領海・領空に軍事基地を勝手に設置したり軍隊を配置するのを認めていないという事実である。北朝鮮の軍隊が、ソ連軍司令官や中国軍司令官にその作戦指揮権を半永久的に委ねてしまうという条項もない。

朝鮮戦争に参戦した中国軍は、戦争終結から五年後の一九五八年一〇月一日までの間に完全に撤収した。北朝鮮は、軍事同盟の存在とは関係なく、両強大国に対し国家の軍事的および政治的主権を守るのに成功したように思われる。しかし、主権を守るために支払わなければならなかった代償は大きかった。すなわち、国家防衛のための軍事費はほとんど独自に負担しなければならなかった。その負担は、ついに一九八〇年代後半には北朝鮮経済の崩壊を招くまでに至る。この軍事的負担には、ロシアや中国に依存しないために選択した核とミサイルの独自的開発費も大きな割合で含まれている。その理由は、ソ連の北朝鮮放棄である。

4. 北朝鮮の核・ミサイル独自開発決定への直接的契機

ソ連のゴルバチョフは一九八六年七月二八日、「新アジア・太平洋地域路線」を発表した直後（一〇月二二日）、平壌を訪問し米国との協力・友好関係樹立、韓国に対する国家承認と正式な外交関係樹立、北朝鮮との過去の同盟関係を清算する意思を、直接金日成に通告した。北朝鮮との軍事同盟条約を事実上廃棄する意思が通告された。猛烈に抵抗する金日成と北朝鮮軍部をなだめるために、一九八八年にゴルバチョフは二八機と報じられているミグ29最新鋭戦闘機を北朝鮮に提供した。その直後（一九八八年九月一六日）にソ連政府は、韓国との国交樹立への意思を公に発表した。ゴルバチョフの特使であるシュワルナゼ外相が再び一九九〇年九月末、平壌を訪問し、ロシア―韓国の国交樹立決定を公式通告すると同時に、朝・ソ（ロシア）軍事同盟の事実上の解体を通告した。

金日成主席は、シュワルナゼとの面談を拒絶した。金日成主席の代理として金永南《キムヨンナム》外相は、ソ連外相にロシア政府の「背信行為」を糾弾し、ロシア側へ二つの決心を伝えた。ソ連に依存した『『一部の武器』を、独自開発することに決定した」とのことであった。この「一部の武器」がミサイルを意味したと解釈される。彼はまた、「独自的核兵器製造の権利を保有する」と強調した。まさに、二〇年前米国の「ニクソン・ドクトリン」による対韓国政策修正に対応して朴正熙大統領と韓国政府が宣言した、独自的核・ミサイル軍事力保有決定の北朝鮮版ということができる（北朝鮮の場合は、それより何十倍も深刻な危機に直面していた）。

この時、韓国には、約七〇〇個と推算される米国の多様な類型・用途別核兵器が北朝鮮を攻撃目標として常に発射準備状態にあった。（米国国防情報センター所長ラロック提督、一九七六年、六六一

～六八六個。『ニューヨーク・タイムズ』、一九八三年一一月一五日付、一二五〇個。『ワシントン・ポスト』、一九八三年一〇月一九日付、三四六個、グアムも含む。その他多くの情報源もほとんど違いはない）。北朝鮮の決定は、このような状況の背景に照らし合わせて見てこそ、公正な理解が可能である。北朝鮮がこの危機状況を緩和し、その進行を遅延させようという計算から選択した決定が、その時まで反対してきた南・北朝鮮の国連同時加盟（一九九一年九月）と「南北合意書」調印（一九九一年一二月）なのだ。

5．停戦協定と核・ミサイル武器の関係

北朝鮮領土内にはソ連や中国の軍事基地も駐屯部隊もなく、彼らの核兵器やミサイルもなかった一九五八年に、駐韓国連軍司令部は駐韓米軍の誘導弾（マタドール）保有の事実を発表した。これに先立って、朝鮮戦争の停戦協定締結三年後既に米国は韓国に「新兵器」を配置したと発表していた（一九五六年八月三日、レッドフォード米国合同参謀本部議長）。米国が韓国内に核爆弾と核ミサイルを搬入し備えているという事実は、米国政府の「是認も否認もしない政策」の虚偽性を立証した。韓国人の間では、一九九二年に米・ソ（ロシア）合意によって、米国の韓国に配置した中距離核・ミサイル撤去の事実が米国政府から公式に発表される時まで、米国の核兵器と核ミサイルが韓国には存在しないと信じていた天真爛漫な人々が大多数を占めていた。

事実は、米国政府が米国の核・ミサイル武器の韓国配置を推進するために、停戦協定発効から四年後の一九五七年（五月二一日）、停戦協定第一三条一三（d）項を一方的に廃棄すると宣言した。この第

二条一二（d）項とは何か？　それは、このように規定している。

「停戦協定発効後、KOREAの国境の外から搬入が許容される武器は、停戦期間に破壊・破損・損耗または消耗された作戦用飛行機・装甲車輌・武器および弾薬、同一の性能と同一の類型のものとし、その数は一：一で交換することを基に交替することができる。……」

朝鮮戦争中に核兵器と（核）ミサイルは双方間で使われたことはない。コリアの南・北どちら側にも持ち込まれたことがない。米国が、停戦協定第二条一二（d）項の一方的廃棄を共産国側停戦委員会に通告したのは、核爆弾と核ミサイルを何らの制約なく韓国に配置するための先行措置であった。北朝鮮と中国側は、これが米国の停戦協定違反であることを糾弾した。

停戦協定第四条六項は、次の通り規定している。

「本停戦協定に対する修正と増補は、必ず敵対する双方の司令官（米国・北朝鮮・中国）の相互合意を経なければならない」

上で検討したように、米国はすでに協定調印三年後から停戦協定第四条六項を違反し、北朝鮮を攻撃目標とする核爆弾・核弾頭・核地雷・核背嚢、核ミサイルなど、各種の核兵器数百個を配置した。北朝鮮は、北朝鮮領土にソ連と中国の核・ミサイル配置を認めなかった。この致命的な武力の質的不均衡とその武器配置の停戦協定違反という事実も、朝鮮半島（特に北朝鮮と米国）の核およびミサイル問題を見る視角に公平に入れなければならない。米国が停戦協定をやぶり核・ミサイルを導入し始めた一九五六年から三〇年間、北朝鮮は停戦協定の義務を守り中・ソの核・ミサイルなしに非核政策を堅持していたが、ソ連の核の傘放棄（一九九一年）通告を受け、総力を注いで本格的な自主的核とミサイル軍事化へと突入した。朝鮮半島において、特に米国と北朝鮮の間の核武器紛争において、その犯罪的責任はどちらにあるのだろうか？　その答えは自明のものである。その主たる責任は、北朝鮮ではなく米国にあるとすべきであろう。

6. 核非保有国に対する米国の核先制攻撃権ドクトリンの問題

米国は、過去世界の四五カ国と軍事的防衛協定を結んできた。これら被保護国らに対する保護義務は、最終的に彼らの仮想敵（過去にソ連と東欧共産諸国、中国、北朝鮮、キューバ……）に対する核兵器使用を含んでいる。米国はしかし、これら仮想敵国に対する米国の核兵器使用の一般原則を「核兵器対核兵器」としていた。ソ連を頂点とするワルシャワ同盟軍との一般原則も、「在来式武力対在来式武力」であった。特に一九七二年、北大西洋同盟（NATO）とワルシャワ同盟間に全ヨーロッパ安保協力協定（CSCE）締結のための、東・西ヨーロッパ諸国による会議（ヘルシンキ会議）が始められ、協定が締結された一九七五年以後は、米国の核兵器と戦略ミサイルは事実上その用途を喪失したわけである。

ところが、この核の一般原則から唯一除外された国家が北朝鮮であった。米国は、イラン・イラク・キューバ・スーダン・リビアなど、米国が規定する「ならず者国家」らの中でも、唯一北朝鮮に対して「在来式武器対核兵器」、すなわち核兵器の「先制攻撃使用権」を固守してきた。

「北朝鮮」に対してのみ米国は常に核攻撃を加える権利を有するというその傲慢さは、米国陸軍参謀総長エドワード・マイヤー大将の公的発言によって十分に示された。マイヤー陸軍参謀総長は、ソウルでの記者会見（一九八三年一月二三日）で次の通り明言した。

・北朝鮮には、われわれが知る限りソ連や中国または自らの核兵器・ミサイルはない。

・北大西洋同盟（ＮＡＴＯ）国に配置された米国核ミサイルの発射は、その諸国政府との事前協議が必要である。

・それゆえに、ヨーロッパでの米国核ミサイルの使用には制約がある。

・しかし、韓国に配置された核ミサイルを発射するかどうかの基本的判断と権利は、駐韓米軍司令官にある。駐韓米軍司令官は、その判断と決定を米国（と韓国）大統領に報告すればよい。

北朝鮮に核攻撃すべきと最終的に判断した駐韓米軍司令官兼韓国軍作戦指揮官の判断と決定に、異議を唱える韓国の大統領がいるのだろうか？　異議を唱える政治的独自性や、軍事作戦上の余地があるのだろうか？　これは、米国が中東地域における石油資源の独占的確保のために、アラブ諸国を相手に戦争を始める際、ソ連からの軍事的対応の圧力を分散させるために朝鮮半島で展開する「第二戦争」（第二戦線）において、韓国軍は地上攻撃で、米国は核ミサイルで北朝鮮を攻撃するという、ワインバーガー米国防部長官のいわゆる「二正面戦争」（Two Front War）と同時に持ち出された対北朝鮮威嚇であった。核兵器のない弱小国北朝鮮に対し、米国が世界で唯一の「核先制攻撃権」をもって絶えず威嚇する時、北朝鮮としては「死ぬ権利」しかもたない状況であったろうということは想像に難くない。この恐怖感を現実的に表現したのが、韓・米共同チームスピリット訓練である。米国の一九九一年対イラク戦争規模の恐るべき核軍事力をそのまま休戦線のすぐ南の陸地と海と空中に展開した例年の核戦争訓練をしながら、その相手方には核兵器もミサイルも容認しないという論理と主張は、いくら寛大に解釈しようとする人にとっても常識を逸脱したものであった。北朝鮮の立場からではどうであったのだろうか？　どの角度から見ても、それは力の論理ではなかったのだろうか？

7. 米国—韓国チームスピリット訓練の戦争論理

「チームスピリット」米国—韓国三軍合同軍事訓練は、一九七六年六月に始まり二五年間毎年実施されてきた対北朝鮮核攻撃・上陸作戦訓練である。北朝鮮を対象とする「チーム」訓練は、米国が一九七二年以後、全世界で実施してきた同盟国との軍事合同訓練中、その規模において最大・最上級であり、イラク攻撃戦（一九九一年）のような実際の戦争を除けば合同軍による唯一の「戦争級」核訓練である。一九七五年ワルシャワ同盟と北大西洋同盟の東西陣営三五カ国の、軍事対決体制の解体を意味する全ヨーロッパ安全保障協力会議（CSCE）以後、双方の軍事衝突予防のための「最終合意書」の規定によって、米国がその同盟国と平和状況において師団級（兵力一万五〇〇〇）以上の兵役を動員する軍事訓練（それも毎年固定的に実施する）は地球上からなくなった。ゆえに米国は、地球上のどこかで米国陸・海・空軍による戦争規模の合同核軍事訓練を毎年実施できる口実や場所や対象を必要とするようになった。これが、「米・韓合同チームスピリット」訓練である。北朝鮮を対象とする「チーム」訓練が、ヨーロッパ共産諸国のワルシャワ同盟を相手にした北大西洋同盟（NATO）の戦争規模訓練ができなくなった一九七六年から始まったという、時期の一致に注目しなければならない。

にもかかわらず、米・韓「チーム」訓練は毎年米国の攻撃型核航空母鑑二隻を中心に二〇数隻の核装備艦隊、B52核爆撃機編隊と各種核攻撃戦闘爆撃機編隊を主な攻撃力として、平均二〇万の米・韓陸軍地上兵力が参加する世界最大・最強力級の対北朝鮮攻撃訓練である。（参加兵力は初回の一九七六年四万六〇〇〇名、一九七八年一〇万四〇〇〇名、一九七九年一六万名、一九八〇年一四万五〇〇〇名、一九八五年以後は最高数である二〇万九〇〇〇名と急増した。この時期は、対北朝鮮核攻撃戦争を想定した「五〇二七—九〇日作戦」計画の樹立と一致することに留意する必要がある）。「チーム」訓練は、まさにイラク攻撃での米国陸・海・空軍の実戦規模と同じである。その訓練期間は、世界軍事訓練に例のない六〇日〜九〇日だ。（次ページ表3参照）。

北朝鮮では「チーム」訓練が始まる瞬間から、国家非常事態を宣布し、工業生産機関・鉱山・農業・水産機能が国土防衛態勢へ転換される。国家の生産機能が停止され、全人民が武装配置される。「チーム」訓練が終わる時まで六〇日または九〇日間、国家の経済・社会・文化活動は停止する。米国が毎年二〇数年間続けたチームスピリット米・韓共同軍事訓練は、まさにこのように北朝鮮の国力を消耗させ、その軍事的対応能力と機能を調べるためのものであった。地球上のいかなる国家に対し

		米空軍	訓練
1984 2.1～ 4月中旬	207,150名 米軍59,800名 韓国軍147,300名	第25歩兵師団，第7歩兵師団，沖縄駐屯海兵隊，アラスカ駐屯空軍，第7艦隊（航空母艦キティホーク），グァム駐屯B52編隊	上陸作戦，機雷戦訓練，戦略空輸空中投下訓練，戦闘機戦闘訓練，渡河作戦
1985 2.1～4.30	209,000名 米軍62,000名	第25歩兵師団，沖縄駐屯海兵隊，第7艦隊(航空母艦ミッドウェイ，グァム駐屯B52編隊，アラスカ駐屯空軍，沖縄駐屯特殊部隊	上陸作戦，戦略空輸空中投下訓練，機雷戦訓練，渡河作戦，化学戦訓練
1986 2.10～4.25	209,000名 米軍70,000名 韓国軍139,000名	第25歩兵師団，第9歩兵師団，沖縄駐屯海兵隊，フィリピン駐屯米空軍，グァム駐屯B52編隊，第7艦隊(航空母艦ミッドウェイ)	上陸作戦，攻撃作海上作戦，非常離着陸訓練，地上攻撃訓練
1987 2.19～ 5月上旬	韓米軍合わせて約20万名	第25歩兵師団，第9歩兵師団，第7歩兵師団，沖縄駐屯海兵隊，フィリピン駐屯米空軍，第7艦隊（航空母艦レインジャー）	上陸作戦，非常離着陸訓練，海上訓練，海上軍需支援訓練，化学戦訓練

出処：『軍事民論』52号：姜サンチョル著，『駐韓米軍』，91～92ページから再引用。表示された参加部隊と兵力は，朝鮮半島以外から増派されたもののみである。参加した駐韓米軍を合わせると，その部隊と兵力はここで示されたものよりもはるかに多い。

ても敢えて行うことのなかった、米国がもっぱら北朝鮮に対してのみ二五年間続けてきた核攻撃による脅迫であるのだ。核軍事力を保有しない弱小国家に対して、世界最強核軍事力が一方的に核戦争威嚇を二五年も続ける行為は、いかなる口実や弁解をしても合理化できない事実上の攻撃行為とすべきであろう。

かりに、ウラジオストックに基地を置くソ連海軍極東艦隊の攻撃型核空母二隻を中心に、二〇数隻の核攻撃艦艇とソ連の恐るべき「ベアー」核爆撃機編隊と巡航ミサイル発射用戦闘爆撃機編隊を海上と空中に展開し、一九八六年の米・韓「チーム」訓練の場合のように、ソ連軍七万名と北朝鮮人民軍一三万九〇〇〇名が

表3　チームスピリット訓練概要（1976〜1987）

期間	兵力	米軍の主要参加部隊	主要訓練内容
1976 6.10〜20	46,000名 米軍6,000名 韓国軍4,000名		上陸作戦
1977 3.28〜4.13	87,000名 米軍13,000名 韓国軍74,000名	沖縄駐屯第18戦術戦闘航空団 沖縄駐屯第９水陸両用旅団， 第１海兵航空団，第７艦隊 （航空母艦ミッドウェイ）	上陸作戦 地上攻撃訓練
1978 3.7〜17	104,000名 米軍45,000名 韓国軍5,900名	第25歩兵師団，ランス・ミサイル大隊，グァム駐屯B-52編隊，第７艦隊（航空母艦ミッドウェイ），沖縄駐屯第３海兵師団	海軍機動訓練，緊急出撃訓練，上陸訓練，非常滑走路離着陸訓練，渡河作戦，ランス・ミサイル発射訓練
1979 3.1〜17	160,000名 米軍56,000名 韓国軍104,000名	沖縄駐屯海兵隊，第１海兵航空団，ランス・ミサイル大隊，第７艦隊，グァム駐屯B52編隊，第25歩兵師団	上陸作戦，対潜水艦作戦，ランス・ミサイル発射訓練，出撃訓練，空地合同訓練
1980 3.1〜4.20	145,000名 米軍42,8000名 韓国軍102,000名	第25歩兵師団，沖縄駐屯海兵隊，アラスカ駐屯空軍，第７艦隊（航空母艦ミッドウェイ）	渡河作戦，海軍機動訓練，地上攻撃訓練，上陸作戦 出撃訓練
1981 2.1〜4.10	156,700名 米軍56,700名 韓国軍100,000名	第25歩兵師団，第７歩兵師団，沖縄駐屯第３海兵師団，グァム駐屯B52編隊，第７艦隊	上陸作戦 渡河作戦
1982 2.13〜4.26	161,600名	第25歩兵師団，第７歩兵師団，沖縄駐屯第３海兵師団，グァム駐屯B52編隊，フィリピン駐屯米空軍，第７艦隊（航空母艦ミッドウェイ）	航空母艦機動訓練，上陸作戦，渡河作戦，火力モデル訓練
1983 2.1〜4.16	1,917,000名 米軍73,700名 韓国軍118,000名	第７歩兵師団，第25歩兵師団，第７艦隊（航空母艦ミッドウェイ，エンタープライズ），グァム駐屯B52編隊，フィリピン駐屯	渡河作戦，海上作戦，機雷戦訓練，野外起動訓練，上陸作戦，火力モデル

動員された「ソ連・北朝鮮版チームスピリット」攻撃合同作戦を、休戦線のすぐ北側の東海岸江原道《トンヘ》干城《カンソン》と西海岸江華島北方において、一日二日でもなく六〇日または九〇日ずつ推定通りの核武力のない（その上米国軍事基地も駐韓米軍もない）虚弱な弱小国韓国に対して二五年間も毎年続けるのなら、韓国民と政府はそれをどのように評価するのだろうか？　世界は、核超大国ソ連と北朝鮮のそのようにむき出しの核戦争脅迫行為をいかように解釈するだろうか？　北朝鮮に、ソ連軍や中国軍の軍事基地もその駐屯軍隊もないように、たとえば韓国に駐韓米軍も米軍基地もなく孤立無援の非核弱小国であったのなら、韓国はそのようなソ連・北朝鮮合同の「ソ・朝チームスピリット」核攻撃軍事訓練の脅迫を二五年間も受ける間に、独自的核武装とミサイル武器の開発を構想しなかっただろうか？　その上、世界第四位の軍事大国である日本（北朝鮮に対する、徹底した敵対的態度に一貫している過去の植民帝国主義）が、米・韓「チーム」訓練の実際の第三合同訓練軍として「米・韓・日チームスピリット」核戦争訓練を二五年間続けてきているのならどうであろう？　立場を変えて、一度くらい北朝鮮の立場から考えてみる理性的態度を期待したい。

　韓国国防部の情報総合分析結果によると、一九八六年から東海で行われた小規模のソ連―北朝鮮海軍合同機動訓練は、一九八九年を最後に終息した。ソ連が崩壊したためである。北朝鮮は一九八三年以後軍事訓練を大幅に縮小したし、一九九二年にはたった一件の訓練も実施していないと発表された。特に海上訓練は、一九八二年から一九九一年まで七八％減少し、空軍訓練は一九七二年以後最低水準を記録したし、一九八二年から一九九一年までを見ると六四％減少した。空軍操縦士の飛行訓練も最小限の維持飛行水準と、模擬搭乗訓練と地上学習訓練で代替されている。空軍と陸軍の空・地合同訓

表4　北朝鮮の海・空軍合同訓練減少の実態（韓国国防部の発表）

区分＼年度	1983	1984	1985	1986	1987	1988	1989	1990	1991	1992
回　　数	3	2	2	3	4	2	3	2	1	0
参加艦艇（隻）	132	176	89	118	99	39	81	58	18	0
参加航空機（機）	709	542	185	193	169	35	182	116	12	0

練も、一九九一年以後ただの一度も実施されなかった。特に、海軍と空軍の海・空合同訓練は一九八七年には年間四回実施していたのを、一九九一年からは一回へと大幅縮小し、その後はそれさえも実施しなくなっている（韓国国防部が国会に提出した「北朝鮮軍事分析状況報告」『中央日報』一九九二年九月三日付）。

駐韓米軍司令官兼国連軍総司令官兼韓米連合軍司令官、ロバート・W・リスカッシ（Robert W. Riscassi）大将は、既に一九九一年米国上院軍事委員会に提出した「北朝鮮軍事力評価報告書」において、「北朝鮮軍隊は事実上軍事力とは言えず、北朝鮮軍兵器廠の先端武器であるミグ29戦闘機はパーツと燃料がなく、その操縦士の飛行訓練は一年にわずか四時間だけ」ということを明らかにしたことがある（『ニューヨーク・タイムズ』一九九一年六月六日付）。同時期、韓国空軍戦闘機操縦士の一人当り平均年間飛行訓練は、約一三〇時間であったと報じられている。

米国軍最高現地司令官と韓国の国防部が、このように公に確認された無力化した北朝鮮に対し二五年間続けてきた韓・米チームスピリット核戦争訓練による威嚇の結果が、まさに北朝鮮の核・ミサイル独自的開発計画として現れたと言っても、少しも驚くべきことでもなければ異常なものでもない。

北朝鮮のこのような生存的危機よりもはるかに安全であった一九七〇年代初頭の状況で、朴正熙政権の韓国が核とミサイルの独自的開発を試みた事実を考えると、北朝鮮の核とミサイルの意味は明白である。危機の原因は北朝鮮にあるのではなく、ほぼ全的に米国による北朝鮮抹殺政策にあるとする方が正しいのだ。

8．米国による対北朝鮮政策の「責任不履行」問題

北朝鮮の独自的核またはミサイル開発を予防し得ただけでなく、その開発が初めから不必要となるよう仕向けることのできた米国側のイニシアチブがなかったわけではない。軍事的側面において米国の圧倒的脅威にさらされていた北朝鮮は、朝鮮半島上の軍事的対決構造を政治的一大政策転換によって解決できるという主張であった。その政治的方案の具体的方法は二通りであった。一つは、朝鮮戦争停戦協定第四条六〇項で合意したとおり、「停戦協定が発効した後三カ月以内」に参戦国の政府を代表する政治会談を招集し、停戦協定に代わる総合的関係正常化をその目的と機能とする、政治的「平和協定」（または講和条約）を締結するということであった。政治会議は多くの迂余曲折の末に、停戦後三カ月をはるかに過ぎた一九五四年四月二七日から六月一五日までジュネーブで開かれたが決裂してしまった。戦争当事者双方（米国と北朝鮮および中国）は、様々な最終案を出して駆け引きしたが、合意を見ることができなかった。

双方がそれぞれ持ち出して主張した平和協定案草案の多くの項目には意見の歩み寄りがあったが、決定的な対立点は二通りであった。一つは北朝鮮の立場として、人口比例式・秘密投票による南・北総選挙には同意しながらも、国連の総選挙参加または監視を拒否したのだ。国連は朝鮮戦争の片方の当事者であるので、総選挙の運営や監視資格はないということが北朝鮮・中国・ソ連などの主張であ

った。二つ目は、米国の反対である。停戦協定第四条六〇項の文章は、その政治会談において朝鮮半島に参戦し南・北それぞれに駐屯している外国軍隊の全面撤収を決議し「勧告」している。米国は米国軍隊の韓国からの撤収と韓国の米国軍事基地が取り除かれることを最後まで拒否した結果、政治会談は決裂し「平和協定」の締結は一九九九年現在まで実現されていない。その当時全世界にわたりソ連・中国・北朝鮮など共産主義包囲攻撃網を構築していた米国には、朝鮮戦争の代償として獲得した韓国の米国軍事基地化とその軍事力の永久的駐屯という既得権を放棄しようという考えがなかった。現在も北朝鮮は平和協定を要求し、米国は反対している。停戦協定が規定した講和条約（平和協定）は、いまだに朝鮮半島問題解決方案の実際的議題にさえ上っていないゆえんである。

次は、米国の北朝鮮（朝鮮民主主義人民共和国）への国家承認拒否政策である。朝鮮半島危機の性格は、朝鮮戦争当時と冷戦時代の東北アジア地域における二大政治・軍事同盟体の尖鋭な対立的逆関係の構造である。ソ連と中国を背後に北朝鮮が形成する中・ソ・北朝鮮「友好協力および相互援助条約」と、米・日・韓三国が米国を頂点に形成する米・日、米・韓「相互防衛条約」軍事同盟体制がそれだ。この軍事同盟体制はいわゆる「北方三角同盟」と「南方三角同盟」の形態で、朝鮮半島において分断国家である北朝鮮と韓国を接点に構成されている。

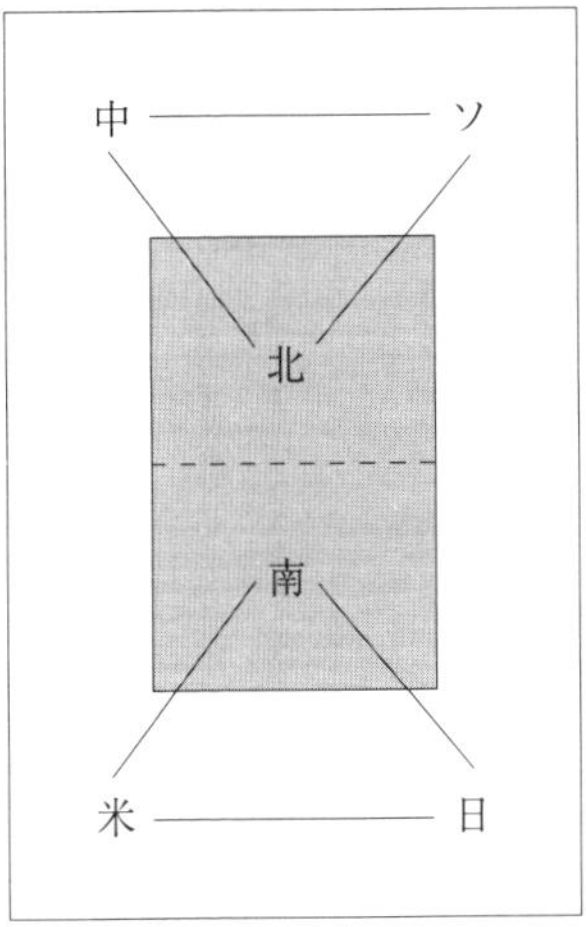

この敵対的軍事的対立構造を解体する方法は、政治的

一括妥結のみである。それは、米国と日本が北朝鮮を国家承認し、中国とソ連が韓国を国家承認することによって、軍事的敵対関係を政治的善隣関係ないしは一般的国家関係へ解消・発展させるものであった。中国とソ連はこの方式を粘り強く要求した。問題は米国である。

米国もベトナム戦争が終結した翌年の一九七六年（七月二二日）、軍事危機を解消する方案として、キッシンジャー国務長官が国連総会演説を通じて中国とソ連の大韓民国承認、これに対応する米国と日本の朝鮮民主主義人民共和国承認（クロス承認）、そして南・北国家の国連同時加盟を提案した。関連強大国による同時的クロス承認と南・北朝鮮の国連同時加盟は、南北朝鮮の暫定的「個別国家化」、すなわち朝鮮半島の二国家体制を固着化するだろうが、軍事的敵対関係と戦争危機を解消し朝鮮戦争の政治的一括妥結を実現するための平和協定が締結される時まで、朝鮮半島上と周辺地域の平和的環境をつくりだすことができるものであった。そして、そのようなものとして歓迎された。その後ロシア（ソ連）は一九九一年、中国は一九九二年に大韓民国を承認し、全面的な国交関係を発展させている。しかし、その政治的解決法の提案者である米国は北朝鮮承認を頑なに拒否し、北朝鮮に対して絶え間ない戦争威嚇を増大させてきた。

ソ連邦の崩壊によって北方三国軍事同盟体の一方的解体、それによるソ連（ロシア）核保護の傘の喪失、米国の南・北朝鮮クロス承認拒否、対北朝鮮戦争威嚇強化……が、北朝鮮の独自的核・ミサイル計画の動機を生み出す背景をなす。したがって、北朝鮮をして核・ミサイルの独自開発を再考するように仕向け得るイニシアティブは、全面的に米国（そして日本）の対北朝鮮敵対政策放棄、国家承認、および正常な国家関係樹立如何にかかっていると言えよう。

9. 米国の核・ミサイル政策の二重基準と道徳性問題

米国―北朝鮮核およびミサイル紛争の特徴を最も明快に物語ってくれるのが、世界の他の顕在的または潜在的核およびミサイル保有国に対する米国の対応と、北朝鮮に対する態度のあまりにも対照的な性格である。

米国が核拡散禁止条約に加入している北朝鮮に対し核戦争威嚇をし、原子炉と核再処理施設の解体を軍事的威嚇によって強要した一九九一年当時、世界には核禁止条約に署名もせず批准もしていない国家が二八カ国[10]もあった。米国はこの二八カ国中、どの一国に対しても強力な異議を申し立てなかった。北朝鮮に対してのように、核戦争威嚇をいとも手軽に用いた国もない。

それればかりではない。アラブ地域での米国の代理人的な性格をもつイスラエルは、米国、英国らの直接・間接的な支援によって、一九八〇年代初頭には既にアラブ諸国を攻撃目標とする中距離ミサイル約二〇〇基と核弾頭約一〇〇個を完成、保有している事実が様々な経路から確認されていた。アラブ諸国からの猛烈な非難と制裁要求にもかかわらず、米国はイスラエルに対したった一言の非難も警告もしたことがない。その理由は、世界の知るとおりである。米国の意図は、あまりにも明白である。

南アフリカ共和国は、少数の白人が圧倒的多数のネイティヴ黒人住民を動物のように隔離・差別・迫害してきた、最悪の反人権・反倫理的体制・政権国家であった。その犯罪的な反人間性は、近現代の歴史において米国白人による数百万のインディアン原住民大虐殺とナチスドイツ・ヒトラー体制下のユダヤ人大虐殺に次ぐものであった。しかし、この残忍非道な白人少数支配の南アフリカ共和国は、南部アフリカ二〇数カ国の社会主義傾向にある黒人国家を、その圧倒的に優勢な経済力と軍事力で制圧する、冷戦時代における西側（特に米国）の政策・戦略代行国であった。世界の経済・金融・社会・文化・政治、さらに各種のスポーツ協会……の場で南アフリカ共和国に対する数多くの制裁決議案が提出された時、一度たりとも例外なく南アフリカ共和国政権への制裁に反対票を投じたのが米国である。米国にとって南アは、アフリカ大陸支配の前哨基地であるとともに後方基地であったのだ（アラブ世界のイスラエルと同様に）。

その南アにおいて一九九二年八月初旬、一団の米国ＣＩＡと軍の核部門専門家らが南ア政権と共同して六個半の核弾頭を解体した。実戦化し得る完成した核弾頭が六つ、半分程度の組立過程にあるのが一つであった。米国―南ア合同核兵器解体作業の開始に先立ち、南ア政府はすでに一九八〇年に最初の「広島」型規模の核爆弾製造に成功し、六個半が一九九〇年二月までの間に生産された事実を初めて認めた。米国がその製造に関与した事実も明らかにされた。南アのこの核爆弾らは、米国の干渉を拒否するアフリカ地域諸国に対し、米国に代わり南アが用いる軍事政治学を説明する。

米国と南ア人種隔離主義政権は、なぜ米国の支援下で製造されたその核兵器を一九九二年八月になって突然解体したのだろうか？　答えは簡単である。その二年後には、白人少数独裁体制が終わりを告げるよう政治的なスケジュールが作られていた。黒人多数派が権力の中枢を握る新体制と政権が誕生するようになっていたのだ。そしてその新体制と権力のトップには、社会主義的傾向のある黒人、マンデラ政治指導者が予定されていた。米国は、その利益擁護に忠実な代理人である反アラブ的イスラエルとナチス―ヒトラーに次ぐ極悪な人種隔離主義白人統治下の南ア共和国には、核兵器と核ミサイルの製造を支援・黙認できるが、米国の一方的な力の論理と命令に素直に屈服しない取るに足らない国家や政権の核兵器とミサイルは容赦できないのである。

結語

これが過去五〇数年間、特に旧ソ連が米国との核対峙国の席から退いた結果、米国の「単独世界支配秩序」が確立された一九九〇年以後の、米国という国の支配権力による核・ミサイル哲学でありその行動規範である。今われわれは、その哲学と行動規範の実際上の展開をわが民族の地で目の当たりにしているのだ。朝鮮半島における核・ミサイル危機の主要因は、米国にある。この危機の解決法を、どこから探し出さなければならないのだろうか？　それも、米国にかかっていると言わねばならないであろう。

（1）クリントン米大統領の特別調整官として一九九九年夏に北朝鮮を訪問し、ミサイル問題を協議したペリーは、大統領に提出した最終報告書において、彼が国防長官であった一九九四年の対北朝鮮攻撃構想には核爆弾の投下も考慮に入れていたことを明らかにした。

（2）北朝鮮と米国は一九九九年九月、数度の高官級会談を通じ、北朝鮮のミサイル発射の留保と、その引き換えとして米国の食糧援助、各種経済制裁措置の解除、交易および金融問題の一部制限緩和、両国国家関係の正常化努力……などに合意した。

（3）これに関しては、当時の米国議会と政府内部の考えや言動を詳細に描写したドン・オーバードーファーの *The Two Koreas: A Contemporary History* (1997) の一二節、一三節を見よ。

（4）駐韓米国軍事司令官兼国連軍統合（最高）司令官兼米・韓連合軍最高司令官ロバート・W・リスカシ大将が本国上院軍事委員会に提出した情勢報告書、一九九一年三月一日、一九ページ。

（5）*The Defense Monitor,* Center for Defense Information, Washington, D. C., December 1995.

（6）*The Millitary-Industrial Complex* (Sydney Lens, 1970), 第二章、「米国軍産複合体の起源と目的」。

（7）朴正煕大統領の当時の秘書室長であり、その後の外務長官李東元《イドンウォン》。『大統領をしのんで』、高麗院、一九九二年、三五六～三五七ページ。

（8）一九九三年、国防科学研究所に対する国会国政監査における当時の民主党議員・前保安司令官の発言。

（9）当時の青瓦台広報秘書官鮮于《ソヌ》ヨンの発言。曺《チョ》ヂェギル、『朝鮮半島の核問題と統一』、六六ページから再引用。

（10）アルバニア、アルジェリア、アンゴラ、アルゼンチン、ブラジル、ビルマ（ミャンマー）、チリ、コモロ、中国（五大核大国の一つ）、キューバ、ジプチ、フランス（五大核大国の一つ）、ギアナ、インド、イスラエル、モーリタニア、モロッコ、モザンビーク、ナミビア、ニジェール、オマーン、パキスタン、南アフリカ共和国、タンザニア、アラブ首長国連邦、バヌアツ、ザンビア、ジンバブエ。

［初出：『当代批評』第八号（一九九九年秋）に掲載された「韓半島における核・ミサイル危機の軍事政治学」に加筆］

大韓民国は朝鮮半島における「唯一合法政府」ではない

わが国の国家保安法は、為さざる所なき超法規的法律である。現代の民主社会では歪んだ奇異な存在なのだ。市民の私的・公的権利と自由が、国家権力の代理機関（警察・検察・密告者）による「親北朝鮮的……」、「鼓舞賛揚」、「国家安保……」などの一言で、民主社会では想像することもできない、そしてとうてい容認し得ない苦痛を与えられるのだ。国家保安法の前では、どんな国民も完全に無力である。この法律が生まれた後、この祭壇にささげられた善良な国民の涙と血と命の数と量は、想像を越える。国連をはじめ世界の民主国家政府と市民団体からの「反民主的」という指弾を受けながらも、韓国の国家保安法はびくともせずに現在も居坐っている。

では、国家保安法の大前提とは何か？　何から何を保護するというのだろうか？　その法律が想定する対象の性格は何か？　逆に、この法律はその効果の対象をどのように性格づけているのか？　われわれの社会で想像し得る、全ての人間活動・社会活動はもちろん、さらには法律適用の対象外でなければならない胸の内の良心や頭の中の思考まで、共産主義として断罪しようというこの法律の大前提は何か？

それは、あらゆる国家保安法事件の告訴状本文冒頭において規定されている。すなわち「北朝鮮共産主義集団は政府を僭称し、国家を変乱する目的で不法に組織された反国家団体」というものである。つまり北朝鮮政権の性格規定なのだ。本当にそうなのだろうか？　すべての人の行動がこの規定に結びつきさえすれば、処罰可能な「国家事犯」となる。いかに恐ろしいことであろうか？　国家権力の代理人が「そうである」と起訴しさえすれば、過去四〇年間どんな裁判官も「そうではない」と反論できなかった。どれほど多くの無実の市民が、この論理なき法の犠牲者となったのだろうか！

私は最近、『ハンギョレ新聞』の北朝鮮取材・報道のために記者団を送ろうとの構想に関連した、いわゆる「北朝鮮訪問取材企画」事件の法廷審理過程で、国家保安法前文におけるその大前提が客観的真実の検証に耐え得るのかと反駁した。全ての国家保安法事件の鍵は、その解明にかかっている。様々な側面から順に究明してみよう。

第一に、休戦線北側の地域を「政府を僭称し国家を変乱させる目的で不法に組織された反国家団体が支配する地域」と規定しようとするなら、その団体が活動したり支配する地域に対して大韓民国という国家の統治権または行政権が行使されたという実績がなければならない。すなわち、「歴史的根拠」である。ところが、一九四五年八月一五日の解放と同時に朝鮮半島は北緯三八度線によって分割されたので、不幸にも「反国家団体」が支配するというその地域に対して大韓民国が統治権を行使した歴史的事実はない。憲法やその他の宣言的な文書において、そのように記述したというだけでは効果はない。三八度線以南の地域に対する北朝鮮側の同様の主張も無効である。大韓民国は、朝鮮半島全土を統治した朝鮮王朝の「継承国家」でもなければ、日本植民地下の朝鮮総督統治を継承した国家でもない。したがって、朝鮮半島全土に対する主権行使の歴史的実績はない（もちろん北側も同様である)。

第二に、国家保安法の大前提の根拠として政府が主張してきた、または過去国民が一般的にそのように信じてきた、いわゆる「国連総会決議による朝鮮半島での唯一合法政府」論は遺憾ではあるが事実とは異なる。その決議は国連総会決議第一九五号Ⅲ(一九四八年一二月一二日)であり、それは日本の植民地から解放されたKOREA――「韓国」でも「朝鮮」でもない一つの地域と民族としての「コリア」――の独立問題に関する一九四七年一一月一四日国連総会決議第一一二号Ⅲに立脚したものである。決議一九五号Ⅲの第二項がその核心的内容であるが、それは次の通りである。

「(国連)臨時委員団が監視および協議することができ、KOREA人民の過半数(majority)が居住しているKOREAにおいてその地域に対する効果的な行政権と司法権をもつ合法的な政府が樹立されたということ、この政府がKOREAにおいてその地域の有権者の自由意思による正当な表現であり、(国連)臨時委員団が監視した選挙に基づいているということ、そしてこの政府がKOREAにおいてその地域でのそのような(such)唯一の政府であることを宣言する」

この国連総会決議第一九五号Ⅲは、その正式名称を「大韓民国の承認および外国軍隊の撤収に関する決議」となっている。その第二項の内容は、一九四七年一一月一四日総会決議第一一二号Ⅱに基づき、米国の主動下でKOREA半島に統一・独立政府を樹立するための国連監視下での選挙を実施するという決議によって、一九四八年五月一〇日(五・一〇)選挙が「実際に実施されたその地域」を指している。国連監視委員団は総会決議にしたがい、KOREAに来はした。しかし、総会の委任事項である独立政府樹立のためのコリア内のコリアンの「政治団体・指導者たちとの協議」は、北緯三八度線以南でのみなされた。それに伴う選挙も、北緯三八度線以南地域でのみ実施された。その結果誕生した政府は、「そのような地域で」の唯一合法政府となった。別の言い方をすれば、大韓民国政府が「唯一合法」政府であるのは、そのような地域、すなわち選挙が実施された北緯三八度線以南地域においてのみである。選挙が実施されていない三八度線以北の地域は、国連決議に関する限り「空白地帯」として残されたのである。

第三に、その国連総会決議第一九五号Ⅲの第九項はそのような事実を強調しながら、国連加盟国らに次の通り勧告した。「加盟国とその他の国家は、大韓民国政府との関係を樹立するにあたり本節の第二項に記された諸事実を参考にするよう勧告する」。この勧告条項にしたがって、その後大韓民国との国交を樹立する国家は、「三八度線以南地域での唯一合法政府」という前提に立っている。日本政府も最近、南北朝鮮問題と北朝鮮政権との政治関係を予想しながら、国連総会決議のそのような性格を強調している。

第四に、「国家」は国連（総会）や他国からの承認を必要としない。国際法でも現実問題としても、伝統的には人民・領土・政府（政治組織）の「国家構成三要素」が揃えば国家となる。国際的に「国家」の資格・権利……などの根拠として最も広く援用されるのは、一九三四年に発効された「第七次アメリカ地域国家国際会議」における国家の権利と義務に関する条約である。それは、次の通り規定している。

第一条　国際法上の人格としての国家は次の資格――すなわち①永久的人民（主人）、②明確な領土、③政府、④他国との関係を締結および履行し得る能力――を備えなければならない。

第三条　国家の政治的根拠は、他国による承認とは無関係である。（……行政権・司法権・独立保衛権……らに関する規定省略）。

上の諸般権利の行使に対しては、国際法による他国の権利行使以外には何らの制限も存在しない。したがって、南・北に存在する政治的実体はそれぞれ対等な独立・主権国家となる。

第五に、「朝鮮半島全域に対する唯一合法政府」という韓国の主張は、国連自身によって後日具体的決定として再び否定された。朝鮮戦争において、一九五〇年末ごろ国連軍が反撃・北進し北緯三八度線以北の地域大半を掌握するやいなや、李承晩大統領はその地域に対する「唯一合法政府としての行政権行使」のために、大韓民国政府の「民政長官」を平壌に任命・派遣した。この措置に対して国連は、次の通り決定した。

「大韓民国政府は、国連KOREA臨時委員団が協議および観察することのできた選挙の実施されたKOREAにおけるその部分に対して、効果的な統治をする合法政府として国連に認定され、したがってKOREAの残り部分の地域に対しては合法的な統治をするように国連が認定した別の政府がないことを想起し……」国連が、その地域に対する行政を直接臨時的に担当したのだ。国連のこの、「国連に関する限り、三八度線以北は空白地域」との決定によって、大韓民国政府が派遣した「民政長官」は直ちに撤収した（より詳細な事実と内容に関しては、大韓民国国会図書館立法調査局発行、

『国際連合　韓国統一復興委員団報告書　一九五一・一九五二・一九五三』立法参考資料　第三四号、特にその中の「第二部政治問題、第三章　国連の北朝鮮統治　A．韓国臨時委員団の措置」、三五～四六ページを参考されたし）。

第六に、「大韓民国政府を僭称し国家を変乱する目的で不法組織された反国家団体としての北朝鮮共産主義集団」を独立・合法・主権国家として承認した諸国を、大韓民国政府が承認している事実における矛盾。大韓民国政府は、「朝鮮民主主義人民共和国」を正式に承認する国家との相互承認、国交樹立を一九六〇年代末ごろまで拒否していた。国家保安法のような大前提に立脚した当然の政策であった。その原則を、「ハルシュタイン原則」とよぶ。西ドイツが、国家として認めていない東ドイツを承認する諸国に対してとった外交政策の基本原則であり、その原則の立案者であるハルシュタイン外務次官の名前にちなんだものである。ところが現実はどうだろうか？　一九八九年一〇月末時点で大韓民国政府は、北朝鮮を独立・合法・主権国家として承認している一〇二カ国中七三カ国と修交関係にある（全体の修交国家数は一三二カ国）。この事実は何を意味するのか？　国家保安法の大前提を、大韓民国政府自身が否定した外交原則ではないのか？

第七に、朝鮮戦争の休戦協定における調印当事者の地位問題。三年二カ月におよぶ朝鮮戦争を終結させた休戦協定の正式名称は、「国際連合軍最高司令官を片方とし、朝鮮民主主義人民共和国人民軍最高司令官および中華人民共和国支援軍司令をもう一方とする、ＫＯＲＥＡ（朝鮮）軍事停戦に関する協定」となっている。

協定の署名部分である「第五条」附則第六三条は、次の通りである。

国連連合軍総司令官
アメリカ合衆国　陸軍大将　マーク・W・クラーク

朝鮮民主主義人民共和国
人民軍最高司令官　金日成

中華人民共和国
人民支援軍総司令　彭徳懐

参席者
国連軍代表団　首席代表
アメリカ合衆国陸軍中将　ウィリアム・K・ヘリソンⅡ世

朝鮮民主主義人民共和国人民軍
中華人民共和国人民支援軍代表団
首席代表　朝鮮人民軍大将　南日《ナムイル》

大韓民国はどこに存在するのか？　大韓民国軍の作戦指揮権が法的に米国軍（兼国連軍）総司令官

に帰属していたので、調印資格はなく調印できなかった。

第八に、朴正熙大統領による七・四南北共同声明（一九七二年七月四日）は、「政府を僭称し国家を変乱する目的で不法に組織された反国家団体」を初めて対等な政府として認めた政治的決定である。（交渉と署名は中央情報部長、李厚洛名義であるが、実際の効果に変わりはない）。北朝鮮が国家保安法の前提となるそのような集団であるなら、軍事力を含むあらゆる手段・方法によって打倒しなければならない相手である。ところが反乱集団に対し、お互いが武力を行使せず平和的方法での民族統一を合意し、思想と制度および理念の差異を超越しようということに合意したのである。

停戦線南・北に存在する二つの政治的実体間の、最初の「実際的」相互承認宣言である。（政府はそれに対し後になってくだくだしい但書を付けたしたが、それは国民への宣伝・教育用であった）。

第九に、一九八〇年一月から現在まで推進中である「南北総理会談」開催のための会議は、その名称が物語っているように主権国家政府間の会談のためのものである。どうして、「政府を僭称し国家を変乱する目的で不法に組織された反国家団体」が「政府」たりうるのだろうか？　その最高首班に対し、どうして「国務総理」の呼称と権限を認めることができるのだろうか？（この論文は、一九九一年の南北合意書署名以前に執筆されたことを理解されたし）。

第十に、それればかりでない。全斗煥大統領は、南北最高責任者会議を開こうと「金日成主席」に繰り返し提議した（一九八一年一月および六月と一九八五年一月）。「反国家団体」の「頭目」を、どうして「主席」と正式に呼ぶことができるのだろうか？　金日成に対する国家権力構造上の「主席」呼称は、「朝鮮民主主義人民共和国国家主席」である。平和統一政策諮問会議の開会辞（一九八一年六月五日）において大韓民国大統領がした提議は、次の通り始められた。「本人はこの席で、金日成主席に対し何らの負担と条件なしに互いに訪問するよう招請したさる一月二二日付の提議の受諾を、再度強調します」（一月二二日にも同じ呼称を使用していた）。国家元首が主席と公式化した呼称を、国民が使用すると処罰されなければならないのだろうか？　検察は、大統領の金日成への呼称使用はいわゆる「統治行為」であると横車を押している。民主主義的な政治制度における大統領の一定の特権は、「行政特典」のことをいう。「統治」という概念と用語自体が、絶対君主の超法規的権威を意味するのである。

第十一に、政府は北朝鮮に対し国連同時加盟を促している。国連憲章は、その第二章加盟国の地位と第四章に加盟国の条件を明示しなかった。ただし、「(国連) 憲章が規定した自身の義務を受諾し、国連機構によってその義務を遂行する能力と意思があると認定されるあらゆる平和愛好国に開放されている」と規定しただけである。国連加盟国が、合法・主権・独立国家の機構であることを改めて説明する必要はないだろう。わが政府が「政府を僭称する……反国家団体」に、対等な国家資格で国連加盟を勧誘することは何を意味するのか？（盧信永《ノシンヨン》国務総理、一九八五年一〇月二一日、盧泰愚大統領の現政策）そればかりでない。政府と国会は、一九八五年から「南・北国会会談」開催を推進中である。「反乱集団」と同格化する国会会談は合法であり、国家の地位とは何らの関係もない学生・言論・文芸・宗教・学術団体および個人などによる接触が「反国家的犯罪」となるべき根拠は何か？

第十二に、行政府と国会はかなり以前から停戦線以北に存在する政治的実体を「朝鮮民主主義人民共和国」という正式国号で、そして北側は南側の実体を「大韓民国」という正式国号で呼んでいた。

一例として、私は実際に政府機構の政策諮問会議に参加し、大韓民国政府が朝鮮民主主義人民共和国の延亨黙《ヨンヒョンモク》総理に送った文書と「朝鮮民主主義人民共和国政務院総理延亨黙」が「大韓民国国務総理姜栄勳《カンヨンフン》貴下」にファックスしてきたばかりの公式文書について政策討論をした。これは非常に重大な国憲紊乱《びんらん》行為である。「政府を僭称し国家を変乱する目的で不法に組織された反国家団体」を、どうして主権国家の国号で呼ぶことができるのだろうか？

第十三に、財閥現代グループ会長鄭周永《チョンジュヨン》氏はその「朝鮮民主主義人民共和国政府」が発給したビザで、「政府を僭称し国家を変乱する目的で不法に組織された反国家団体が支配する地域」へ「脱出」また「潜入」した。「ビザ」は、主権国家による権利行使の一つである。「反乱集団」や交戦団体などが臨時発給する「旅行証」または「通過証」などとは、法的性格や効果が異なる。鄭周永会長へ送られた「不法団体」からのビザを法的に不問にするのであれば、それは相手側を主権国家として承認した行為なのだ。これに国家保安法は、いかなる措置を講じなければならないのだろうか？

第十四に、大韓民国政府が大韓民国の国家的運命を委ねていると強調する重大な「大韓民国とアメリカ合衆国間の相互防衛条約」（韓・米防衛条約）は、大韓民国の合法的領土に関して言及している。この条約を批准する時（一九五四年一一月一七日）、米国上院がわざわざ条約末尾に付け加えた「アメリカ合衆国の了解事項」には、次の通り制限が課せられている。

「……この条約のいかなる規定も、大韓民国の行政的管理下に合法的に存在することになった地域、そしてアメリカ合衆国によって決定された領域に対する武力攻撃の場合を除いては、大韓民国に対して（米国が――筆者註）援助を供与する義務を負うものと解釈されてはならない」

この追加条項は、米国の朝鮮半島での戦争介入または武力行為の義務を制限しようする意思表示である。そのために、大韓民国の行政権がおよぶ範囲を、事実上一九五三年七月に調印された停戦協定に基づく「停戦線以南」と制限している。それが、「大韓民国の行政的管理下に合法的に止め置くことにされた」地域（領土）である。またそれは「米国によって決定された」、すなわち米国が停戦協定調印当事者として受諾した停戦線以南地域を意味する。これが、大韓民国の領土と関連して米国が軍事的・政治的・行政的に制限を課すことを条件に締結されたいわゆる「韓・米防衛条約」なのだ。

今まさに幕が上がった一九九〇年代は、どの側面から見ても国家保安法が非正常的な方法で生み出された一九四〇年代とはちがう。四〇数年間に、多くのことが変化した。

第一に、国家保安法を暴力によって誕生させた政権とそれを暴力で支配していた政権らが、暴力によって没落したという教訓である。現政権は、過去のどの政権よりも国民的支持を享受していると主張している。いくぶんは真実であると認められる。そうであるならばなおさら、あらゆる常識から逸脱した国家保安法を歴史に埋める時も来たと思われる。政府の権威問題であり、国家の威信問題である。

第二に、国民の知的水準と法的生活の成熟は、国家保安法なしに民主主義的秩序と発展を維持し得る。政権の主張とは反対に、自由民主主義が国家保安法によって維持されているのでない。国家保安法の暴力的執行によって、自由民主主義が破壊されているのである。第三に、いわゆる共産主義者、容共分子、左翼・極左、意識化などの単語で表される現象におじけづく態度は道理にかなわない。今世界の目の前で展開されているように、共産主義、社会主義国家・社会ではむしろ自由・人権・民主主義を回復させる大変革が起こっている。なぜ「共産主義、……意識化」を恐れるのか？　恐れるということは、その理論と思想に対抗するだけの理論と思想を備えられなかったと、敗北を認める証拠である。極右思想・国家絶対主義・反共イデオロギー・軍部独裁体制などで解決し得る問題ではない。敢えて二分法的に言えば、今日の問題は新たに「意識化」する「左」的なものよりは、むしろ過去四〇数年間親日派らによって煽られてきた「極右」的思想とそれによって利益を得ている反共至上主義的既得権者側にあるとすべきである。生物体と同じく、社会も新しい刺激や条件変化と挑戦を能動的に受け入れる作用を通じて進化するのだ。最近金寿煥《キムスファン》枢機卿が適切に述べたように、「左翼的なものを受け入れることのできない右は敗北者」である。鳥も左右の翼（左翼と右翼）を平衡に発育させるほど、よく飛ぶことができる。宇宙万物の生存原理と人間および人間社会も同様である。

第四に、反共法や国家保安法でのみ北側の脅威に対応できると考えていた過去の南・北の力量関係は現在転倒した。右翼と政府当局は、国民生活のあらゆる面において北側よりも優れていると自負している。ならば、「人間の思考」のみ劣っていると主張するのか？　国家保安法という悪法を手放さないための詭弁でなければ、論理的錯誤である。

第五に、時と場合をわきまえず国家保安法という暴力を振るわなければならない必要性が多いということは、この国家社会が国民的共感をえられないという矛盾が深刻なほど存在するという反証である。政治・社会・文化面ではもちろん、何よりも経済面において不正義（injustice）があまりに多い。これに対する正義の要求が、既得権者の立場からは皆、左に見えるかもしれない。それは重大な錯覚である。ラテンアメリカ諸国社会の経済・政治構造は、このような認識錯誤に対するよい覚醒剤となってくれるはずであろう。

第六に、世界の全般的な情勢は明確に戦争反対・軍縮・平和・協調・民主化・人権・悪法廃止の側へ向かっている。これは、すでに元へは戻せない巨大な慣性で「世界化」しているところである。これに対する観察は、既に前で終えている。この国家・国民・政府・指導者たちも、世界的潮流と時代の精神に逆行するという過ちを犯さない程度の政治的見識を備えなければならないのではなかろうか？　さもなくば、急変する世界の中でいつまで暴力だけを用いて国家と国民を引っ張っていこうとするのか？

第七に、まさにこの世界的大変革は韓国におよんだように北朝鮮にも作用している。北朝鮮の変化がソ連と東ヨーロッパより遅くとも、全人類の隊列から超然としてはいられない。実際に北朝鮮で起こっている相当な「思考の変化」を、われわれは目撃している。政策の修正も明らかに見受けられる。南・北朝鮮問題に対する路線も、柔軟性を帯びるようになった。われわれがこの論文を通じて十分に考察したように、停戦線以北に存在する政治的実体を「政府を僭称し国家を騒乱させる目的で不法に組織された反国家団体」とする、濃い色眼鏡をはずしてみよう。すると、多くの新たな発見に自ら驚かされるはずである。本文の前半で重ねて指摘したように、歴代大統領・歴代政府・国会・総理・長官・財閥らは既にその眼鏡をはずして久しい。反共集団やその勢力を代理する検察・警察は、なぜ国民に対してのみ「色眼鏡」のままでいることを引き続き強要しなければならないのか？　なぜ、国家保安法を引き続き必要とするのか？

この月が終われば、一九八〇年代は過去のものとなる。一九八〇年代は、人類史的次元と世界的規模における大変革が起こった期間であった。一九九〇年代は、その動力がより一層加速化し拡大されることが確実であると思われる。われわれは国家保安法のない一九九〇年代と二一世紀を迎えるために、「新しい思考」を備えるべき時が来たのではないかを真剣に考えなければならない。

［この論文は、反共法と国家保安法をはじめとするすべての法体制と国家の公式・非公式規定および教育内容が、北朝鮮を「反乱団体」と規定し、韓国を朝鮮半島における唯一合法政府と主張することによって、歴代民・軍独裁体制の国民弾圧の法的根拠として悪用されていた時期、その不当性と不法性をはじめて公開的に否定することに着手したものとして、『社会と思想』一九八九年一二月号に掲載された。］

東北アジア地域における平和秩序構築のための提言

西洋の産業諸国では、もはや冷戦は終結したという一般的な合意が存在する。しかし、東アジアを含むその他の地域において真に東西葛藤が消え去ったのかどうかは、未だ綿密に検討されるべき問題として残されている。一方、全世界的な次元での東西対決の終結と、多様な地域において長期間持続されてきた冷戦の間には、明白な差異がある。

ここには、時間的な空白以上のものがある。第一に、それは西洋諸国と韓国のような非西洋諸国との間の構造的な格差を反映するもので、前者は中心国であり後者は周辺国である。冷戦は、ヨーロッパで生まれその他の地域に広められた。そしてヨーロッパでの「平和」は、周辺諸国、特に韓国とベトナムでのように数百万名の犠牲者と国土の無惨な荒廃を伴った代理戦争が起こったアジア諸国の犠牲と引き替えに、維持されたのである。

第二にこのような時間上の空白は、たとえ国際的な東西葛藤とその結果起きた朝鮮半島の分断が朝鮮民族を越えたところで課されたものであっても、そのような葛藤によってその後二つのKOREAが互いに敵対するようになったという事実を反映する。朝鮮半島において地域的に強化された葛藤の構造はそれ自体の動力を備えるようになったのだが、これによって世界的水準での冷戦の終結とは別のところで持続される傾向がある。このような「内面化された独自的葛藤構造」（Internalized independent structure of conflicts）は、全世界的なイデオロギー的葛藤によって課されたものであるとともに、朝鮮半島が周辺国として従属させられた結果である。

このような構造的空白と格差にもかかわらず、全世界的冷戦の終結は、明確に二つのＫＯＲＥＡ間で持続してきた葛藤と分断状態を克服することのできる機会を提供する。このような文脈で、今日世界における国家間の葛藤は新たな地域的枠組をつくり、以前に葛藤のあった諸国が一つないし二つの枠内に統合されてこそ解消されるという主張があり得る。

同様の文脈で、朝鮮半島の分断は単に二つのＫＯＲＥＡが共存するのではなく、和解と緊密な協調のための新たな枠組をつくろうという能動的努力を通じてのみ解消されるという主張があり得る。事実、一九九一年一二月一三日に調印された南北合意書において、和解と不可侵に対する条項だけでなく相互交流と協力に関する条項をもり込むようになったことはこのような要求が反映されたものと見ることができ、これは決して偶然の出来事ではない。すでに、新たな地域の創造に直面しているのである。

われわれはふつう、アジアがそれ自体の実体性を備えているかのように論じるが、アジアは多様性と複雑性そして異質性の程度が非常に高い地域である。「アジア」という観念が強力な反植民地主義的で反西洋的な民族主義の象徴的役割を果たしたにもかかわらず、アジアの政治的実体性はそれ自体、肯定的であるという明確な像がなく、概して否定的に定義されるようであった。このような側面は、東アジアにもある程度適用される。例えば、最近、過去の「東アジア」は日本に対する反植民地主義的象徴ではなく反西洋的象徴として用いられた。逆にそれは、日本植民主義の影響を偽装する仮面として用いられたのである。

これは、決して東アジアを一つの地域として取扱うことができないということを意味するものではない。この事実は、以下のような主張が西洋志向的な人々によってしばしば主張されてきたので強調されなければならない。その主張とは、ヨーロッパとはちがい東アジアは地域的同質性が非常に少ないために、ヨーロッパの平和を定着させる努力としてのヨーロッパ安保協力会議（Conference on Security and Cooperation in Europe, CSCE）や、地域的枠組としてゴルバチョフのいう「ヨーロッパ人たちの家」（European home）のような地域的構造は、東アジアで同様に適用し得ないというものである。二つの地域の間に、何らかの差異性が存在しないというものではない。しかし、われわれの地域での新たな秩序を追求するという側面において、このような主張はより詳細に検討されなければならない。

ヨーロッパの同質性はしばしば、共通の文明、すなわちユダヤ教―キリスト教文明によるものと見なされる。東アジアがそのような共通の文明によって特徴づけられないとしても、この地域の文化は儒教文明から由来する支配的な特徴を備えている。東アジアが、社会主義諸国である中国、北朝鮮対韓国、日本と台湾などのように容易に対比し得る相異なった政治的・経済的体制を備えた国家で構成されているために多様であるということは事実である。しかし、ＣＳＣＥも当初は相異なった、またはそれ以上に敵対的な類型の体制を網羅する地域的枠組としてつくられたという点を知る必要がある。したがって、同様の着想が東アジアにおいてなし得ないということを受け入れるだけの理由はない。

東アジアが、多様な経済発展の水準にある諸国で構成されているということもまた事実である。しかし、概して今ヨーロッパが直面していること、そしてヨーロッパ共同体（ＥＣ）においてですらヨーロッパの「南部」諸国と関連し主なイシューとして浮上しているのは、中心国と周辺国（または準周辺国／半周辺国）をいかに一つの共通した枠組に統合するのかという問題であった。

したがって、ヨーロッパの経験が東アジアに関連しないということは自明なものではない。逆に、ヨーロッパの経験の中で地域的特殊性を考慮し、東アジア的な地域枠組を模索することが重要であることを物語っている。

しかし、必然的に過去の遺産、すなわち文化的・人種的類似性の程度がこの地域の多様な諸民族をして、彼らが広い意味で共通の地域的実体性に基づく共通の未来を共有するということを納得させるほど、充分に創造的で肯定的な展望を提供できるのかに関する問題は依然として残されている。

今日われわれは、肯定的な地域的実体性を創造し得るという普遍的思考を単に参考的なものとしてのみ受け入れるだけである。地域主義は、かりにそれが地域住民の主体性を強調する民族主義であるなら肯定的な役割を遂行することはできない。それがかりに国粋主義的な過去の遺産にのみ全的に依存するなら、むしろ逆機能的要因となるであろう。地域的実体性は、すでに与えられた（既定の）何らかのものではない。それは、普遍的で超国家的な民主主義を達成するために、友好的・非友好的な共通の地域的諸条件の共有を通じて創造されなければならないものである。明確に地域的・世界的規模の問題に対処するために、われわれには新たな地域的・世界的枠組がきわめて必要となる。しかし、普遍的に適用可能な単一のモデルは存在しないし、また存在し得ないのである。モデルは多様であり、モデルの多様性は新たな世界秩序に対する機会と挑戦を提供するであろう。われわれは、ASEAN、ベトナム、カンボジア（インドシナ）、中国、台湾、朝鮮半島そしてこの地域のその他の諸領域で派生する肯定的な発展の姿を目の当たりにしながら喜ばしく思う。このようなあらゆる変化は、新たな秩序のための地域的枠組のいくつか可能な諸形態をあらわしている。

このような側面から、情報とコミュニケーションの領域に従事する諸個人と組織はこの地域における国民間の相互理解をもたらし得る持続的な協力システムとネットワークづくりのうえで、重要な役割を求められている。これが、われわれのここに集まった理由である。

新たな地域秩序のための理論構成や理論の実質的適用において、日本は促進剤として作用するよりはむしろ阻害要因となるように思われる。かつてのソ連はもはや超大国ではなく、一〇の独立共和国に分裂した。彼らは民主主義、平和、非覇権主義に適合する体制を再構築中である。言い換えれば彼らは、現在、そして相当先の将来にわたり、東北アジアの安定、平和と発展にとって積極的な脅威となり得ないであろう。

中国は基本的に閉鎖的な社会であるにもかかわらず、外部世界と体制に適応する方向へと急速に動いている。中国社会の変化は、明白なものであり後戻りできないように思われる。アジア、特に東北アジアと関連した中国の対外政策もまた協調的で反覇権主義的（または少なくとも非覇権主義的）である。

この地域のその他の諸国も、小さな規模でもって時には平和を攪乱することがあるかもしれないが、地域的覇権の追求者にはなり得ない。

米国は、明確に別の範疇である。地理的意味では地域外である米国は、「世界の警察」であることを自任し、地球のいかなる一隅も汎米国主義帝国の外側に置いておく気を持ち合わせてはいない。

ソ連が崩壊した今、米国は国際的・地域的な唯一の調停者になることを熱望している。それは永らく米国の確固たる政策と目標になってきたのであり、昨年（一九九一年）のイラクとの戦争以上にこれをよりよく説明してくれたものはない。

ソ連に次いで中東の小さな地域的覇権主義者が屈服した今、単一の支配体制を強化しようという米国の意図は一九九四～二〇〇〇年会計年度の防衛計画指針によって最後に残った仮面を脱ぎ捨てた。米国は確実に東アジアでの地域的強大国としてとどまり続けており、その含意は全ての関連する諸国に充分に知られている。東北アジア地域の諸国と民族は、アジア、特に東北アジアにおいて米国の覇権主義的役割と傾向を減少させるために、より一層その努力を強化しなくてはならない。

この地域が、超大国らによって支配されたかつての「冷戦秩序」と区別される新たな協調的・平和的・発展的地域秩序を実現しようと願うなら、米国の影響力が減少するにつれてその可能性は大きくなるという事実に疑問の余地はない。

アジア地域の国々は、その地域内での新たな危険要素に直面している。それは日本である。過去から現在まで、日本はその他のアジア諸民族を犠牲にして絶えず覇権主義者の位置に居続けてきた。日本に対する彼らの疑問と不信を生み出したのには、いくつかの特別な問題がある。このような問題を克服することができなければ、この地域の進歩、福祉や平和に対する日本の寄与はこれからも否定的な形態で残されるであろう。

かつての西独とは明確に対比されるように、日本の支配エリートと国民の大部分は彼らの侵略戦争や植民地支配に対して深刻に罪責感を感じていない。このような責任感の回避を助長させるのには、外部的要因が存在する。例えば、日本は太平洋戦争で敗北したが、反植民地闘争を闘った植民地民族に対して直接的に植民地を放棄し、返還しなかった。その代わりに天皇制軍国主義日本帝国は、彼ら自身も植民地帝国である西側強大国（米国、英国、フランスなど）に日本の植民地を譲り渡したのである。そしてこれら西側強大国、特に戦後日本に対し排他的な影響力を行使することになった米国は、ソ連を含めた第二次世界大戦戦勝連合国間の同意を破棄したまま、直ちに日本をかつての敵国ではなく冷戦同盟国として再生させた。

このような外部的要因以外に、日本的精神に内在するより一層根本的な条件がある。日本の集団主義的な精神と政治文化にしたがえば、戦争と植民地搾取に対する責任は天皇を除いてあらゆる日本人に負わされる形態をとった。このようにあらゆる日本人に責任があるということは、実際にはいかなる日本人にも事実責任がないという意味である。さらに、そして最も重要な事実は、日本帝国の主権者であった戦争政策責任者である天皇の、法的・政治的責任を免罪する決定である。その決定は、米国の戦後日本統治・支配の利益と便宜のためであった。このような戦争責任に対する内部的回避は、対外的回避の根源なのだ。その明白な証拠は日本が過去の植民地業績を賛美するものであるが、これは韓国、中国、ベトナム、フィリピン、インドネシア、シンガポール、マレーシア、そしてアジアのその他の諸国において日本が犯した国際的犯罪と災いの重要性を体系的に縮小するものである。一般的に戦後日本の若い世代は、前世代の戦争・植民地統治の責任性に対し敏感ではなく、極右・保守反動主義者たちは日本の戦前および戦後責任については否認したり、無関心であったり、忘却した状態である。

みなさんは一九八五年、第二次世界大戦の敗戦四〇周年に際して、ドイツ大統領フォン・ヴァイツゼッカー（Von Weizsäcker）と日本の中曽根首相によって発表された正反対の見解を経験して受けた衝撃をいまだに生々しく記憶しているであろう。ドイツの指導者があらゆるナチの残虐行為による犠牲者に心から謝罪し、ドイツ国民にドイツの名の下で犯された過ちを忘れないことと過去の歴史から教訓を得ようと要請したのとは逆に、日本の指導者は一九八五年を関連する諸国・民族に対する日本植民地と戦争の精神的・道徳的・物質的負い目が「消滅する年」として堂々と宣布した。

日本は今国連平和維持活動という名の下に、そして、他国にある日本人の財産と生命を自衛するという名分によって日本の自衛隊の海外軍事活動を合法化したのであるが、これは日本国憲法に明確に違反したものである。

すでに一九九〇年四六〇億ドルに達する日本の国防予算は、英国の三四〇億ドル、西独の三五〇億ドル、フランスの三五九億ドルをはるかに上回り、世界的超大国である米国に次いでソ連に匹敵する第二位となった。

日本の軍事力は、すでに「防衛的防衛」（defensive defense）という姿勢から大きく脱却した。「強大国」（Big Power）の位置に浮上するための周到で綿密な努力は、最近国連の安保理常任理事国に対する関心を明らかにした日本政府の政策によっても見受けられた。このような行動は、日本の「国際的共同体への貢献」という名で合理化されてきた。またこのような政策は、その他のアジア諸国、特に日本植民主義と侵略戦争の主要な犠牲国であった南北朝鮮と中国によって表明された反対や警戒にもかかわらず採択されてきた。

日本政府の主張において特徴的な点は、彼らが「国際的共同体」と呼ぶ概念と政策からは実際にアジア諸国は除外されるという点である。あらゆる指標によって判断すれば、大部分の日本人は彼らの持っている歪曲された世界地図を正しく認識し得ていないように思われる。それは、「国家的共同体」が知らず知らずの間にアジア諸国とは関係なく米国と米国の主導する西洋とほとんど一体化した、そんな地図である。

東北アジアにおいて新たな秩序を打ち立てようという努力が成功するか否かは、ほぼ宿命的に日本の態度と政策にかかっている。したがって、この地域の国家のみならずマスメディアとその担当者のような影響力のある大衆教育手段らは、それらのあらゆる力量を新たな秩序に対する建設的な役割へ脱地域的傾向の日本を関与させるところに集めるべきであろう。

新たな東アジアの地域的枠組が構築されなければならない第一の次元は朝鮮半島である。朝鮮半島は一つの地域でもなく、同質性を備えた朝鮮民族という単一民族が明らかに存在している状況において、このような話は外国から来られた方々には不適切なものと聞こえるかもしれない。しかし現実的に、統一への朝鮮民族の強烈な熱望にもかかわらず、二つの敵対的な国家は存在している。そして、KOREA半島の南・北に樹立したこれらは単純な国家ではなく、互いに妥協を頑強に拒否する資本主義と社会主義を代表する「強力な国家」である。

この非妥協性は特に二つのKOREA間の関係においても同様であるが、かつての二つのドイツの場合とは異なり、これらの間には郵便、商品、人、文化、情報の交流が韓国の反共法と国家保安法のような極めて苛酷な法の下にある国家によって禁止されてきた。このことは北朝鮮においても同様である。言い換えると、国家から相対的に自律的な市民社会のレベルでの南・北ＫＯＲＥＡ間の相互作用と意思交換は、過去半世紀存在しなかった。

われわれ皆が知るように、二つのドイツの場合には制限的ではあるが交流と相互作用が国家と社会および市民のレベルにおいて数年間行われてきた。二つの社会間の相互作用はついに国家とは独立的に行われたし、「二国家」体制を維持してきた制限された相互作用を圧倒し、「二つのドイツ」間の障壁を低め崩すのに大いに貢献した。

過去半世紀間、朝鮮半島では、互いが相手側を消滅させる能力を備えているという意味で、もっぱら南北朝鮮間の軍事的関係のみが存在してきた。それぞれの安保はほとんど全面的に相手の決定に条件付けられてきたし、南と北の二つのＫＯＲＥＡは「愚かな国家」と思われるほど消費的で非理性的な政治宣伝と経済的・技術的競争の状態を持続してきた。また、各自の発展計画は相手側の発展計画に依存するようになった。各政権は、相手側によってとられたイデオロギー的挑戦に直面していた。各政権の正統性は、相手側の対抗的正統性に拘束され従属した。あらゆる価値は、否定的な形態をおびたのだ。

朝鮮は同質的な民族、すなわち朝鮮民族の国である。そして、第二次世界大戦後の米・ソ対決の産物として国家が分断される前まで、一〇〇〇年以上単一国家であり続けて来た。朝鮮で四〇年間持続した日本の植民地支配（五年間の保護国状態を含めて）は、一九四五年日本の敗北によって終わった。

米国とソ連は日本の降伏を勝ちとり、韓国において政治的機構を再構築するために三八度線で国土を分断することに合意した。その結果、朝鮮半島には二つの全面的に異なり敵対的な政治的・経済的制度が出現し、これまで持続してきた。

米国と中国の直接介入を招いた二体制間に一九五〇年六月起こった戦争は、数百万の朝鮮人と外国参戦軍死傷者、そして一〇〇〇万の離散家族と国土の荒廃化という結果を残した。この朝鮮戦争は、一九五三年休戦（平和協定は今でも締結されていない）によって終結したが、このような休戦は双方をしてかつてよりも互いを一層敵対的にさせたし、永続的な分断として固定された。韓国と北朝鮮の間の人為的境界である非武装地帯は四〇年以上封鎖されてきたし、民間人らの間のいかなる意志疎通（手紙、電話、新聞・雑誌、テレビやラジオ放送、旅行）もこの境界線を越えることはできない。

秘密接触によって究極的な統一についての宣言（南北七・四共同声明）を調印するようになった一九七二年以後、韓国と北朝鮮の間にはしばしば公式的な対話がもたれはした。最近では国土の分断に関連した多様な諸問題に対し二政府間の直接的な対話がもたれたし、主に一〇〇〇万の離散家族と関連した南・北赤十字間の対話もあった。このような対話において韓国は、商品・貿易・文化・人的交流形態の信頼構築手段に対する必要性を主張してきたし、北朝鮮は、米軍の撤収、特に数百個と報告された米国核武器を韓国から撤収することを含め、即時の政治的・軍事的問題に言及する必要性を強調してきた。このように相異なるアプローチと長らく引き続く深い不信は、接触や会談の実質的な進展を阻み、相互非難の継続と対話の頻繁な中断を引き起こしたのである。

南北対話における新たな局面は、一九九〇年、総理レベルに対話を格上げすることに同意したことから始まった。北朝鮮が公式的な政府対政府レベルの対話を受け入れることは、彼らが朝鮮半島を取りまく世界の劇的な変化による深刻な政治的・経済的圧力を経験していると確信したがゆえに、それを必要としたためである。長期間、北朝鮮の同盟国であったかつてのソ連は、韓国の同盟国である米国と日本の側に立ったし、韓国との国家・外交関係を揺るぎないものとしたのとは逆に、北朝鮮との軍事同盟条約を事実上破棄した。中国も、韓国との貿易関係と技術交流を大きく拡張させている。

東ヨーロッパの諸政権は西側諸国との同盟を結ぶやいなや、さっそく韓国との全面的国家関係を確立した。したがって、北朝鮮は激変する世界秩序における外交的な孤立を目の当たりにするようになった。長らく北朝鮮は、ソ連と中国そして東ヨーロッパから、石油と若干の食糧またその他の必需資源を、物々交換協定を通じて世界市場価格よりも低い価格で購入することができた。これは、北朝鮮に兌換貨幣をもたらすことのできる手段がほとんどなかったために重要な方式であった。昨年初頭、ソ連は、石油、軍需品そしてその他の物品に対し、貨幣でそして世界市場価格で支払うよう北朝鮮に要求した。中国も同様の方向へ、しかしより緩やかな速度で動いているように思われる。

北朝鮮と韓国が統一という民族目標を平和的手段によって達成しようというものに合意したにもかかわらず、双方とも完全な統一国家として相手側の政治的・経済的体制の建設方式を受け入れようとしない。

現在の南・北交渉の水準において、北朝鮮は目下の彼らの社会的・政治的・経済的体制の維持に対する韓国からの保証を要求している様に思われる。現在、韓国の一人当たりの収入（六〇〇〇ドル）は北朝鮮の一人当たりの収入（約一三〇〇〜一五〇〇ドル）のほぼ四・五倍に達する。韓国の全体の国際交易量は、最小限でも北朝鮮の二〇倍に達する。経済的・社会的・政治的領域のみならず人権のような領域においても政府の干渉が多いにもかかわらず、韓国は不完全ながら開放された社会、議会制民主主義、市場経済の方式によって運営されている。その反面、北朝鮮は今もなお、あらゆる側面で急速に衰退しつつある体制によって頑強に運営されている。

北朝鮮に対する韓国の日増しに高まる自信は、朝鮮半島における新たな秩序のための青写真にも反映されている。ドイツ式の民族統一、言い換れば韓国が北朝鮮を吸収するという方式が遠くない将来実現し得るということである。

しかし韓国は、あまりにも急速で突然に統一したドイツの教訓を最近理解し始めた。万一ドイツと同様の事態の展開が朝鮮半島で起こるならば、韓国政府だけでは予測し得る事態を統制することは難しいであろう。韓国政府が、北朝鮮を窮地へと追いつめた以前の対決政策を、最近新しい政策へと修正したのもこのような理由からである。韓国政府の新政策は相手側との協調と協力そして相手側に対する制限された支援であるが、この修正政策は二〇〇〇年までに自立力を揃えた国を建設しようとする北朝鮮を、その前に漸進的に開放・解体しようという意図を持って計画されたものである。

南・北朝鮮の間がこのように不均衡的な状況へとさしかかりつつ、昨年から核問題が提起された。一九九二年春には、米国と北朝鮮の軍事的危機は米国がイラクを攻撃したのと類似した方式で勃発するかのようであった。その以前から北朝鮮の核施設に対してあらゆる可能な手段をとろうとする米国の絶え間ない威嚇があったのだが、この核施設の「起爆材」(explosive)取得能力は一年から一〇年かかるものとして米国軍事専門家らによって様々に推定された。

表１　南・北朝鮮の軍事費支出についての一評価（例）

単位：100万ドル

年度	韓国	北朝鮮
1974	558	770
1975	719	878
1976	1,500	1,000
1977	1,800	1,030
1978	2,600	1,200
1979	3,220	—
1980	3,460	1,470
1981	4,400	—
1982	5,173	1,700
1983	4,470	1,916
1984	4,494	4,086
1985	4,550	4,196
1986	5,100	3,870
1987	6,970	4,450
1988	8,150	4,625
1989	9,886	4,154
1990＊	9,970	5,440
1991＊	11,000	5,130

資料：ロンドンで発刊された年間軍事力比較から集計したもの
（＊は，韓国国防部の防衛白書）

韓国は一九七〇年代初頭に核兵器生産計画に着手したが、韓国を米国の核戦力の傘の保護下に編入するという条件で米国によって中止された。かりに北朝鮮が核兵器生産能力保持を追求するなら、米国と日本が傍観しないだろう。彼らも（非常に複雑な核エネルギー計画に基づく）これに対処するための独自の核兵器計画を立てたり、韓国国防長官がすでに警告したように、北朝鮮の核施設に対する先制攻撃を行うはずである。また北朝鮮が、湾岸戦争でイラクの受けたような結果を招くはずだろうとの米国の露骨な威嚇もあった。数週間前に米国軍部は、「九〇日戦争」という評価書を提出しもした!

表面的には、この部分においても多くの進展があった。北朝鮮は韓国からの米国核兵器撤収を永らく要求してきたし、ソウルでさる(一九九一年)一二月にこの撤収が完了したと発表された時、平壌はこの知らせを歓迎したし、国際原子力機構(IAEA)をして北朝鮮の核施設を査察できるようにする「核安全協定」に署名した(北朝鮮は一九八五年に核拡散禁止条約にも署名した)。予定通り今年(一九九二年)六月に北朝鮮でIAEAの現地査察が実施されるならば、おそらく韓国―北朝鮮、日本―北朝鮮、米国―北朝鮮関係の緩和も予想し得るであろう。

不幸にもより明白でない多くの諸問題がまだまだ朝鮮半島における真の平和の実現をさえぎっている。せいぜい用心深い楽観主義であり、最悪の場合にはより深刻な対決局面の可能性さえも警告している。

朝鮮半島は何世紀もの間、隣接する強大国による侵略戦争の舞台となってきたのだが、近年では一九五〇年六月から一九五三年まで引き続き数百万の死傷者と莫大な財産の損失をもたらした朝鮮戦争があった。朝鮮半島は、世紀の転換点において日本の勝利に終わった現代帝国主義と植民主義の(米・ロ・中・日)四角葛藤の渦中で一世紀間「台風の目」であった。日本の勝利は、日本軍国主義に中国の広大な部分を含めた全アジアを征服するという冒険の踏み台を提供した。

朝鮮半島は、かつて数世紀にわたり周辺大陸勢力や海洋勢力の覇権争いの舞台となったし、その結果はまさに東北アジアと西南アジアの数億の民族にとって戦争と不幸の出発点であったという点から、二一世紀にはむしろその反対に、そこに暮らすべき朝鮮民族のみならず東北アジアや広く全アジア地域の諸民族と国家の平和・協力・進歩、そして幸福のために関係諸国の新たな協力的地域秩序を構築する試験場となることができるだろう。

これでわれわれは、なぜ朝鮮半島の問題が東北アジア全体の問題であり、東北アジアにおける新たな地域秩序を実現させようとするいかなる試みも、朝鮮半島から、そして朝鮮半島に対する問題から始めなければならないという連関構造を理解することができるであろう。

［この論文は、ソウル大学新聞研究所・文化放送共同主催「東北アジア放送秩序の変化と対策」国際学術シンポジウム（一九九二年四月七日～四月九日、ソウル新羅ホテル）において、韓国側基調講演の一つとして発表した"A Contribution toward the Formation of New International Order in North-East Asia"というタイトルで英文で作成・発表した論文の翻訳である。］

第3部

「人間の顔」をした資本主義——統一の前提

統一の道徳性
――北朝鮮の分だけ韓国も変わらねば

民族分断、歴史の悪魔が投げかけた試練

長い間分断されていた南北が再び統一されて成立する国家は、当然現在の（または解放以後累積された現実としての）北朝鮮に比べ、格段に優れた、自由な民族共同体であるべきである。だがそれと同時に、またそれに劣らず、統一国家は解放以後に累積された現実としての韓国や現在の韓国とも異なる、人間らしい生き方が具現される民族共同体であるべきである。解放後の半世紀のあいだ続けられてきた、南北二つの国家的・社会的存在様式のどちらか一方が、もう片方を一方的に覆いつくす方式の再統合は、道徳的破綻を招く懸念がある。

たとえ今現在ＩＭＦ危機にさらされているとはいえ、韓国の物質的土台と力量は、何年かすれば復旧されるはずである。二一世紀全体にわたる長期的趨勢として韓国の国家的位相を考慮するなら、いつかは韓国の優位な立場で北朝鮮との再統合を成し遂げるであろうことは疑う余地がない。

南北統一問題に関する過去の議論、および現在の研究がそうであるように、統一の政策と接近方法においても、主に南北間の「物質的力量」の圧倒的優劣を土台に進められ、解釈されるのは明らかで

ある。すなわち一方的な物質的生産力と経済的豊饒が、統一問題を解く方程式の恒数——唯一かつ絶対的恒数に近いと見なされている。現在は、武力による統合はとりあえず排除されているが、軍事力においてもやはり韓国が圧倒的に優れており、その差は今後一層広がることが予想される（米国の軍事力を除外しても同様である）。

韓国にいるわれわれは、このように圧倒的に優れた「物質的」位相に安住して統一問題を眺めている。そのため統一にいたる過程・手順・方法の種類や価値判断はもちろん、統一後の国家や社会における人々の生きざまの「道徳的な姿」がどうなるかという問題など、視野には入らないであろう。韓国の物質的力量は、いつか再統合された後の国家において北朝鮮地域住民の物質的生活を向上させ、さらに国家的経済統合を成しとげることには成功するであろう。いわゆる「統一費用」の長期的配分を前提とするならば、負担は決して少なくないが不可能なほどではなく、また必ず実現すべき課題である。

韓国により物質的に統合された北朝鮮地域の同胞たちは、統一後、一〇年、二〇年、あるいは三〇年、五〇年の間に、徐々に慢性的な貧困から抜け出すはずである。だが物質的生活の向上として、国家の権力と制度でもって受諾を強要する韓国の経済体制・慣習・価値観が、果して彼らを真に幸福にできるものなのか？　ひいては現在の韓国のような、経済的・物質的生活方式や価値観が漢拏山《ハルラ》から白頭山《ペクトゥ》まで支配*するようになった国家・社会・人間生活の内容や姿が、果して幸福であろうか？　言い換えれば、解放後の韓国において累積された国民生活の社会的経験や、その枠組の中で形成された人間の型の諸般の特性が、韓国式の物質文化生活と一体となって北朝鮮地域の住民たちに強要される時、彼らは果して精神的・道徳的、そして人間的・情緒的に「統一」に感謝するほど幸福になることができるのか？ 統一問題を考えるたびに、常にこの疑問が頭から離れない。だからこそ私は、他の人々のように、統一後の国家は無条件に良いはずだという確信がもてないのである。

＊朝鮮の南端の済州島と北端の中国との国境に位置する名山。朝鮮半島の端から端までの意。

民族の分断は、歴史の悪魔がわれわれに解くことを要求して投げかけた試練である。それは、悪魔がイエスを誘惑するために、四〇日間荒野で断食した後の飢えたイエスの前に現れ、石を手にとって見せ、「おまえの信仰がゆるぎないものであるなら、おまえの神にこの石をパンに変えるようにさせよ」（新約聖書：マタイ伝四章三節—十一節）と、試すようなものである。わが民族は分断されて血を流し戦い、荒野で苦痛にみちた五〇年を苦労して生きてきた。そう考えれば統一は至上の課題であり、統一を信じる想いは石を餅に変えることも可能であろう。今われわれは、その誘惑ならぬ試練に直面している。運命の悪魔になんと答えるのか？ イエスは、まさに統一達成のための試練に直面したわが民族の代わりに答えた。「人はパンのみに生くるにあらず、神の御言葉によって生きる」

韓国は、「餅と飯」で北朝鮮を統合できるという自信を持っている。家と服を与えて、北朝鮮住民を手なづけようとしている。主として「物質主義的発想」と価値観であり、方法論である。

北の住民がそれらを受けとるのを躊躇するなら、いま一つの物質的な、最も純粋で露骨な物質力である「武力」を使ってでも、受けとることを強要するはずだ。

私は決してキリスト教の信者ではないが、イエスの言葉の中に、われわれの統一問題に対する態度と、統一された国家と社会の生き方の本質がどうあるべきかに対する教え、あらゆる真理が含まれていると考える。神の「御言葉」は単に、物質的な金銭やパンや服や家と対立する概念ではない。それらのものより、もっと大切で価値あるものを言う。われわれの南北統一に照らして、神の「御言葉」は、韓国が北朝鮮に与えるものが、飯や餅や家や服である前に、あるいは少なくともそれらと共に、社会構成員である人と人々の生きざまが、「主に」犯罪的だとか腐敗・残忍・反人間的ではないものでなければならないという意味である。「神の御言葉」は、愛、信頼、分かちあい、同情心、兄弟愛、隣人愛、同胞愛、正直、善良、清廉、協同、質素、責任感、犠牲心などと解釈される。これはキリスト教においてのみならず、どの時代のどの人間の集団においても、「人間らしい生き方」であるために要求される最小限の道徳的・倫理的規範であり、そのような価値が履行され、支配する状態をいう。それがまさに、「神の御言葉」の意味だと解釈する。

もしこの先、統一される国家・社会の人間関係が、主として腐敗・貪欲・略奪・欺瞞・不正・詐欺・賄賂・退廃・利己主義・搾取に基づき、残忍で無制限の弱肉強食の競争が当然視され、欺瞞に長ける者が正直な者より楽に生きていくことが保証されるならば、それは「神様の御言葉」が実現された統一国家ではないであろう。一国一社会でともに生きていく人々が、現在の韓国社会におけるように、日夜、利己主義・不法・不正・詐欺・窃盗・強姦・暴力・強盗・拉致・殺人にふけり、親子兄弟がわずかな金銭のために互いに命を奪い合う、道徳と倫理が総体的に不在する社会であるなら、そして、そのようなことを日常的に心配しながら生きていかなければならない制度や財産関係や所有・分配状態や精神風土ならば、それは「神の御言葉」とはあまりにもかけ離れた社会である。もしも統一された社会が、人と人の関係において不安が先んじ、互いが信じられず、正直があざけりの対象になり、物質的所有の多寡が人間的徳性よりも尊敬と羨望の的になり、兄弟・市民・同胞の結びつきが断絶され、個々人が自分の利益だけを追い求める、分子化された人が分かち合いと協力の対象でなく、ひたすら略奪の対象としてだけ一般化され、またそれによって日常生活において恐怖や不安が心から離れない状態なら、そのため全ての人間が疎外された状態なら、このような社会相と人間関係であるなら、あれほどまで念願し、追求してきた統一の意味とは何だろうか？ イエスは、われわれが人間生活において飯や餅ばかりを優先させるように、統一議論と方法において物質的要素ばかりを優先させることに対し、われわれの誤りを警告しているように思える。物質的生産力や輸出額、経済規模や安価な労働力、協力ではなく万人が万人を相手にする無限競争、合作投資や証券や株式やGNPという、パンだけで統一の過程や統一された国家の姿を考える、その発想を戒めているようである。北朝鮮地域の同胞に「パン」しか与えられない韓国の為政者と国民に対して、韓国という国家と社会、そしてその中で日々繰りひろげられている人々の「生きざま」を、しっかりと観察するように教えているようである。飯と餅以外に、北朝鮮の国家と社会と住民に与えられるものとして何があるのかと、われわれに問いかけているようである。自ら「神の御言葉」によって生き、また北朝鮮の住民にその御言葉を分かちあってこそ誇りうる統一となりうるのに、わずかばかりの金銭が人の命よりも貴重だと見なされる韓国の国家や社会や人々に、いかなる道徳的価値が残っているのか、われわれを叱咤しているようである。

統一は「パンと餅」ではやって来ない

統一された段階では、現在の北朝鮮の政治的統治理念や体制や方式は、ほとんど一掃されなければならない。この点においては、議論の余地はない。それらは既に、二〇世紀の歴史的遺物として廃棄されるべきだという判定が出されたのである。これは、統一を考える全ての人々の合意事項であり、私自身の信念でもある。

けれどもそれを前提としても、現在の韓国の政治形態がそのまま北朝鮮地域に拡大再生産されたり、韓国の解放後、半世紀間に累積された政治的悪徳が統一国家のそれとして一般化されることを考えれば、その下で果して北朝鮮住民が統一を喜んで受け入れるのか、疑わしい。

五〇年間累積されてきた、現在のような韓国の政治実態を、北朝鮮住民にそのまま強要する統一は、あまりにも苛酷ではないか？　韓国の政治的真実を総体的に、そして集約的に体現して象徴する歴代大統領と国民との関係様式、そして彼らの行動と終末を考えれば、それ以上問うまでもないであろう。政治とは、「正しく治めること」である。韓国に解放後、「政治」があったかを問うてみるべきである。

七名の大統領の中に、権力の座から追い出されたり、退いたり、部下に暗殺されたり、国民大虐殺の犯罪者として投獄されたり、大統領執務室に外国製超大型金庫を入れ、金にばかり関心を示した破廉恥犯として断罪されたり、国家を破産させたり、大統領になりさえすれば息子や一家親戚、姻戚まで寄ってたかって国の金を盗んで貯める……そのため国民の怨みを買い、退任後の運命を予測できなかったり……こんな「国家元首」以外に、北朝鮮住民の愛や尊敬を受けるだけの、政治的指導者がいたのかを深く考えてみるべきだ。一言でいうと彼らは、「不道徳」というより、むしろ「反道徳」であった。それは「反道徳」をこえた「犯罪」であった。

韓国政治の犯罪性と不道徳性に関しては、ここで長々と説明する必要はない。どうして、このような政治を北朝鮮の地に強要することが統一だと言えるのだろうか？　人類史上どんな人間集団も、「理想郷」を建設したことはなく、これは永遠に不可能なことである。私が言っているのは、ただ最小限ないしは「ある程度」の道徳性なりとも、通用する政治形態である。道徳性を完全に喪失した政治による統一は、幸福というよりは災難であり悲劇であると考えると、憂鬱な気持ちをかき消すことはできない。

社会的にはどうだろうか？　われわれの社会は、腐敗・不正・堕落・犯罪・非人間化の極地に達した社会であることは明らかである。既成世代の社会は、ほぼ救済不能の「反道徳」状態である。国家はいよいよ、「劇薬処方」による「青少年保護法」というものまで発動し、子供たちの漫画、映画、歌曲、小説、レコードはもちろんコンピュータまで、国家権力で統制しなければならない状況に至った。法的には未成年者である青少年に拘束令状を発行して、刑務所にぶち込みもする「犯罪との戦争」を宣布した。だが、こんなことは本当は言いたくはないが、そのような劇薬処方によっても、大韓民国の人間を道徳的に純化しようと試みることにはたいして効果がないように思える。それは次の事実が雄弁に物語っている。

この国の歴代政権と大統領は、「青少年保護法」よりも何十倍も苛酷な各種劇薬処方を使ったが、全て失敗した。二七年前の一九七〇年、この国の総犯罪事件は人口一〇万名あたり九三三件だった。

それが一九八六年には一九四三件、一九九一年には二八四三件であったが、一九九五年には三一一九件に増加した。犯罪を退治するという軍部独裁政権のあらゆる強圧措置も効果なく、人口が一・四倍増加したのに対し、犯罪発生は三・三倍も急増した。そしてその罪質は、一貫して残忍凶悪さを増している。政府の公式調査に表れた統計であるが、この国の国民の七八%が「日常生活で恐怖感を感じながら生活している」と答えている(『韓国社会指標』、統計庁、一九九三年、三一八ページ)。これは「人間らしい社会」ではない。大人とその社会の犯罪性に関しては、わざわざ説明する必要はなかろう。

数年前から、われわれの社会における一〇代の少年・少女たち、中・高校生の犯罪は、恐怖の対象になってしまった。一〇代の生徒・学童本人はもちろん、全国の生徒の保護者たちは、幼い息子や娘の生命の安全を心配しながら、恐怖感の中で生きている。既成世代と大人が手あたりしだいに欺き、盗み、奪い取り、殺してバラバラにすれば、子供たちも大人に負けじと強盗、強姦し、人を殺して生き埋めにしてしまう。国の最高統治者から、正直であるべき国家機関の公務員、清廉であるべき軍隊・警察・検察……などの権力集団、資本主義的規則を守るべき資本家・企業家・商人、道徳と倫理を教える教育、宗教機関の従事者ら……に至る社会構成員の底辺まで、腐敗していない所はなく、犯罪化していない所がない社会! いったいこの社会はどうなっているのか? 韓国社会は明らかに「病んだ社会」である。それも普通の病気ではなく、「重病の社会」である。

この国の各種マスコミは、毎日のようにいわゆる「徳の高い人」、有識者、専門家たちを呼んで、この病気の原因究明と処方、および対策に関し、討論を繰り広げている。それを聞き、読み、見ていると、解放後の半世紀間、聞いて読んだ話の繰返しである。原因を分析した各種の理論も、解放後五〇余年間、少しも変わった内容はないように思える。彼らが解決法として掲げる学校も家庭も宗教も教育も、あるいは警察も刑務所も、なんら効果のないことは明らかである。伝統的に、愛と教育の安息の場所であった家庭も父母も、手をこまねいて無策であることを自認している。道徳と倫理がこの国の成人社会で崩れ去ってから随分になるのに、どうしてそれを息子や子孫の世代に要求できるだろうか！

宗教はどうであろう？　遺憾ながら宗教も物神崇拝の病気になり、そのような機能や役割とはかけ離れた姿を見せている。韓国の各種宗教の信徒は、国民総人口の五一％である。「宗教国家」とは言えないが、その程度なら「宗教的」国家とは言える。一例として、キリスト教の場合、次の事実がそれを立証する。世界一六〇余カ国のキリスト教社会において、規模が特別に大きい「巨大教会」五〇の中で、韓国の教会は一、二、七、九、一〇、一一、一三、一五、一六位であり、世界「巨大教会」の第一、二位をはじめ、一〇位圏内で半分の五教会が韓国の教会であり、全体五〇の中でも半分に近い、ざっと二三を韓国のキリスト教が独占している（『クリスチャンワールド』、一九九三年）。仏と神の御言葉通りに生きると誓約した宗教人が人口の半分を越え、神に仕える教会の大きさと数は世界一六〇カ国の中で最も上を行くのに、人間と社会はより偽善的で貪欲で、残忍で邪悪で、腐敗し、利己的で犯罪化している。だとするならしかたなく、処方は宗教ではない他の所で探さなければならないようだ。トルストイの言葉だが、「人の善悪は彼が宗教を持つかどうか以前に、彼が道徳的かそうでないかにある」。社会も同じである。

ある社会の道徳的評価において、宗教の有無は決定的基準ではありえない。少なくとも私はそのように考えている。北朝鮮には宗教がないから人間が堕落し、社会が非道徳であると信じ、北朝鮮を「救済しなければならない」と叫ぶ宗教人は多い。西洋の倫理学においても、キリスト教の倫理観でいう道徳は、宗教を土台にしてのみ成立するとするという。西洋人やキリスト教信徒が、北朝鮮にはキリスト教（宗教）がないから北朝鮮社会は非倫理的社会なのだろうと断定する傾向が、まさにその理論に基づいている。ならば宗教信者が人口の五〇％を越える韓国は、なぜ反倫理的で道徳が破綻した社会なのか？　そのように考える人は、自分がある種の錯覚に陥っていないか、一度くらいトルストイの話を鏡にして自分の顔を見直す必要がある。今の韓国の宗教をそのままにして、統一後の北朝鮮を「神の天国」や「仏様の極楽」に「導く」と主張するならば、それは身のほど知らずの傲慢ではないかと考える。韓国の宗教と宗教人が、何年もの間洪水と飢謹に苦しめられている北朝鮮とその同胞に、今おこなっているようにパンと麺と餅を提供する善行は、確かにイエスと仏の教えに従う愛と慈悲の表現である。だがそのような善良な宗教人は、全体の宗教人口の中のごく少数である。圧倒的多数の「宗教信者」たちは、今でも「反共」を叫んで同胞の災難から顔を背けたり、はなはだしくは声を高めて救護事業に反対している。彼らにとって、餓え死んでいく同胞に食べ物を与える人は皆「アカ」である！　共産主義と対峙するパンよりも、もっと重要な「神の御言葉」、すなわち道徳的に優れた社会と人の生存を北朝鮮の同胞に伝えようとするなら、何よりもまず韓国の宗教と宗教人が変わるべきだろう。韓国社会と人の生存が、少しは仏とイエスの教えに当てはまり、いくらかは宗教の名に恥ずかしくない姿に変わるべきである。宗教の意味を北朝鮮で立証する前に、すぐさま韓国で立証することが、より至急の課題ではないか、私はこのように考える。

物質的豊饒と高い道徳性が共存する国

韓国に住むわれわれは、政治的・個人的自由や物質的豊饒や大量消費の水準に正比例して、社会と人間の道徳性が高まると考える傾向がある。パンが豊富になればなるほど、それに比例して「神の御言葉」も実現されるはずだという見解と希望を持っている。往年に、社会主義やソ連などの国家との競争に没頭した資本主義の総本山、米国の政治家・経済学者たちが、いわゆる「豊饒な社会」(Affluent Society)を誇った論理である。言い換えれば、物質的生産力の優越性を立証した資本主義が、道徳性においても社会主義に優るという考えである。この論理から、韓国の物質的優越性が、統一国家の北朝鮮住民たちに対してはもちろん、統一国家を全部ひっくるめた資本主義的民族共同体の社会と人々に対し、自動的に高い道徳性を実現させると楽観しているのかも知れない。多くの韓国人が、あたかも楽園のように錯覚し、自分たちの未来生活の目標のように考えている資本主義宗主国、米国の社会はどうなのであろうか? 遺憾ながら、「自由+物質+宗教=人間の幸福」という方程式が必ずしも成立するわけではないという例が米国である。

今世紀の米国歴代大統領は、例外なく就任演説においてキリスト教精神を強調し、「犯罪と麻薬との戦争」を宣布した。しかし米国という資本主義社会制度は、いかなる方法によっても犯罪を減らすことはできないという事実を再確認しただけであった。最も代表的な例が、レーガン政権時代である。

一切の社会主義的なものを悪（Evil）と罵倒した米国式「極右―反共―資本主義的道徳」の化身だったレーガンは、米国がソ連や社会主義国家よりも犯罪が多いという事実を、知らないわけではなかった。彼は就任初日に「犯罪と麻薬に対する戦争」を宣布し、彼の任期中の最大業績のため、特別予算三〇〇億ドルと特別警察二〇万名の増員を断行した。

では成果はどうだったか？　ゼロ、いやむしろ犯罪と麻薬と暴力はより一層増えた。例えばフロリダ州の犯罪発生率は、一〇万名あたり八二二八件、ニューヨーク州は五七七六件を記録した。物質的には最も豊饒な、米国という社会の犯罪率は世界最高である。これは物質（金、私有財産）が「神」として崇め貴ばれ、人間（価値）に優先する社会の一般現象である。

クリントン大統領治下の現在の米国も大差はない。クリントンもレーガンと同様、就任当初の一九九四年、野心的な犯罪・麻薬撲滅政策を開始した。その計画のため、三〇二億ドルの予算を必要とする「犯罪防止法」が国会で承認された。米国社会の各種犯罪を予防するために、巡察警官だけでも一〇万名をさらに増員し、一九種類の各種武器を不法化した。また、多くの刑務所を増設した。そして死刑を宣告しうる犯罪の種類を五〇種類以上新しく追加するなど、凄じい反犯罪態勢を強化した。物質的生産力は人類史上最高であり、総体的な経済的豊饒においては、地球上のいかなる国家も追いつけない米国が、その物質的土台の上において、総力的な反犯罪計画を展開した。ここまですれば、米国社会の人間性と道徳性は短期間内に回復するであろうと期待され、政府もそのように大言壮語した。

国家と体制の総力を投入した、反犯罪計画が執行された六カ月後の米国政府公式統計は、全国の刑務所に収容された犯罪者の数が、むしろ四万名も増加して一〇一万二八五一人に達し、米国史上最高記録を打ち立てたことを示した。その数値は、レーガン政府が総体的反犯罪戦争を推進した一九八五年と比較して、ちょうど二倍であった。物質主義哲学と思想の所有者たちが通例そうであるように、レーガンが資本主義制度と社会の犯罪傾向的性格を認識しえなかったことは明らかである。物質的豊饒と法律的強制により、米国の資本主義社会と人間の道徳性が高揚すると信じていたのである。

不幸なことに、ソ連とそれ以外のあらゆる社会主義国家とあらゆる社会主義的なものを全て「悪」と規定し罵倒した米国資本主義の指導者、レーガンの任期が終わった一九八九〜九〇年、一年間の統計を見ると犯罪はむしろ増加し、刑務所の収容人員は八万名も増えた。これは、米国史上一二カ月間に発生した犯罪者の、最高増加値であった。クリントン大統領も同様である。三〇二億ドルの予算と特別警察設置、「死刑」法の強化をあざ笑うように、クリントン政府の一二カ月間だけでも犯罪者が七万一〇〇〇名も増加、米国近現代史上、レーガン期に続いて二番目の増加記録を打ち立てた。国家公権力を総動員して「犯罪との戦争」を展開したレーガン政府と、クリントン政府に至る一九九四年の青少年犯罪者は、一〇年前よりむしろ一年間に少なくとも二六〇%も増加した。その後も犯罪は継続して増加している。これらのあらゆる事実は、われわれに何を物語っているのであろうか?

世界で最も富裕な米国という資本主義国において、人口一〇万名以上の二〇〇都市のうち、青少年犯罪問題と既成世代の犯罪から保護するため、一八歳未満の青少年の夜間通行禁止制度を実施している都市が一四六にもなる。全国のカウンティー（郡）内の小都市を合せると、通行禁止制度を実施している地域は一〇〇〇を越える。このような事実を知る韓国人は、多くはない。物質的所有（金）を人間の幸福の尺度とし、利己心の充足を人間行為の動機と目的にする制度、利己心を社会運営の基本原理とする生存様式では、不平等な所有の結果疎外された人は、「奪う行為」により物質主義的社会運営原理と一体化しようという、強い誘惑を受けるようになっている。すなわちそのような社会は、犯罪が体制の不可欠の要素であるよりほかない。その社会では、人（個人）の価値が金銭的に計算され、人と人との関係が究極的には相互間の物質的・金銭的利害得失の計算で処理される関係様式、すなわち徹底した「ゲゼルシャフト」的社会であるよりほかない。そのような本質の社会では、どんなに宗教が社会の「塩」になり「光」になろうとしても、「犯罪との戦争」にいかに膨大な予算を投入しても、敗北するよりほかない。真に腐敗と犯罪と利己主義的残酷性を減らそうとするなら、「金」が至高の価値判定者ではない、ある程度「ゲマインシャフト」的な社会原理を採択しなければならない。

中国の唐山と米国ニューヨーク市の教訓

一九七六年、中国の主要工業都市のひとつである人口七〇万の唐山市は、中国史上最悪の地震で、あたかも核爆弾の攻撃を受けた都市のように、完全に廃虚となってしまった。そして、そのような惨憺たる事態の中に置かれた市民らが行動する姿を、世界の報道陣が競って伝えたニュースは、真の感動を全世界に投げかけた。現場を訪ねた、ある外国大使の目撃談をきこう（日本大使が帰国してから書いた文）。「地面は揺れ、建物は次々と崩れていた。火災は煉獄のように建物を焼いていく。……そんな中、中国人たちは秩序整然と行動し、暴動を起こしたり他人に害を及ぼすようなことはない。震動と破壊と火災が続く中、不幸にあった隣人のためにとび出して、自身の危険を省みない行動は、まるで自分の家族のためのもののようであった。……誰もが共同体の中で、自己犠牲をもって他人のため、全体のために行動した。わが国の都市でこのような大地震がおきた場合、人々がどのように行動するかを想像しながら、私はあまりにも大きな衝撃と感動に、言葉も失い粛然と立ちつくすばかりであった」

数カ月後に米国のニューヨーク市で、一二時間の停電があった。世界でもっとも裕福な国の大都市で、全電気が消えた中で人々が行動する姿を、米国の新聞は、一言で「煉獄（inferno）」だと表現した。他人が自分の顔を確認できないとわかった瞬間、あらゆる人間が外に飛び出し、混乱・無秩序・略奪・破壊・暴動・殺人など、やりたい放題であった。多少誇張するなら、「ニューヨーク市一帯の一〇〇〇万人のアメリカ人が一〇〇〇万とおりの行動をした」という、有名な事件である。世界はその姿に戦慄した。ひとつは天災地変の不可抗力的事態において、もうひとつはただ人的なミスによるだけの一時的停電状態において現れた、人間行動と社会精神の違いである。

米国のニューヨーク市民と中国の唐山市民の物質的富は比較にもならない。政治的自由においてもそうである。キリスト教のない中国の都市の市民たちは、イエスの十戒にのっとって行動した。キリスト教社会であることを誇る米国の都市の市民たちは、イエスの十戒をうらぎった。裕福な国の市民たちは、他人のものを盗み、奪い、破壊した。どちらかというと世界中で、もっとも貧しい社会の中の一つであろう唐山市民たちは、自分のことを捨ておいて隣人を助けた。それはあまりにも顕著な、人間行動の規範的（質的）差であった。同じ種に属する人間の行動様式というには、その差はあまりにも対照的であったという。

なにがそうさせたのであろうか？　利己主義を原理とする資本主義と、共同の利益を原理とする社会主義道徳の違いであろうか？　どんなに豊かでも、不平等であるよりほかない財産所有制度と、貧しくても、平等中心の所有制度の違いであろうか？　上部構造である宗教・法律・教育・価値観の体系は、下部構造である物的生産と所有形態の反映であるよりほかないのであろうか？　東洋と西洋の違いであろうか？　米国人と中国人の違いであろうか？　さもなければ、ただ唐山市とニューヨーク市の市民たちに限った違いであろうか？　この違いは、社会主義国家・北朝鮮と資本主義国家・韓国の統合において、深刻に考えるべき問題である。

それから十数年が過ぎた今でも、私はその疑問に対する解答を探しだすことはできなかった。それで悩んでいる。中国は今、米国式の資本主義を導入し、物質的豊饒を成し遂げようと、あらゆる努力をしている。市民はコカコーラの味に慣れ、知識人はさらに絶妙な資本主義式利潤の極大化した企業経営を学ぶため、ＭＩＴ大学経営学の教科書を開いて夜を徹する。資本原理と物質主義の神が、道徳主義と平等思想を追放した。今、中国社会は、堕落と腐敗、詐欺と横領、あらゆる犯罪と人間疎外の深いドロ沼に陥っている。ソ連や東ヨーロッパでも同じ現象を目にする。

私はそのような観点と関心から、数年前、統合された統一ドイツの旧東ベルリン市と旧東ドイツ地域を、かなり広く旅行してまわった。その時、路上で同胞を相手に詐欺を働く詐欺師、イカサマ師たちを無数に目撃した。大都市のみならず、町や村の居住者たちもそうである。社会の表面の深部や背後にある、外国人の目には見えない、腐敗や犯罪の一般化が直感できた。そこで私の関心を、質問で表現した。「統一前の社会主義時代の東ドイツでもこうだったのか?」何日間か旅行の案内をしてくれた西ドイツの連邦裁判所判事B氏は、私の質問にこのように答えた。

「社会主義東ドイツは、資本主義西ドイツより、物質的には遅れ、一党独裁下において政治的自由が抑圧されていた反面、人間と人間の関係ははるかに善良であり、純朴であった。互いに欺き、奪い取り、強姦し、殺すようなことは、きわめて例外的な事件であった。資本主義は旧東ドイツ人に対し、右手で資本主義的自由と豊饒の保証書を渡すと同時に、左手では人間的腐敗と堕落、社会的犯罪の保証書を渡した」

B氏の診断は、しばし私をもの想いにふけらせた。B判事の紹介で、私と共に一日対話してくれた旧東ドイツ判事であり、現在ロストク市地方判事のクリンク氏は、B判事のこの指摘を認めた。そして社会主義治下では知らなかった、「金」が媒介したり、金がその行為の目的となる各種犯罪の急増を深刻に嘆き、憂えた。これらの事実は、旧ソ連と東ヨーロッパ国家、中国など資本主義の洗礼を受けた国々において、一様な現象として現れていることを、世界は目撃している。中国政府は、資本主義に門戸を開放してから一〇年間で、犯罪事件が三七倍も増加したと発表したことがある。これは「金」と「財物」を「神」と崇めるようになる過程における、人間と社会の共通の現象のようである。韓国人が考える「自由+物質+宗教=人間の幸福」の方程式が成立するためには、韓国社会と韓国人が知らない、何らかの価値の項目(要素)が追加されなければならないということである。

兄弟の目の中の「棘」、自分の目の中の「梁」

いわゆる「異質化」も、統一の道徳性と密接に結びついた問題である。韓国では、北朝鮮の生存様式が総体的に「異質化」したと非難する。北朝鮮では、韓国の価値観と生活様式が自己を喪失し、全面的に「ヤンキー化」、「非人間化」したと嘆く。われわれは、北朝鮮の異質化だけを非難するあまり、われわれ自身の異質化した姿に盲目でなかったか、一度は考えてみるべきである。「兄弟の目」の中の棘《トゲ》は見ながら、自分の目の中の梁《ハリ》は見えないわれわれになってしまったのでないか。もちろん同じ基準において、北朝鮮（人）も同じ過ちを犯している。

われわれは南北を比較して、韓国は全く異質化しておらず、北朝鮮だけが異質化したかのように主張する。言葉が変わった、行動がちがう、食べたり遊ぶ様式が韓国とちがう、それで北朝鮮は異質化したという。「異質化」とは何か？　どこでどのように変わることが「異質化」で、また異質化の判定評価の基準は何であるか？　これもわれわれは考えてみたことがない。ただ韓国とちがうと、「異質化」したと断定する。ピザやパイを食べず、コカコーラを飲まず、ヤンキー式の歌をうたわないから異質化したと考える。もちろんあちらの社会は個人崇拝、一党独裁で、共産主義政党があらゆる人民大衆の選択権と自律性と決定権を代理して行使する。このようなことは政治的・体制的異質化であり、当然破棄されるべきである。

それを前提にした上で、韓国の体制や政治や指導者・権力者たちはどうか？　解放後、現在まで韓国の政府や指導者や政権が、人民・国民の権利や自由を尊重し、まともな政治（正しく治めるという意味の「政治」）を行い、正しく退き正しく権力の座についたことがあるだろうか？　韓国国民が最も嫌悪し、蔑視し、憎悪する対象が政治家であり、韓国の政治である。国と国民の生活全体が総体的に異質化したのである。もっとも基本的なわれわれの生活様式、服装一つ見てもそうである。韓国の民族衣裳は結婚式場にでも行けば、ひとりふたり見受けられるだけである。また一年に一、二回、正月や秋夕の時以外には、見られない。しかし北朝鮮は「北朝鮮の窓」などわれわれの中央情報部が検閲し、編集して選択的にのみ見せてくれるテレビ番組で見られるように、民族衣裳を常用していることがわかる。民族言語はどうか？　外国語、つまりロシア語や中国語に汚染された日常語ではなく、われわれの純粋な朝鮮語を維持している。それに比べ、われわれ韓国の言語文化はどうか？　むしろ北朝鮮は、あまりにも民族文化の純粋性を過度に固守しようという理念のため、誤った方向に行っているのだ。

同様の理由により、われわれはあまりにも民族主体的な言語文化や思想やプライドや主体性や道徳や習慣などの全てのものを捨て、ひたすらアメリカ化・西洋化したことが発展だと錯覚している。一時は、米国やアメリカ的なことを批判したり反対すると、反共法で監獄に行かなければならなかったのが韓国の実情である。今でもそのような言行は「左傾」だとか「反米」と規定されている！　これは民族の魂の「異質化」ではないか？　韓国の総体的な腐敗・不正・堕落・犯罪化、分かち合いや助け合いより、欺き奪いあうことが日常生活化した社会、いくばくかの保険金を得るために、夫が妻を請負殺人することをはばからず、父親が幼い息子の指を切り、息子は遊興費欲しさに父母を殴り殺しても良心の呵責を感じない社会風土は、異質化していない社会であるのか？　何の理由もなく人を殺し、屍体をバラバラにし、生き埋めにするようなことを日常茶飯事と考える社会、若い女性がいつもどこにいても強姦の恐怖に苦しめられるような人間関係と生存様式は、「異質化」されていないと言えるのか？　われわれが南北の異質化問題を論ずるにあたって、まず冷厳に自己批判と自己反省をし、それから相手の咎を探してこそ、公平で公正な答えが出てくるであろうと考える。同じ理由と根拠により、北朝鮮は自由を喪失した自分たちの人間存在の異質化を徹底的に反省することなくしては、韓国の異質化を責める資格はない。

ある社会の日常的生活様式と文化の支配的な内容が、主にセックスと官能的快楽主義と虚栄と奢侈である場合、これは「異質化」された人間と文化と呼ぶべきであろう。数えきれない程多くの現象の中から、一つ生活周辺にある実例を見よう。ソウルで発行されている三〇余種の女性月刊雑誌は、一様に六〇〇ページ内外の厚さであるが、「文化」の名にふさわしい内容がどれくらいあるだろうか？　どんなに目をこすって探しても、教養、趣味、人間、徳性、家庭、教育、育児など、「文化」と呼べるだけの文章を見つけるのは実に難しい。最高の紙に最高の印画術で印刷された豪華絢爛たる写真で飾られた内容の大部分が、奢侈とセックスと官能的快楽と所有欲と外観と浪費を煽動して刺激する消費文化である。徹底的なアメリカ式大量消費、大量破壊的な商業主義である。一言で言うならば、徹頭徹尾「物質主義」的な性向と内容である。

このような「女性文化」に統一国家全体の女性の生活が染まるとするなら、これがわれわれの願う統一であると言えるだろうか？　一九九七年夏、われわれは政府当局が「犯罪退治」政策の一環としてソウル市内の吉音洞《キルウムドン》、華陽洞《ファヤンドン》、新吉洞《シンギルドン》……それ以外のあちこちの地域で、盛業中の私娼（いやむしろ公娼）街を強制的に閉鎖する場面を、テレビを通じて目撃した。造物主と父母が、被創造物の中で最上の、美しい芸術品として創り上げた女性の肉体と、真の愛の媒介と神聖な種の保存のために備わった生殖器を金儲けの手段とみなす、不道徳で破廉恥な反人間的職業を粛清するという意味であった（ともすればそれほど純粋で高貴な動機ではなかったかも知れない）。

ところが驚くべきことは、それを職業とする雇い主たちが、そのような行為を「資本主義経済の堂々たる営業行為」であると主張し、「私有財産侵害」だと抗議する場面であった。さらに驚くべきことは、白昼半裸で大通りに飛び出した私娼街の女性らが、自分たちの「職業選択権に対する侵害」だとか、「人権弾圧」だと、荒々しく抗議する場面だった。あるいは置かれている立場の違いによっては、一言で非難できない面もあるだろう。

しかしながら、それよりもさらに重要な事実がある。行政当局がその私娼（公娼）区域撤去施策を断行する過程で、「非公式的数字」という前提の下に新聞に提示したところによると、撤去対象の「売春婦」らのように、肉体の性的売買を金儲けの手段として生活している若い女性が、全国に二五〇万名程度いるという事実である。保健当局は、性売買に関連した職業、及び準職業的女性たちにこれまで実施してきた正規の性病検査制度を、人権侵害という理由で一九九九年七月一日から廃止することにしたと発表し、それに該当する女性が一九〇万名であるとの公式発表をした。この公式数値において、ぬけ落ちた女性たちは少なくないと思われる状況証拠が有力であるため、二五〇万という数字は決して誇張されたものではないであろう。

私は好奇心から、政府が発行した人口統計資料集で「年齢別人口」欄を調べて見た。

肉体の性的器官、その機能で男性を相手にしうる年齢を二〇歳から三九歳までと見当をつけるなら、この年代に当たる韓国女性の総数が八一五万一〇〇〇名である（一九九五年）。この人口は、女性人口全体二二一八万名の三六・七四％となる（『韓国の社会指標』、統計庁、一九九六年）。新聞に報道されたように、「売春」ないしそれに準ずる性行為に従事する女性が二五〇万名だと仮定しよう。とすると、若い、花のような韓国女性約八一五万名の三一％に該当する女性たちが、いわゆる広い意味の「淪落」女性という話である。現実的には、一〇代の未成年女性のそのような行為がかなり社会問題化していることを勘案すれば、その年代で占める比率は減少するが、そのような女性の絶対数が二〇〇万をはるかに越えることは明らかである。われわれの社会生活感覚で判断するならば、これは確実に誇張された数字のようである。しかしそのような女性が「非常に多い」という事実だけは、否認できない。このように「お金」のために「体」を売る非人間化された女性たちが多い社会が、健全な社会ではないという事実は誰も否認できない。この現実は、韓国の女性疎外の次元を越えた、「非人間化」の問題である。まさに異質化された女性像である。

問題はもっとある。一九六一年五月、朴正熙陸軍少将らが「反共を第一の国是」として起こした軍人クーデタ直後、彼らは韓国社会の腐敗を清算するとして、大々的な「社会浄化」運動を展開した。その中のひとつが全国の「私娼窟」を一掃することであった。それにより、「性的売買で生活する」というといわゆる「淪落女性」が、軍隊と警察によって強制的に収容・拘束され、あるいは帰郷措置がとられた。当時クーデタ当局は、そのような女性の数が全国で三七万名だと発表したことがある。どの程度正確な数字であったかは、確認する方法がない。おそらく軍人たちの行為を合理化するために、誇張されたものであるかもしれない。「麦峠《ポリコゲ》*」が冷酷な経済的現実だった一九六一年当時には、糊口の策のない多くの貧しい女性が、生きるためにそのような行為を選んだことは事実であった。

＊長い歴史を通じて、冬が長い朝鮮では、農民たちは麦などの夏の取り入れがあるまで、春に飢餓に悩まされてきた。春窮とも言う。

いずれにしろ一九六一年当時の女性人口全体の約一三〇〇万名中、そのような女性が三七万名（二・八四％）だったのに比べ、一九九五年現在の総女性人口約二二〇〇万名中、二〇〇万名が「体を売る」女性であるなら、その比率は九％、かりに非公式推算の二五〇万でいうならば、一一・四％となる。

私は、このような数字が正確な統計学的真実であると受け入れることはできない。この国の女性一〇人のうち一人が、そのような部類の女性だとは信じたくもない。ただ、わが国の女性（社会）の実態と道徳的性格の一面を説明する資料として、南北社会の「異質化」問題を考える時、北朝鮮だけを非難するわれわれの一般的傾向に対して、注意を喚起しようとするだけである。

若い女性がその高貴な肉体を商品として、男性に性的快楽の手段として提供することにより、一夜のうちにまじめな職場女性の一カ月の収入よりも多い金を儲けることができる社会は、人間疎外と異質化の極致であるだけでなく、経済制度でも社会道徳でも、完全に価値が顛倒した悪の社会である。*韓国の国民と北朝鮮の人民が、それぞれ相手と異なる次元（側面）において「普遍的疎外」の状態に陥っている事実を物語るものである。

＊訳者は、女性性および性の自己決定権についての表現で著者と異なる考えもあることを付記しておく。

結論的にいうと「異質化」は、南北がお互いさまだと言うべきである。敢えてどちら側がより異質化したのかを論ずることは、愚かで無意味であるだけでなく、相手の顔に唾を吐こうとしたら、その唾が自分の顔に落ちるという恥をかくようなことかもしれない。南北双方がそれぞれ自己反省をし、それぞれが「人間の顔」をした資本主義と社会主義になってこそ、東西ドイツのように無理なくひとつになれると考える。韓国と北朝鮮は、どちらも「人間の顔」をした社会主義と資本主義ではなく、そしてその醜悪さにおいて、優劣をつけるのが難しいほどである。

南北朝鮮の経験における弁証法的融合としての統一

北朝鮮社会は永らくの個人崇拝、一党独裁、閉鎖的社会統制、個人的私有の抑制など、どれをとってもわれわれが受け入れられない体制と制度であることは間違いない。その上、国民総生産の単純比較においても明確に表れるように、経済的・物質的生活は現代的文明社会の姿ではない。それは最近の大洪水がなかったとしても同じである。物質的生産力において、社会主義は資本主義に追随することはできない。

その反面、北の社会では、人と人との生き方がわれわれが考えるものとは大きく異なる面があると、知られている。北朝鮮を捨てて来た亡命者たちでさえ、北朝鮮社会の人間的純粋性、道徳性、正直さ、純朴さなどについては、韓国社会と対照を成していることを指摘している。比較的貧しくはあっても、分かち合いの美徳、隣人との協同心、現在でも一般的生活形態である大家族的生活から来る血縁的倫理などが、あの社会の人々の生き方の特徴として指摘される。彼らは、民族固有の文化と慣習を重んじ、育てていこうという民族文化的プライドが歴然としている。このような精神は、明らかに韓国が追いつけないものである。

われわれが先入感を捨てて謙虚な心でみると、韓国社会がなくしたり、無くなりつつある様々な美しさを、北朝鮮の社会と制度ではつとめて育て、大事にしていることがわかる。少し単純化していうならば、物質的に優越し宗教を誇る韓国社会は「人間の物質化」傾向が進んでいる反面、物質的に貧しくて宗教のない北朝鮮は、むしろ「人間の宗教化」を指向したかのように映りもする。別の表現をすれば、韓国社会を「物質的豊饒の中の人間的貧困」というならば、北朝鮮社会は、「物質的貧困の中の人間的豊饒」と言える一面があるともいえる。

私はなぜか、多くの人々が社会主義との歴史的競争において一方的に勝利したと主張する資本主義が、実は半分は勝って、半分敗れたのではないかと考える。同様に、ある人々にとっては完敗し廃棄されたとされる社会主義が、資本主義に半分は敗れたが、半分勝ったのではないかと思われる場面を見ることがある。このような認識や観点は、南北の統一形態と今後の南北関係において、入り込む余地がないものであろうか？　ある社会の物質的生産構造の様式と精神・文化・道徳の様式を、それぞれ独立したものとして互いに乖離させて考えることは、非弁証法的で非科学的である。だが、韓国の資本主義的、物質的生産力の優越性と、政治的及び個人的自由に、北朝鮮の社会主義人間学的平等観念と共同利益優先主義道徳と、民族文化生活様式に対する強烈なプライドと「自尊」の価値を賢明に配合する方式で、統一の方法と統一国家の最善ではなくても次善の解答は得られるのではないか、という考えを捨てることはできない。

それならば、今後長い統一への過程において、韓国的経験と北朝鮮的経験の弁証法的融合で、物質的充足と道徳的人間—社会価値が交流する統一民族共同体を期待することはできないのであろうか？それは、北朝鮮の諸般の改革と、それに次ぐ韓国社会の自己改革を前提として、はじめて可能であると信じる。ゆえに私は、韓国のわれわれがすべきことは、北朝鮮同胞を「共産主義地獄」から救おうと自らを中世の十字軍に処す無知と蛮勇と傲慢も良いが、それよりもまず韓国の社会と人間を、資本主義の悪徳から救い出す自分の本来の仕事が必要ではないかと考える。

［初出：『当代批評』第三号、一九九八年秋号］

学生に南北問題と統一をどのように教えるか

——間違った北朝鮮観を正さねばならない

正しい民主主義的教育を行動により実践しようとしたため、何年もの間、教職から追放されていた全教組（全国教員組合）の各級学校教師の皆さん、お目にかかれて光栄です。皆さんの復職を、心よりお祝い申し上げます。

皆さんが復職した教室で、皆さんは、統一に関する問題や南北間にある事態が発生した時、それについて学生・生徒らの質問にどのように答え、教えることが正しいのか、いつも悩んでいると話されました。何人もの教師がそのような質問を受け、困りはてて教壇で立ち往生している姿が目に見えるようです。それは、本当に難しい話です。様々な、予想すらできなかったことが南北間には発生します。発生する様々な事件・問題・事態の一つ一つに対し、是非を明らかにすることは容易ではありません。その問題がどんな内容なのかも、理解しがたい場合が多いはずです。その上、皆さんは南北問題の専門家ではないため、一つ一つの問題に対する質問を受け、学生・生徒に即席で、納得させるだけの充分の説明をするのは不可能なことです。

そのような事情を考慮して、今日の私の話は、さまざまな形で現れる南北間の問題・事件・事態などの底辺にある、基本的事実のいくつかに集中するようにします。

数多くの現実について話すよりも、その数多くの現象の後ろに隠れて皆様の目につかなかったり意識されないでいる、基本的事実を理解するようにしましょう。長い極右反共教育で歪められている現象の認識の裏に隠されている核心的要素が重要です。

皆さんは教師です。あらゆる形態の数学の問題や物理・化学現象の根本には、それらを解きうる法則と方程式があり、定理と公理があるのではないでしょうか？　今日、皆さんとの出会いの場で、私に与えられた短い講演時間で、皆さんが学校教育の現場でぶつかる学生たちの困難な質問に、すこしでも助けになる話は、南北関係に作用するそのような方程式や法則や定理を、ただしく認識するようにすることだと考えます。言い換えれば、南北関係と統一問題で提起される数多くのあれこれの現象を貫く、いくつかの基本的事実を正しく理解することです。固定観念や偏見や一方的自己正当化ではなく、発生した問題に対する正確で公平・公正な「事実認識」ができてこそ、答えが出てくるのです。

今から、私の講演の本論に入っていくことにしましょう。

条件反射的な歪められた認識

受けた教育の程度とは関係なく、この国の市民がほとんど例外なくはまりこんでいる、深刻な「知的欠陥」があります。はなはだしくは、南北問題を研究していると自任する教授・研究者・評論家たちも例外ではありません。南北が関連したり南北が当事者である場合、それがどんな内容でどんな因果関係で起きたものか……などの知性的な「事実認識」の努力は後回しにして、無条件に初めから条件反射的に北朝鮮側を「違法者」と規定し、「有罪判決」を下してしまう精神的傾向性です。とても危険な一般的現象です。

この精神・思想的傾向性は、五〇年以上の誤った学校教育を受けてきた韓国国民にのみ特有な「精神的欠陥」です。あらゆる事実や情報の報道・研究・討論・意思表示が、反共法や国家保安法の抑圧のない自由な他の国々では、小学生でさえこの「精神的欠陥」に免疫ができています。ところが不幸にも大韓民国という国では、最高水準の教育を受けてきたと自慢するいわゆる「知識人」までもが、この病の重病人たちです。ですからあなたがたが何年ぶりかに教壇に戻り、学生・生徒から南北関係と問題について、当惑するような質問を受けて困惑するのは、それは少しも不思議なことではありません。なおさら皆さんは、南北関係において起きる百種千種の形態の底辺に共通して存在する、いくつかの一般的要素を正確に認識する必要があります。そうすれば、学校教育の現場でぶつかることになる学生たちのいかなる質問にも、うろたえなくなるのです。

各論に入るより先に、われわれ国民全般の「思想的遅滞」の実像を、一度検証してみましょう。具体的・実際上では、長い間の「極右・反共主義」教育による「判断能力退歩」現象であるが、これがどれくらい深刻な状態かを、一つの具体的事実をあげて検証してみましょう。常識的で代表的な例として、停戦ラインで起きるいわゆる「停戦協定違反」事件を一度考えてみましょう。そうすれば今まで長い間、南北問題において「真実」だと信じてきた多くのことが、真実ではなく「虚偽」であったことに気づくようになります。過去、反共独裁体制の下で「真実」だと教えてきたことが、真実ではなく「虚偽」であったことを認識した瞬間に、南北問題の正体がハッキリとありのままの姿で見えはじめるのです。

狂信的極右・反共主義の虚構意識

われわれは、数多くの停戦協定違反事件があったことを知っています。そのようなことが停戦ライン上の陸地や海で起きると、その度にそれは「当然」北朝鮮側の違反行為であると政府当局は発表します。いわゆる言論という新聞、放送（人）は輪をかけて、当局の発表内容に自分勝手に尾ひれをつけて、途方もない事件として描き出します。そのように歪められた映像を見たり、ニュースを聞いた学生・生徒は、皆さんのような教師に、なにが誤りでどちら側が違法者であるかを質問するでしょう。そのような質問に対して、皆さんもやはり政府当局の発表文・声明、または新聞・放送の主張を繰り返す方法以外に、他の情報はなく、判断基準もありません。五〇余年間のその同じ教育現象の常習化が、学生・生徒の事実判断能力は言うまでもなく、教師のそれも「条件反射の兎」のようにしてしまいました。悲しくも不幸なことです。

停戦協定はよくご存知のように、一九五〇年六月二五日に起きた朝鮮戦争で、三年一カ月の戦争の末、一九五三年七月二七日に調印された協定です。今から四六年前です。

停戦協定違反事件が発生すれば、相手がその事実を板門店の軍事停戦委員会に指摘・抗議し、その事件が違反事項として公式化されます。もちろんこの抗議に対して相手方が正当性を主張する場合もあり、全く「事実無根」だと事実是認を拒否する場合もあります。

さる四六年間に、そのような過程を通じて板門店停戦委員会に公式に記録された事件の数を一度見てみることは、面白いし、とても教育的なことです。この教育的効果のために、違反状況を見てみましょう。

これは、わが国の軍部（政府）を代弁するといえる学術論文集、『軍事論壇（Military Journal）』において引用された数字です。この学術論文集（第一六号、一九九八年秋号）の中の「北朝鮮の休戦協定違反の半世紀」という論文ですが、その題から、半世紀間、北朝鮮だけが停戦協定違反を続けてきたという印象を与えますね。実は、印象がそのようであるだけでなく、論文の内容と目的がまさにそうであるためなのです。ここに詳しい表があります。一度見てみましょう。とても珍しい統計ですので、皆さんは必ず覚えておくべきです（本書八一ページ所収、「北朝鮮の休戦協定違反の現況」）。

この表から、北朝鮮が陸地（停戦ライン）で四二万四一四二件、海上で一〇四件、空中で一一〇件の違反をしたことが分かります。

一〇年単位で区分されているため、さらに一目瞭然です。恐らく私が推察するに、皆さんは北朝鮮の停戦協定違反が多いとは言え、こんなに多いのかと驚いたことでしょう。皆さんは恐らく何百件、あるいは何千件程度だと考えていたのではないかと思います。なんと四二万四〇〇〇余件です。

大変なものでしょう！

ちゃんとバランスが取れた知識人ならば、北朝鮮のこの違反状況を見た瞬間、韓国側はどうかという疑問をいだくでしょう。それがまさに正常な思考活動・順序でしょう。韓国政府当局と極右・反共主義者らが主張し、また大部分の善良な国民が考えるように、韓国はたった一件の停戦協定違反事実もあってはなりません。これまでの長い歳月の間、この国では、南北間に起きる不祥事は常に「アカ」たちの仕業であったからなのです。韓国側は、いつも潔白を主張してきましたからね。そう信じてきた人が多かったでしょう。

北朝鮮の停戦協定違反を辛らつに糾弾した、同じ学術誌の同じその研究者は、先に引用した北朝鮮の違反に関する記述において、韓国の違反事項を次のように書いています。

「一方……停戦協定発効以後一九九一年まで、国連軍（韓国軍）側の協定違反が四五万四六〇五件だと主張されているが、国連軍側の実際違反数は一六件と判明した」

北朝鮮の停戦違反四二万四三五六件と韓国の四五万四六〇五件！　この統計数値があなたがたの南北関係認識に投げかける意味は大きいと思います。

その研究者は、北朝鮮が認めた協定違反件数は、たった二件であると付け加えています。南北停戦協定違反の実像が、このようなのです。皆さん、教師の方々は、このような実像にぼんやりとでも感づいたり聞いたりしたことがありますか？　恐らくないだろうと確信します。過去、ベトナム戦争の実像に関して米国国民と世界の人々が、米国政府の発表・声明・宣伝に完璧にだまされてきたように、南北問題の実像に関するわれわれの認識も同様であります。

極右は極左に通じるという事実

難しく哲学的な論証をしなくても、教師の任務と機能は、知的受容力が旺盛な次世代に真実を教え、感受性の鋭利な彼らの胸に純粋の高貴さを刻ませることだと信じております。人類は数万年の生を通じて、限りなく大きく、多くの知識と思想を探求・開発し、蓄積してきました。人類が保有する「知的財在庫（intellectual reservoir）」は無窮無盡です。社会制度や体制に関してだけでも、封建主義・資本主義・無政府主義・共産主義・社会主義・独裁主義・専制主義・君主主義・民主主義……とうてい全部を列挙することはできません。それほど人類が夢見、考え、追求する思想や世界観や生活様式は、無限に多様なのです。まさにこれが啓蒙された知的な人間であるわれわれの自由であり、栄光なのです。

にもかかわらず大韓民国という国は、建国以後半世紀以上の間、そのように無限な知的・思想的・実践的価値の中からただ一つ、ひたすら「反共主義」、「反共思想」という反価値的教条のみを教育してきました。「反共主義」とは、例えばニュートンの「真理の海辺の砂浜」の砂粒のひとつに過ぎません。それは本当に取るに足らない存在で、取るに足らない価値です。ところがその「反共主義」さえ、韓国のそれは極端化され、ねじ曲げられた狂信的な反共主義でした。私がこの講演の冒頭で韓国国民の「思想的遅滞」と名付けた現象は、まさにここに起因する、その必然的な結果です。あなた方教師は、まさにこの「狂信的反共主義」に中毒・麻痺した犠牲者たちです。同時に、その反価値的意識教育を担わねばならなかった加害者でもありました。復職後の今、南北関係と統一問題の学習現場で、当惑するよりほかないのは当然です。

一切の人間と世間についての価値判断の基準を、知的・思想的・価値的スペクトラムの最右翼に固定させれば、人類が蓄積した無限量の知識・思想・価値の一切全てのものも左にしか見えません。これは哲学的論理以前の、平凡な認識的実際です。「極右」は「極左」と完全に対称的な同一性なのです。知識と情緒の教育現場において、「極右」（＝極左）ほど危険で、反教育的で、自己欺瞞的なものはありません。その「極右」が韓国であり、「極左」が北朝鮮です。しかし、それは二つではなく同一物です。

盲目的・感情的愛国心の自己欺瞞性

次は、愛国心に関する問題です。誤った愛国心が、われわれの知的で理性的な事物の認識と、理性的な価値の評価と判断を害している二つ目の条件です。イデオロギー的な極右と極左の問題、自己を裏切る狂信的反共主義の次に、愛国という問題について話してみます。もちろん愛国というのは大切なものです。過去の長い間、外勢により支配されて奴隷的な生活をしてきたせいで、われわれ自身は被害者で、それ以外の残り全部が加害者であるかのようにいうのも無理ありません。このような歴史的経験が土台となって、われわれには非常に国粋主義的、狂信的で偏狭、自己中心的であり、排他的民族主義的で偏執狂的な側面があります。そのため、北朝鮮と韓国という対立する存在の間で問題が発生する時、大韓民国は文句なしに正しい、立派だ、間違いない、理にかない合法的だという具合の

「誤った愛国心」の発露が、南北問題を誤らせてきました。先に例に挙げた、停戦協定違反実態に対する認識がそうです。

一つの例をさらに挙げます。ベトナム戦争のさなか、一九六八年から一九六九年に米国が総力戦をたたかっている時、米国の政策立案者や軍司令官、また反共主義的な米国のシンクタンク（think-tank）たちは、ベトナム戦争が何ゆえ終わらないでいるのか、核兵器を持ち、在来式武器においても世界最強である米国の大軍事力の前に、わらじ履きで、火縄銃のようなもので武装した、いわゆる「ベトコン」と蔑視した農民の解放戦線の軍隊が、どうやって一〇年、二〇年、三〇年と抵抗できるのか、むしろ年月が経つにつれ、その抵抗力がより大きくなり、米国が手に負えない戦争のドロ沼にさらに深くはまっているのはなぜかという疑問を抱くようになりました。その当時、マクナマラという国防長官が、一体これはいかなる戦争なのか？　不可思議な話だと、一九四五年に第二次世界大戦が終わって以降、米国がベトナムに介入したあらゆる事実に関する極秘文書により、報告書を作成するように指示をしました。特別に選抜された一団の、最高頭脳のエリートたちが、途方もない分量の極秘文書だけを整理して、いったい原因がどこにあり、米国がベトナム戦争でこんなに勝てない原因はどこにあるのかを検討しました。ところが、ダニエル・エルスバーグ（Daniel Elsberg）というエリートがこれを検討する過程において何がわかったかというと、米国政府がベトナム事態及び戦争に関連して発表した内容は、大部分が嘘であったという事実でした。はなはだしくは、信じられないほど数多くの重大な事件がデッチ上げられ、捏造されたという事実までわかったのです。ですからこの人は、非常に悩みました。一体このような戦争をしなければならないのか？　このような政権や政府や支配集団のいんちきに国民が弄ばれ、数万名の米国の若者が死ななければならないのか？　一〇年、二〇年もこんな不正な戦争をしなければならないのか？　そして米国の国家利己主義のため、世界平和が危険にさらされなければならないのか？　このような深刻な疑問が、この知識人を苦しめました。

われわれはしばしば、ベトナム戦争が米国の戦争となった一九六二年から始まったと考えますが、そうではありません。実は、フランスが一九四一年に日本により追い出され、第二次世界大戦が終わった後にインドシナを植民地化するために一九四五年に再び入りこんでいった時から、米国はベトナムを再植民地化し、ベトナムの独立運動を弾圧するフランスの努力を支持し、金（経済）と軍事武器などを全て供与したのです。ですから、米国のベトナムに対する戦争は、事実上一九四五年に始まったのであります。そして、米国の統治集団が国民と世界を欺きながら強行するベトナム戦争の反正義・不道徳性を確信するようになったダニエル・エルスバーグは、二五〇〇万単語にもなる途方もない分量の極秘文書を選んで『ニューヨーク・タイムズ』と『ワシントン・ポスト』に与えてしまい、二つの新聞がそれを報道し始めました。これに対して政府は、重大な国家の最高極秘文書を戦争遂行中に報道するというのは、軍事機密・国家安保を害する反国家的行為であるとして、報道停止仮処分申請を地方法院に要求しました。法院はまもなくその申請を受け入れました。これを米国政府ベトナム戦争関係極秘文書事件（ペンタゴンペーパー〈Pentagon Papers〉事件）といいます。

『ニューヨーク・タイムズ』と『ワシントン・ポスト』が、政府・軍部・極右反共主義勢力の猛烈な反対と「国家安保」をふりかざした攻撃をものともせず、あくまでその報道を始めた初日の主張がこれです。よく聞いてください。

「国民の生命がより深く関わるほど、国家の体面と資源と存亡の危険が大きければ大きいほど、問題の深刻性と重要性が大きければ大きいほど、深刻であれば深刻なほど、国民はその事実について真実を知るべき権利がある。国民を欺いて国民に真実を隠蔽しながら、捏造された事実により戦争を続け、国民の生命を危機にさらし、国家の資源を浪費し、また相手の生命と財産を無尽蔵に破壊し、世界平和を混乱させることは、民主社会の国民として、まさに愛国心ゆえに赦すことはできない。国を愛するがゆえ、民主主義を愛するがゆえに、支配集団が国民を欺いて戦争を続けるという背信行為に対し、当然知識人としてそれを公開し、それに反対すべき義務がある。これが愛国である。そのような真実を知った上で国民が戦争をどうするのか、衆知を集めたその結果により、政策が樹立されなければならない。真実を知る国民により、国家の問題は運営されるべきである。『愛国』という名により、また『国家利益』という名により、自分たちの利益でしかないことを国家の利益であると国民に強要するこのような破廉恥な、誤った観念は、すべて反愛国的なのである」。よく聞きましたか？

それでまず、ワシントンの地方裁判所が、三日間の報道停止仮処分申請を下しました。『ニューヨーク・タイムズ』と『ワシントン・ポスト』が一審では敗れました。そのため、二つの新聞はまもなく連邦（巡回）裁判所の第二審に控訴しました。連邦裁判所は、『ニューヨーク・タイムズ』と『ワシントン・ポスト』のこのような主張を支持しました。また政府が、再び大法院に上告をしました。ですから大変な事件だったのです。全世界があっと驚き、息を殺して見守る事件でした。結局は連邦最高裁判所が、六対三で『ニューヨーク・タイムズ』と『ワシントン・ポスト』の勝訴を決定しました。これはとても重要なことなのですが、国家の機密とは何か、国民の知る権利とは何か、国家統治集団の自己利益のための破廉恥がどこまで通用しうるのか、愛国心とは何か、言論機関の使命と機能とは何か、このように様々な、複合的な問題に対し、二〇世紀に入って最も大きな分水嶺的な判決で結着がついたのです。そして『ニューヨーク・タイムズ』と『ワシントン・ポスト』は、ベトナム戦争に関する政府（軍）内の最高極秘文書を、米国国民と世界全てが驚くほどの事実を継続して報道しました。これが世界を揺るがした有名な、「米国政府ベトナム戦争関係極秘文書公開報道」事件というものです。

常にこうあるべきか、それは問題です。また状況と場合により様々な方法がありますが、しかし、わが国のように北朝鮮と関連すれば即、軍事機密となり、国家利益と国家安保が問題になり、愛国心を強要するような観念や信念とは異なる、格好の一つの事例としてあげました。もちろんこれは米国という国であるがゆえに可能であったものであり、またわれわれが全て真似ることはできません。ともかくあまりにも対照的な、われわれの閉鎖された国粋主義、偏狭な愛国主義の観念と信念に対し、真の愛国心とは何か、このような問題を考えさせる有名な歴史的事例なので、あげました。米国のベトナム戦争極秘文書報道事件は、現在の南北問題のように、軍事的にただ向かい合っているばかりの停戦状態におけるものではなく、戦争が最高潮にたっした一九七一年当時の話であることを格別に心しなければなりません。

歴史的脈絡で北朝鮮を眺める

次に、南北間に起きたあらゆる出来事には、歴史的背景があります。ある日、ある時間にニュースが飛び込んできて、「現在、板門店に北朝鮮の歩兵一中隊が突然侵入して来ました」と、何らの前後関係の考察もなくこう語ったとして、事件の背景を知らずに、その時間に現れる断片的で表面的な事件だけで事態を解釈したり評価することは、たいへん危険なことです。例えば米国が一九九四年初夏に朝鮮半島で、湾岸戦争の時にイラクを攻めた（一九九一年）ような規模の戦争準備をするために、まさに朝鮮半島海域にその艦隊をそのまま持ちこみ、北朝鮮を攻撃するためのカウントダウンをしたことがあります。いわゆる「米朝核交渉」が進行している間、様々なことが絡み合い迂余曲折が多かった当時の一九九四年五月と六月に米国は、その三年前にイラクに敢行したものと同様の強大な軍事力で、北朝鮮攻撃を展開しようとしたのです。ところがわれわれはそんなことは知らずにいたため、核問題と関連して米国が文句なしに正しく、北朝鮮は文句なしに強情で危険だとか、核兵器を作ろうとしているとか、民族の問題を核攻撃で解決しようとしているとか、犯罪者であるとか、信頼できないとか、とにかくありとあらゆる非難を北朝鮮に浴びせたことを記憶しています。これも後で歴史的な背景と照らし合わせながら事件を眺めると、認識が変わるはずです。

それから遡ること約二〇余年前の一九七五年、米国はベトナム戦争で敗北しつつありました。米国軍人たちがヘリコプターにすがり、それこそ命だけでも助かろうとサイゴンの海に浮かぶ空母で逃亡する場面を、ドキュメンタリーで何度か見たことでしょう。それが一九七五年です。米国はかつて、中国の極右・反共・銀行・財閥・地主階級による蒋介石政権を総力をあげて後押ししました。第二次世界大戦終結後のアジアにおける、米国の利権代行政府として育てようとしました。今は日本がそうなってしまいましたが、元来は蒋介石政権にその地位を委任しようとしていたのです。ところが、地主と財閥を中心に極右反共・親米的な蒋介石政権の反革命勢力と、それに対抗する農民勢力を基盤にした毛沢東の共産党革命勢力との間の、長期的な戦争が始まりましたね？　それで第二次世界大戦が終わった後も米国は、途方もない支援をしたというわけです。ところが、米国が勝つと見込んで支援した蒋介石政権は、結局倒されて台湾に追われることになりました。まさにその翌年、朝鮮戦争が起きました。米国としては、鴨緑江と豆満江までの地域を取り戻し終わらせてはじめて勝利した戦争といえるでしょうが、結局は戦争の勃発した三八度線とあまり変わらない場所で終わってしまいました。米国にとっては、五万名以上の米兵の生命と血を犠牲にしながらも、勝敗のない、奇妙な戦争で終わりました。軍隊を建設して以来敗戦の経験を持たなかった米国は、蒋介石を支援し失敗に終わったように、朝鮮戦争も「勝敗の判然としない」奇妙な結末となりました。

ところがベトナム戦争ではそれどころか、米国としては歴史上初めての大敗、恥辱的な敗戦になって退きました。ですからその年にニクソン大統領は、何回かにわたったアジア大陸での苦い経験を生かして、対アジア政策の一大修正を発表することになります。米国人にアジアの民族は理解することができない、したがってアジア大陸とその隣接地域の戦争には、今後いかなる場合にも米国が地上軍として介入しない、韓国・フィリピン・タイ・ベトナム・日本を問わず、アジア大陸で起きる軍事危機については、「彼らが判断して戦うもの」であり、米国は武器や装備を販売して政治外交的に支援のみ行う。これを「ニクソン・ドクトリン」と言います。そういいながら米国は、駐韓米軍二個師団のうち一個師団を、韓国の同意もえず予告もしないまま撤収させてしまいました。

その当時の一九七一年、韓国と北朝鮮の国力は天と地ほどの差でした。一つの具体的な例を見ると、その頃のわれわれの工業力、工業の水準を表示するものとして「三千里号」自転車があります。停戦協定を締結して一三～一四年経った一九六〇年代末頃、北朝鮮は電気機関車を生産して世界市場に送りだす国になったのでした。ですから南北国家の力は、比べものになりませんでした。しかもわが国は李承晩政権下で、たえず政争に明け暮れていました。結局は独裁政権が四・一九学生運動*によって追放され、その後、民主党の政府になりましたが、それを軍人が戦車によって追放したのです。国家権力を握った少数の軍人集団が国家を私物化し、あらゆる腐敗と暴力の限りを尽くしました。言わば国民と指導者、政権と国民に全く政治的一体感がなく、政治的安定をえられていませんでした。その上、大韓民国は朴正熙政権の中期まで、米国の余剰農産物に関する米国議会の決定があって初めて国家の予算を組み始めるような状況でした。米国議会で予算を組んだ後に韓国にどれくらいの余剰農産物を送るのか決定し、その後にそれを土台として大韓民国政府の予算が構成されていたのです。いかに情けない国であったかを物語る事実といえます。おおむね一年に二三〇〇万ドルないし二五〇〇万ドル程度が送られてきました。韓国の軍事予算も八〇%以上が米国の支援であり、何しろ国家の生存自体が米国に全面的に依存する半隷属状態でした。世界の政治舞台で北朝鮮が占めた位相と韓国の国家位相の間には、途方もない差がありました。そのような時に米国がニクソン・ドクトリンを発表して「今後、南北間に戦争が起きてもお前たちが適当に処理せよ」と宣言したため、言い換えればこれは「お前たちは死んでもかまわない」という言葉のように聞こえました。北朝鮮と韓国の全般的な国家存在の条件と位相がこのようにとてつもなく不均衡であった時、米国が直接的な保護の責任を負わないと言ったため、われわれは本当に死ぬのかと思いました。北朝鮮は並外れた力と社会的・政治的安定性、国際社会における高い地位を享受していました。成功の如何を別にして自力更生し、強大国に寄食せず、主体性・独自性を守っているなどという国家像が、諸大陸の新生独立国家にとっては相当輝かしいものでした。

＊一九六〇年四月一九日、李承晩政権の不正選挙を糾弾するために決起した大規模な学生運動で、これにより同政権は退陣に追い込まれた。「四・一九学生革命」ともよばれ、韓国の民主化と学生運動の歴史において、重要な役割を果たした。

北朝鮮との潜在力の差がこのように大きい状況で、北朝鮮が攻撃してくればどうするのか？　国家指導者ならばどう考えますか？　選択は核兵器しかないでしょう。朴正煕大統領が核兵器を作ろうとしたのは、まさにこういう状況においてです。それで一九七二年にフランスで、核兵器原料であるプルトニウムを作るウラニウム再処理施設を導入するための二三〇〇万ドルの秘密契約を締結しました。その施設で、一九七〇年代後半に核爆弾とミサイルを作ろうとしました。これが有名な「自主国防」政策でした。米国が助けてくれないならば、われわれは自主国防で生きるよりほかない。ひとつは核兵器、ひとつはミサイル、その次は特別税で自主国防の武器生産をすることであるとして、国家全体を軍事国家へと駆り立てませんでしたか？　これが維新《ユシン》独裁体制だったのです。南北間の位相と力の差により、わが国は窮地に追い込まれたネズミのようになったのでした。この場合には、選択の余地なく猫を噛むよりほかないのです。猫を噛むということは、他でもありません。在来式武器は数十万種もあったため、それを全て揃えて北朝鮮と対等な地位になることは到底望めず、結局正面突破するためには核兵器しかなかったのです。核兵器とミサイルは、圧倒的な窮地に追い込まれた国家（政権・軍）が選択する、窮極的「自衛手段」だと言えるでしょう。その計画は、米国の阻止でいったん白紙に戻すことになりましたが、朴大統領は、彼が死ぬ時まで、核とミサイルの製造に執着していました。

それから二〇数年が過ぎた一九九〇年代初めには、南北国家の潜在的な力の位相が、完全に入れかわってしまいました。一九八〇年代末には、状況が完全に逆転しました。その理由は、今では皆様も十分ご存知のとおりです。それが一九八〇年代末です。ですから結論的に、韓国が二〇余年前に窮地に追い込まれて活路を切りひらこうとした、その姿に、一九八〇年代末から北朝鮮がなったのです。

そうなった時、北朝鮮の指導者たち、つまり政権が生き残るためには、何か方法がなければならないでしょう？　簡単に言うと、北朝鮮は核兵器に手をつけるよりほかなくなったのです。科学技術水準、物的生産、国際的位相、そして国家の体制安定……など、あらゆる問題において韓国と比べものにならないほど急転落してしまいました。その上、旧ソ連は北朝鮮との軍事同盟を白紙に戻し、韓国と国交を樹立しました。背後の強大国がなくなったのです。そのような状態の北朝鮮に対し、米国は毎年チームスピリットを始めとする核戦争の脅しでもって北朝鮮政権と体制の崩壊を無慈悲に推し進めました。このような国家の危機的局面に直面した北朝鮮人民の立場としては、原子炉を手に入れて核兵器を作ろうという自分たちの政権と指導者たちの政策と戦略を当然だと考えるよりほかないでしょう。われわれが過去に、現在の北朝鮮と同じ条件においてそうであったようにです。このようにわれわれは、ある問題が起きた時は、歴史的な背景を一貫して眺めるべきです。そうすれば、同じ条件において韓国がしようとしたことを、その二〇年後に北朝鮮がしようとする事情が理解できるようになるのです。そして、北朝鮮に対してひたすら攻撃や非難ばかりすることのない、バランスのとれた公平な問題意識に達するようになるのです。相手に対する軍事的威嚇を中止し、軍縮を実施して相互の危機構造を安定構造に転換しなければなりません。

有名な話ですが、一九七〇年代に朴正煕大統領が「手をこまねいて死を待つくらいなら核兵器を作る」と言いましたが、それはわが国だけではありませんでした。台湾もそうでした。日の出の勢いの中国本土の陰におおわれ、また途方もない財物をその大陸に全て置いて逃れてきた蔣介石反共政権の指導者たちとしては、本土収復を目的としましたが、力不足でした。ですから、蔣介石総統の息子の蔣経国総統政府と軍部は、韓国の政権のように、核兵器で正面突破しようとしました。大陸中国に対する対抗法がありませんでしたので。あらゆる計画を立てて、蔣経国が父、蔣介石に同意を求めにいきました。「こういうことですから、核武装をするよりほかない」と報告したところ、蔣介石という人物の話はこういうものでした。「状況が深刻だということは知っている。また、本土収復をしようというわれわれの執念は、誰も妨げることはできない。とはいえ、われわれ中国人が内部の紛争を解決する方法として、中国民族が共倒れするよりほかない核兵器を使用するという発想は容認できない。これは中国的ではない」。この対話が世界的に知られ、大きな感動を生みました。私自身もその時、中国人指導者たちは、われわれとは考える次元の違う、懐の深い民族だと感動しました。もちろん米国が許さないだろうとは思いますが。

ここからひとつの教訓が得られます。南北双方は、相手を袋小路に追い込むようなやり方で、軍事的圧迫や安全に対する恐怖感を与えてはならないということです。さもなくば、相手は必ず自殺的な武器に依存し、ありとあらゆる方法をとるようになるものです。また実際、北朝鮮はそのようにしています。過去、維新体制において朴正熙大統領がしようとしたのも、そうなれば冥土の道連れにしてやるという腹だったのでしょう。北朝鮮の核やミサイル問題に対して、韓国の一九七〇年代を謙虚にふり返れば、われわれの考えも少しは変わるはずです。ロシアと中国が韓国を承認したように米国と日本が北朝鮮を承認し、平和協定を締結するなり、国交を樹立して米国が北朝鮮政権打倒路線を放棄したという証拠をはっきり見せなければなりません。米国と韓国の圧倒的に優勢・強大な軍事力を縮小したり、駐韓米軍と基地の縮小ないし撤廃も必要です。チームスピリット訓練のようなものを中止したり、軍事費を縮小し、米・韓・日軍事同盟の強化の代わりに、韓国が軍事対決構図の縮小措置を独自に行うという路線変化が、どうしても必要なのです。

ダブルスタンダードを排し、相手の立場になって考える精神をもとう

その次に銘記しなければならない事実は、北朝鮮に対する評価と判断にダブルスタンダード（double standard）を適用してはならないということです。言い換えるならば、同じ状況が展開されたり、

事件や出来事が発生した時、われわれは自分たちの利益のためにAという物差しでそれを価値評価し、北朝鮮の場合にはZという物差しで価値評価をします。同一の条件と状況において韓国が核兵器を作ろうとした決定と行動は正しく、同じ状況で北朝鮮がそのような武器に手をつけようとすると、極悪人だ、犯罪集団だ、侵略集団だ、といった方法で判断するということが、まさにダブルスタンダードなのです。私は今日の講演の最初で、錯覚に関する一つの例として、南と北の停戦協定違反事件を実例としてとり上げました。ダブルスタンダードによる評価と判断は反知性的で、また極めて危険なものです。この事実に対する冷徹な認識がなければなりません。

次に重要なことは、南北朝鮮は、お互いに一度相手の立場になってみる（易地思之）ように心がけ、またそう努力をすべきです。相手の立場に立ってみれば、今までの考えや評価・判断が、どれほど利己主義的・自己中心的偏見であったかを悟るようになります。自分だけ万事に正しいわけではないでしょう？　相手の立場に立ってみれば、いかに途方もない事実であっても、「ああ、そうするよりほかなかったのだ」と気づくようになります。個人の間でも、利害関係が激烈に対立する場合、自分がこのようなとき向こうはどうだろうかと、相手の立場に一度立ってみることは、たいへん重要です。これは易しいことではなく、特に利害対立が尖鋭なほど難しい事ですが、そういう努力はするべきなのです。

例えば、過去何十年もの間、韓国は米国とチームスピリット訓練をしてきました。その度に北朝鮮では、農民や労働者たちに銃を持たせ、その銃を持って防空壕に入り、海岸歩哨に立ち、工場生産を中断し、農村・漁村・鉱山における作業を中断して全国民が戦闘態勢に入ったのです。国家機能が一時停止する重大事態が繰り広げられました。にもかかわらず米国とわが国は常に、チームスピリット訓練とは攻撃訓練でなく「防衛演習」だ、訓練にすぎない、防衛的訓練なのにお前たちは何をそんなに大騒ぎして、われわれのチームスピリット訓練を罵倒し非難するのかと、むしろ北朝鮮側を罵倒してきました。

ところでわれわれは、チームスピリット訓練というものが、いかなる性格と目的の訓練であるかについて知る必要があります。少なくとも一九七二年以降は、またそれ以前であっても、世界で最も大きな軍事ブロックである、米国が主導する北大西洋同盟（NATO）集団と、ソ連を筆頭とする共産国家集団（すなわちワルシャワ同盟）間ですらも、朝鮮半島でしているような、すなわちチームスピリット訓練のような超大型・高強度軍事訓練はほとんどありません。ましてや一九七五年以降は、全くありません。一九七二年に、ワルシャワ同盟とNATO西側諸国との間に「ヘルシンキ協定」という相互安全協力体制が発足しました。その時から冷戦が解消され始めました。軍事的な対立をいくら続けても何一つ有益なことはない、全てのことは非軍事的な方式で行おうという東西和解・平和体制が推進されました。その前提の下で相互間の軍事組織、編成、武器の量、質、訓練の内容、目的、期間……これらの事実を事前に相互交換するようになりました。航空機と戦車がある台数以上動員される時、参加兵力が二個旅団以上である時には、四〇日前に通報しなければなりません。そして相手方の軍事監視団が、それを監視するために行き来するようにしてきました。それ以前からチームスピリットのような途方もない訓練はありませんでしたが、特に一九七二年以後には、世界地球上のどこにも、チームスピリット訓練のような超大型規模の核攻撃型軍事訓練はありません。

これがどれほど大きな規模かというと、毎年米国の核攻撃空母二隻と、その二隻を中心とした多方向探知・発射核武装艦艇が、大体二〇隻から二五隻動員されます。核兵器を備えた核爆撃機も加わって、北朝鮮の東西海岸周辺と停戦ライン上空を、絶えず飛行します。そして地上で二〇万、多い時には二七万の韓・米両国軍が模擬核戦争を展開します。これが一日二日ではなくて何日も何昼夜も「防禦訓練」という名目の下に、核爆撃機が北朝鮮の停戦ライン上を飛び回り、二〇余万名の兵力が二〇余隻の強力な海軍の掩護の下、停戦ラインの間近で上陸作戦訓練を続けます。北朝鮮の立場で見れば、二〇万の大兵力が自分たちの鼻先で上陸作戦を展開し、射撃し、急降下を行い、模擬核爆弾投下演習をするということなのです。途方もない訓練です。米国と韓国はこのような超大型規模の恐るべき核武装軍事訓練を、「防禦訓練」だとか「演習」だとか言ってきたのです。

私は、朝鮮戦争が始まった日から将校として参加し、最前方で三年半、停戦後に後方部隊で三年半、合計七年間の歩兵生活と将校生活の間に第一一師団の拳銃射手になりました。相手が私を発見する前に自分の拳銃で射ち殺してしまえばそれは「攻撃用」拳銃で、相手が私を射ち殺そうとする瞬間に相手を射ち殺せば、それは「防禦用」拳銃になるのです。武器には、戦車であれ戦闘機であれ、攻撃用と防禦用を別に設計して別に作るというような方式はないのです。命令が変われば、攻撃用になったり防禦用になったりするのです。また本当のところは、攻撃をするために防禦式の演習をするだけであって、実際の目的は北朝鮮に対する攻撃のためのものですね。だからこそ北朝鮮が、世界最強のこの軍事訓練が始まると蒼くなって国家機能までをも一時停止したのですが、すると、「われわれは防禦演習をしているだけなのに、お前たちは何でそんなに騒ぐのだ?」と、北朝鮮を非難してきたのです。

北朝鮮側の反応の意味を理解するためには、相手の立場に立ってみる知恵と理性的な姿勢が必要です。もしソ連の極東軍事基地ウラジオストクにある強大な極東艦隊と東シベリアの陸軍が、北朝鮮人民軍二〇万と協力して、ソ連の核空母を停戦ラインのすぐ北側の東・西海沖合いに並べ、二五隻の各種艦艇に核兵器を積載して、核爆撃用のベアー爆撃機編隊が停戦ライン上空と東・西海上空を行ったり来たりすると想像してみましょう。強大な東シベリアのソ連陸軍と北朝鮮人民軍、そして中共軍まで合わせた二五万が、「防禦演習」と称して停戦ラインのすぐ北側で一カ月間上陸作戦訓練をし、核爆撃演習をすると考えてみてください。一日二日ではなく何週間もすることを想像してみてください。

そうなれば、われわれは果してどう考え、どう反応するでしょうか？　韓国政府と軍部は、果して「ああ！　ソ連と北朝鮮は防禦演習をしているのだなあ……。『防禦演習』だと言っているのだから、構わないだろう」と言うでしょうか？　宣伝手段を総動員して「北朝鮮の侵略者たち、またしても侵略準備！」だとか「国家総非常事態」だとか、北朝鮮糾弾国民決起大会開催だとか……そんな騒ぎになるでしょう。そんなことはないと言えるだけの分別がわれわれにあるでしょうか？　言い換えると、相手の行動を非難しようとするとき、自分がそう行動したら相手はどう考えるかを考えてみる「自分の客体化」の理性的思考力と知恵がなければなりません。そうすれば問題の原因はわれわれ自身（米国と韓国）にあるという事実に気づくはずであり、北朝鮮の行動の大部分が異なって見えるはずです。韓国の行動を非難する北朝鮮の理由も納得できるでしょう。

朝鮮半島の核危機――北朝鮮よりさらに大きな米国の責任

北朝鮮の核と米国の核問題については長々と説明する余裕はないのですが、概して北朝鮮の責任が三分の一、韓国の責任三分の一、米国の責任三分の一と、これほど責任の分布が複雑です。むしろ事実は米国の責任が圧倒的と言うのが真実に近いのです[1]。われわれは北朝鮮だけの責任と犯罪行為であると言っていますが、実際は違うのです。一九八九年度末から北朝鮮が核原子炉を建設し始めた時期の北朝鮮の経済力、GNPは、韓国の一五分の一、二〇分の一です。駐韓米軍を除外しても韓国の軍事力がすでに北朝鮮軍事力を圧倒する状態でした。駐韓米軍と核兵器を併せた韓米共同軍事力は、北朝鮮にとっては常に脅威的な存在でした。戦争の能力がこのように偏ることになります。だから北朝鮮としては、そのような論理から始まったのだと見ることができます。

なぜ米国がそのように北朝鮮に対してだけ執拗に戦争を強要するのか、これを考える必要があります。おもしろい事実は、一九九一年、一九九二年現在、核拡散禁止条約に加入しなかっただけでなく、国際原子力機構の原子炉査察を拒否している国が世界に二八カ国あったということです。核施設を作っている国は一〇余カ国もありました。この二八カ国に対して、米国が北朝鮮に対して行っているように、戦争で屈服させると脅迫しているのを見たことがありますか？　もちろんないでしょう。事実、ありませんでした。ご存知のように、一昨年末にパキスタンとインドがついに最終的な実験をしましたが、特に重要なのはイスラエルと南アフリカ共和国です。イスラエルは一九八〇年代半ばに既に核弾頭約一〇〇個、そしてそれを装着してソ連のウラル山脈まで飛ばすことができるミサイル約二〇〇基を保有していました。ところでどうしてイスラエルがこのように恐るべき核軍事力を作ったのでしょうか？　皆さんは米国がアラブ国家に、核兵器や化学・生物兵器、大量殺傷武器を持てないよう圧力を加えていることはよくご存知ですね？　ところがイスラエルは、既に核兵器保有国家になったということなのです。だからアラブ国家は米国に対して、「米国はわれわれには圧力を加えるのに、なぜイスラエルに対しては言わないのか、米国はイスラエルが核兵器国家であることを充分承知しているではないか？」こう反駁してきました。それで一九九一年、米国のイラク攻撃戦争後に、アラブ国家が米国に対してこのような問題を強力に提起したのです。「われわれが持っている情報によれば、イスラエルの核弾頭に使われたウラニウム原料は、米国政府が管理している倉庫から出てきたことは確かである。われわれはその証拠を提示することもできる。イスラエルの核武装は米国が支援していると理解する。証拠もある」と、このように言ってきました。ウラニウム、プルトニウムなどの購入、貯蔵、開発などの責任機構は米国政府のエネルギー省（Department of Energy）ですが、何日か後にエネルギー省のスポークスマンが公式的に釈明をしました。「アラブ国家が提示している問題のため調査を行ったところ、エネルギー省のウラニウム倉庫からウラニウムがわれわれも知らない間に盗難にあった事実を確認した」ということでした。なんと見え透いた弁解でしょうか？　中東アラブ地域においてイスラエルは、米国の事実上の代理人でありますからね。

南アフリカ共和国（過去は連邦）は、少数白色人種による多数黒人種隔離政策で悪名高い国家・体制でした。人類史上その残忍性は、ナチのヒトラーのユダヤ人・共産主義者・社会主義者・ジプシー・労働運動家・知識人六〇〇万人の大虐殺に次ぐ反人類的政権でした。その南ア共和国で一九九二年八月に、米国の核技術者とＣＩＡ要員が南ア共和国に協力して、南ア共和国が生産した核爆弾六個半を解体しました。

なぜそんなことをしたのでしょうか？　皆さんご存知の通り、米国は南部アフリカの二〇余カ国家を制圧する南ア共和国を強化するため、南ア共和国の核武装を支援したのです。ところがその二年後には、黒人指導者マンデラが率いる黒人多数勢力政権が執権するようになりました。マンデラは、米国が煙たがる社会主義的思想傾向の指導者でした。米国は、南アフリカの国家に対する覇権確立のために、人類史上ヒトラーに次ぐ極悪な政権と国家と体制の核武装化に協力したのですが、米国の覇権主義に反対する黒人政権にその核兵器を引継がせるわけにはいかなかったのです。イスラエルと南ア共和国に対する米国の核政策は、世界における米国の核政策の偽善性と欺瞞性を立証する代表的な事例です。北朝鮮と米国の核対決の真意を理解するのに、役に立つことでしょう。

朝鮮半島核危機の本質とその責任の分布

一九九〇年代初め、核拡散禁止条約にも加入せず、核査察も拒否する国家が二八カ国もあったのに、なぜ唯一北朝鮮に対してだけ、そのように意地悪くしたのかを考えてみるべきです。ソ連が崩壊した後、米国が唱えた「世界新秩序」というものが、米国だけで全世界を支配する秩序であることは皆さんもご存知のはずです。すなわちそれまでのソ連と米国の「両国支配秩序（Pax-Russo-Americana）」を、米国の単独支配秩序（Pax-Americana）にするという決意の表示でした。その見本として、圧倒的軍事力でいくつかの国の軍隊を無理矢理引き込み、あたかも国際的合意であるようにイラクを叩き潰しました。米国の「世界新秩序」とは、「（一）米国は、今後旧ソ連の領土に、過去のソ連のように米国に対して競争者的な力を持つ国家や軍事力が生まれることを絶対に容認しない、（二）地球上どこにおいても、米国の指示に従わない国家や政権は容認しない、（三）そのような群小国家は早急に低廉な費用で打倒してしまう、（四）その目的のために可能ならば国連を利用するが、国連が軍事行動に反対するときには米国単独で処理する、（五）そのために米国は、全世界国家の軍事力を合わせたものより強大な軍事力を常時維持する」というものでした。(2) ロシアは既に米国の核の敵ではありません。二等国家程度にもなりません。実際にソ連の核ミサイルは、今、米国が金を与えて解体しています。ただ、今解体しているものを全部解体しても、二国合わせて一万個は残るでしょうが。ロシアは、米国が現在さかんに行っている最中のユーゴスラビア連邦コソボに対する戦争が気に喰わないので、ロシア艦隊を送るだとか何だとか言っていますが、ロシアにそのようなことができる力はありません。経済や金融や軍事力全て、米国に依存していますから。そうなると、それ以外の二等国家、三等国家は米国の要求や米国の利益に挑戦することは想像すらできません。世界は米国単一支配の下に置かれる、これが米国の構想したいわゆる「世界新秩序」の内容であり、目標です。

米国は力の行使に国連の力を借りたり国連の権威を利用しようとするものの、国連が協力してくれなければ国連を度外視し、単独行動し、国連であれ何であれ米国独断で世界秩序、すなわち米国の覇権を確立し進むというものです。これが一九九一年のソ連崩壊後に、米国のブッシュ大統領政権が世界に公表した「世界新秩序」という国家目標と理念の中身です。それでイラクを攻撃した一九九一年から常にそのようにしてきました。米国の国防長官と連合参謀部長が、それぞれその年の米国軍隊の軍事力の用途、そして米国軍隊が今年何を目標として動くかという計画書を、議会の上院軍事委員会に提出します。一九九二年の計画書を見ると、米国が今後「攻撃する」国として五カ国を列挙しているのですが、イラン、イラク、リビア、キューバ、そして北朝鮮の五カ国です。ところが一九九三年度にはイランが抜けます。それで四カ国が、イラクは現在も続けている状態なので別個にすれば、三カ国（政権）だけが残ることになります。リビアのカダフィ大統領、キューバのカストロ、北朝鮮の金日成主席、ところが一九九四年になり、リビアも抜け、キューバも抜けて北朝鮮一つだけが残ります。そして何と言っているかというと、今年（一九九八年）、米国の軍事力は北朝鮮を一気にぶっつぶしてしまうというのです。それで先ほど申し上げたように、一九九四年夏には三年前イラクを攻撃したような規模と最先端の軍事力が北朝鮮を包囲して、ただ攻撃日と時間だけを検討していました。

ところが米国大統領や軍部強硬派にとってツイていなかったのは、カーターという前大統領が平壌に行ったことです。カーターが行って金日成主席と協議をしたのですが、金日成は核協定に同意すると言い、南北首脳会談もする用意がある、国際原子力機構の査察も受けると言ったのです。核原子炉を除去はするが、ならば米国がなすべき義務事項があると言って次のように提議しました。

まず、北朝鮮に対する国家承認をしてほしいとのことでした。米国のキッシンジャー国務長官が一九七六年に国連安保理で、朝鮮半島の軍事危機は停戦協定体制であるから、これを政治的に解決すれば軍事的脅威が解消できる。ソ連と中国が大韓民国を国家承認すれば、米国が日本と共に朝鮮民主主義共和国を承認し、それと同時に南北朝鮮を共に国連に加入させると公式提案をしたことがあります。

そうなれば朝鮮半島から軍事的な威嚇が去り、平和が定着するはずだということでした。その政策が即ち「クロス承認・国連同時加入」であります。そうすれば軍事的な要素は消え、政治的な平和構造が定着するとみて世界の国家がみな同意しました。ところがこの一九七六年に米国が公式的に世界の政治の場である国連総会で提案した南北朝鮮クロス承認が、今はどうなりました？　ソ連と中国は韓国を国家承認してすでに数年になります。それどころかソ連は、北朝鮮と締結した軍事防衛同盟を廃棄し、一九九一年に韓国と国交正常化をしました。中国も同様に大韓民国との友好関係・国家承認・外交関係樹立・国連加入支持などの公約を守りました。ならばクロス承認を提議した米国と日本はどうでしょう？　二五年が過ぎた今でも色々な口実、すなわち「核問題がある」、「金倉里《クムチャンリ》地下施設が疑わしいので現場検証をさせろ」、「ミサイル問題がある」などのあらゆる口実を付け、北朝鮮に対する国家承認を拒否しています。ですから北朝鮮が国家承認をしてくれ、ソ連（ロシア）と中共（中国）は韓国を承認したではないかと要求することは、実際問題としても論理的にも正当な要求だといえるでしょう。

次に、米国の核戦略から北朝鮮に対する核先制攻撃原則を廃棄してほしいという要求です。何の話かよく分からないでしょう？　米国は地球上で四〇カ国以上と軍事同盟を締結しています。日本、韓国、タイ、中南米国家……現在はＮＡＴＯ国家がさらに増えて四五カ国になりました。その米国が保護しようとする下位同盟国家を攻撃しうる過去のソ連や東欧共産国家に対して、米国がどんな核戦略を維持していたのかというと、相手の在来式軍事力の攻撃に対しては在来式軍事力で対し、核兵器に対しては核兵器で対応するという、いわゆる相互原則でした。ソ連やワルシャワ同盟国家に対しては、在来式武器で軍事行動をしてくる時に米国は核兵器で攻撃するという戦略原則はなかったのです。すなわちソ連と東欧国家には「核先制攻撃」をしないという原則でした。それはみな白人国家を相手にしたものであります。相手が共産主義者であれ何であれ、白色人種国家に対しては厳格に相応して対応する核戦争原理でした。ところが米国は唯一北朝鮮に対してだけは、「核先制攻撃」原則を極めて公開的に宣言していました。すなわち北朝鮮が在来式武器で軍事行動を行っても、米国は即、核で攻撃するという戦略原則を堅持しているのです。これが米国の韓国駐屯軍とその核兵器の用途だったのです。北朝鮮は、常時的な米国の核攻撃脅威を感じている模様です。北朝鮮は米国との核協定に同意する交換条件の一つとして、米国の北朝鮮に対するこの「核先制攻撃」戦略原則の修正を要求しました。

三つ目は、北朝鮮の社会体制を認めてほしいという要請です。これは、北朝鮮が社会主義国家として生きていく権利を認めてほしいという要求なのです。一国家の体制とは、その国民と政府が選択する権利を持っているのです。にもかかわらず米国がその主権的選択権まで脅かすので、そんなふうに「哀願」したのです。

四つ目は、米国がこれまで五〇年間堅持している、北朝鮮に対するあらゆる経済・金融・通商などの禁輸・禁止・包囲政策を解いてほしいというものです。貿易もしなければならず、また北朝鮮に投資したり工場を建てたりするといっているドイツ、英国、フランス……などの国家の企業が、米国が強要している禁止制度と条約のため全く身動きできずにいるため、これを解いてほしいというものです。

朝米核交渉において北朝鮮が米国に要求したこの四つの条件を見ると、それらは少しも攻撃的な性格ではなく、むしろ生き残るために米国の北朝鮮圧殺政策を解いてほしいと「哀願」するものでありました。北朝鮮と米国間の核交渉は、ざっとこのように進行してきました。結局、北朝鮮の基本的な核凍結受諾の代価として米国が北朝鮮の要求をおおむね承認したものが、一九九四年一〇月に締結された「朝米核（ジュネーブ）協定」です。

ところがこの核協定の内容を、どちらが守り遵守していて、どちらが守らず違反しているかという問題があります。それより前に、皆さんも思い出してみて下さい。米国が途方もない攻撃艦隊を北朝鮮周辺に配置し、われわれに対して、アパッチヘリコプターを買え、地対空ミサイルを買え、このように強要したことがありましたね。それは全て北朝鮮に対する戦争のための準備であり、日本の軍隊にも出動を命じた計画書がありました。朝鮮半島の周辺状況を予想する米国と日本の軍事共同作戦・戦略という「ガイドライン」が、実際には一九九四年のその時、全て成立したのです。米国が戦争威嚇で核協定条件の受諾を強要するや、北朝鮮は国家的危機を甘受せよという圧力に対しては屈服できないと、核拡散禁止条約脱退意志を表明しました。皆さんが聞かれたのは、核拡散禁止条約から「脱退した」ということでしたね？　その度ごとに米国と韓国の報道機関は、アカどもには条約も信義もなく、無条件に全部廃棄してしまうやつらだ、という非難をしました。しかし事実は、脱退したのではありませんでしたね。脱退したのではなく、「脱退する」「脱退する用意がある」と宣言したのです。韓国国民は、その言葉の違いを知らずに米国が主張するまま、北朝鮮が核拡散禁止条約から脱退した、悪い奴だ、条約違反だ、核兵器を勝手に作るという意味だ、このように論理を飛躍させ、途方もない恐怖の雰囲気を作ったのです。

核拡散禁止条約第一〇条は、このように明らかに規定しています。「この条約の会員国として、この条約と関連した状況の進展が自国の国家的存立に致命的な危害となる状態であると認定される時には、この条約から脱退しうる権利を持つ。ただし脱退しようとする時には、三カ月前に条約当局に事前通告をしなければならない」というものです。北朝鮮は先ほど申し上げたように、一九九一年末に朝鮮半島で米国の地上核兵器が撤収されたと公式発表があった（一二月一八日）直後（一二月二一日）に、即刻国際原子力機構（IAEA）の核査察を受諾すると署名しました。それでIAEAに加入したのですが、米国がイラクに対して行ったように北朝鮮を攻撃する事態になったため、それを「自国の国家的存立に対する致命的な危害」とみなして、核拡散禁止条約第一〇条の権利により脱退すると、三カ月前に公開的に意志表示をしたのです。言い換えれば、北朝鮮はその一〇条に基づいて三カ月後に脱退すると通告したに過ぎないのです。その時米国が行おうとした対北朝鮮軍事攻撃が、その一〇条に該当する程度であったか否か、これについての解釈は、北朝鮮と米国が互いに異なることは考えられます。しかしながらその判断の主体は北朝鮮であり、米国ではありません。

このように、戦争の一歩手前まで行った迂余曲折の末、一九九四年一一月に北朝鮮と米国が締結した核協約においては、六カ月ごとに双方が守らなければならない具体的措置が規定されています。北朝鮮が一年間、原子炉二基を閉鎖し、そうすると電力がなくなるので、電力を生産しうる油が欲しいと言って、年間五〇万トンの油を米国が提供することになっているのは、皆さんご存知のはずです。ところが実際は、初年度に五〇万トン欲しいといったのに一年半、二年近くなっても渡さないので、北朝鮮がこのままでは原子炉を再稼働すると言ったのです。われわれは、このことについて「あいつらアカどもは、あんなふうだ」と言っていましたが、実際は米国が油を二年近く与えていなかったものでした。約束違反を指摘して米国を非難する声は、韓国では一度も聞くことはできませんでした。どちらが協定違反をしているのでしょうか？　わが国では、極右反共・反統一・反平和的勢力が前に立ち、『朝鮮日報』をはじめとして、五〇万トンの油が人民軍戦車、戦闘機燃料として入っていくと反対の声を上げました。事実はそのようなことが可能な状態ではないでしょう。ロシアは北朝鮮に対し、それまでソ連時代に年間一〇〇万トンずつ、非常に安価で提供していた油類を、五万トンに減らしました。中国も二〇万トン程度を、金を受け取って提供していました。戦闘機用燃料は、オクタン九八以上の精油でなければなりません。極端に言うと、自動車を動かすガソリンでもオクタン九〇程度は必要です。協定により北朝鮮に提供する油は、そのようなものではなくナフタです。言わば、どろどろの油です。北朝鮮はこれを燃料の代わりにして、火力発電所を稼動し、電力を生産しようとしているのです。もちろんこれを発電所に使えば、発電所で使われていた別の油を戦車に使うことができるのではないかと言われる方もおられるでしょうが、とにかくそのような供給基準では全くないことを、知る必要があります。

朝米核協定調印後四年が過ぎて五年目に入ろうとしている今、一九九九年六月から七月になって協定上の合意通り履行されたとするなら、どの程度にならなければならないか？　北朝鮮は原子炉二基を完全に閉じて、その代わりに米国の代替エネルギーが完全に稼動し、また国際原子力機構の査察が進んであらゆる危険なウラニウムなどは全部なくなり、容れ物だけ残るようになる状態です。これに対応して米国がどのような措置をとるべきであったかというと、前に北朝鮮が要求して米国が同意した経済封鎖、金融・技術封鎖を、既に解いていなければならないのです。また北朝鮮が海外に持っている資産に対しても（米国にあるものはおおむね二二〇〇万ドルと把握しているのですが）、封鎖、または禁止を解除しなければなりません。

協定を締結した三カ月後の一九九五年初めには、大使館の初歩的形態である「連絡事務所」を、それぞれワシントンと平壌に設置することに合意しました。つまり一九九四年一〇月に合意をしたのですから、一九九五年一月には、米国の代表部が即平壌に行っているべきでしょう。そして今頃には、代表部が格上げされて大使関係に移れる政治交渉となっていなければなりません。ところが不幸にも米国では、交渉に調印したところの翌年の総選挙において、共和党が議会を支配するようになりました。行政府はクリントン民主党行政府なのですが、議会は反共・反北朝鮮・反ロシア的な共和党が支配するようになりました。その議会が朝米核協定で決定された合意項目全部に対して、共和党支配の上院の同意を得てはじめて執行できるという付帯条件をつけた決議案を通過させてしまいました。

そのように米国側の様々な義務は、ほとんど執行されないでいる状況です。昨日新聞を注意深く読まれた方がおられましたら、米国議会で北朝鮮に対するこのような条件を緩和しようという兆しが見られるという小さな記事があったことを見られたでしょう。北朝鮮との核条約執行のための行政府の手が、北朝鮮との関係正常化を絶対に願わない共和党支配の議会によって、がんじがらめにされてしまいました。米国の国務省は北朝鮮側の朝米核協定を「履行している」と言っていますが、議会は頑として北朝鮮の息の根を止めようとする政策を改めようとはしません。日本・韓国・英国が北朝鮮市場に入っていく前に、米国の企業と財閥が入っていかなければならないのに、議会がそのようにすれば米国の損害が大きいとするクリントン政府の説得工作も効果がありません。結局、核心的な問題は北朝鮮側にだけあるのではないという事実、北朝鮮の核問題において、協定締結六年が近づいてもいまだに紛糾が絶えない大きな原因が、米国側にあるという事実です。この事実だけ知っていればいいのです。

不均衡になった北方三国同盟と南方三国同盟

一九八八年六月にゴルバチョフが党書記長になって執権を始め、それからすぐに、米国との冷戦解消原則に同意します。そうして韓国との国交正常化に取り組み始めました。その後、ゴルバチョフが一九九〇年九月にシュワルナゼ外相を平壌に送ります。送って何を通告したかというと、韓国と国交正常化をした、理解してほしいというものでした。それと同時に北朝鮮との間に一九六一年に締結した防衛同盟、すなわち「朝・ソ友好協力条約」を事実上廃棄します。防衛同盟（条約）第二条と三条には、このように規定されています。第二条は「締結国のどちらか一方が武力侵攻されて戦争状態になる場合、条約締結相手国は全力を尽くして、遅滞なく軍事的援助を提供する」、紛争状態になる瞬間に北朝鮮に対するソ連の「遅滞なき軍事力介入」を誓約しました。第三条は「双方締約国は相手方を反対するどのような集団や国家といかなる行動、または措置もとらない」となっています。ソ連に反対する国家とは、北朝鮮は国交を正常化したり行動を共にしない、北朝鮮に反対する国家とは、ソ連はいかなる国交関係や親善的措置も行なわないという相互主義的義務です。もちろん韓国もこの対象でした。

ソ連は、軍事的なことは言うまでもなく、政治的だとか経済的な関係も韓国とは持てなくなっているのです。そのため、ゴルバチョフが一九八八年に外務相を平壌に派遣して、韓国と国交を正常化するようになったのでこれを禁止している防衛条約第二、三条は廃止すると通告しました。これに対して北朝鮮がどう答弁したかというと、「第一におまえたちは背信者である、第二に、したがってその条約の下でお前たちに依存していた『一定の種類の武器』を、独自に生産するよりほかない、第三に、したがってわれわれはわれわれの防衛態勢をわれわれが選択する武器で行うものである」と、こうでした。言い換えると、核兵器とミサイルを独自に作るという意味なのです。それがゴルバチョフソ連政権の意図が非公式的に伝えられた時期である一九八八年から始まった情勢変化です。あたかもベトナム戦争で敗れた米国が、今後戦争がおきても軍事的には韓国を支援することができなくなったと言った時、選択は核兵器しかないと言ったように、ソ連の保護に依存した北朝鮮は、おまえたちが万一、韓国と国交を結ぶならば国家の存立が危ないため、我々も核兵器を作る方法以外に代案がないと宣言したものです。

中国もまもなく続いて韓国を国家承認し、あらゆる分野で北朝鮮よりむしろ韓国との関係がはるかに緊密になりました。韓国―米国―日本の「南方三国同盟」は健在ですが、ロシアと中国の離脱で「北方三国同盟」は事実上崩壊しました。北朝鮮は独自的生存策を講じなければならない境遇に追い込まれたのです。一九七二年の米国と韓国の緊張を考えてみれば、その後の北朝鮮の行動論理がもう少し理解できるだろうと考えます。

先に、一九七六年に米国政府がソ連と中共に対して、北方三国と南方三国が南北朝鮮クロス承認をしようと提案した事実を話しました。言い換えるならば、そう提案した米国と日本は、ソ連と中共が韓国を承認して一〇年になろうとしていますが、いまだに北朝鮮に対しては国家承認をしようと考えるどころか、戦争攻撃準備を継続して強化している実情です。これがまさに北朝鮮と米国の問題の本質であり、朝鮮半島軍事危機の核心です。

公平かつ正確でなければならない相手に対する理解

これまで見てきたように、われわれが南北を見る視点を大きく変えるべきであると考えます。北朝鮮はそんなに攻撃的な国家ではありません。軍事力は、今はさらに言うまでもありません。一九九三年現在、わが国の軍事費は北朝鮮に比べほぼ五倍です。皆様もよくご存知の「栗谷《ユルゴク》事業」は、新しい武器の購買と開発、装備のために一九七五年から始まった事業です。軍事的な力において、われわれの劣勢がわれわれの優勢に変わり始める交差点に至ったのが、まさに一九七四年から一九七五年に移る時期です。その後はわれわれが継続して上昇の勢いを固めてきました。もちろんソ連に裏切られた北朝鮮は、彼らが持っている科学と技術を利用してミサイルを作っています。米国の対北朝鮮包囲攻撃・戦争政策がはっきりと取り消されていない脅威に直面した状態では、駐韓米軍を人質にしたミサイルしか米国の脅迫に対抗できる手段はないという判断だと思えます。またこれが、商品市場では良い売物ですからね。イランやイラクが買っていきますので。米国がミサイル廃棄を要求した際、北朝鮮は食いつなぐためにミサイルを商品として売っているので、その代償を払え、また金倉里《クムチャンリ》の閉鎖を望むならまず一〇億ドル支払え、と言いましたか？　あるいは一〇〇億ドル支払えと言いましたか？　先ほど申し上げたように、朝米核協定で執行すべき義務を米国が相当部分履行せずにいるので、「米国が義務を執行すればわれわれもする、ただ黙ってパンツまで脱げとは何ごとか？　われわれは何も手に入れずに全て出せということなのか」、北朝鮮側の論理は簡単に言うとこういうことです。米国は一〇カ国以上の武器輸出国家のうち、単独で世界武器市場の三分の二を占める武器輸出で金を儲けているのに、われわれのミサイル輸出を禁止しようとするのなら、それ位の代価を支払うのが当然ではないか、こういう論理です。私は、しごく当然の論理だと思います。

少し前に話したことですが、一九八八年にゴルバチョフが軍事同盟を廃棄すると言いつつ北朝鮮をなだめるために何を与えたかというと、ミグ29という戦闘機でした。あの時北朝鮮にミグ29が二〇余機入ったという消息が伝えられるや、わが国の軍部や情報部、そして知ったかぶりの「専門家」や教授たちがテレビに出てきて、もはや韓国はおしまいだ、ミグ29というとてつもない最新鋭武器が北朝鮮の手に渡ったので、北朝鮮は三日以内に浦項《ポハン》（韓国の東南端の工業都市）まで占領するだろうと言っていた事を憶えているでしょう。それで興味深いことは、北朝鮮がその戦闘機を駆って、三日でわれわれを浦項まで追いつめようと考えていたのかどうかはよく分りませんが、ソ連から提供されたそれらの飛行機は二年のうちに廃物になってしまったという事実です。韓国にはミグ29機の機能と水準を同じくするＦ14、Ｆ16、Ｆ18戦闘機などがありました。われわれには、北朝鮮に渡ったものよりも良い戦闘機がありました。われわれにはすでにその時、それを生産しうる能力もありました。北朝鮮は戦車のようなものは作るが、戦闘機を作る能力はありません。戦闘機一台には付属品が二五万ないし二七万個あるといいます。ミグ29はさらに多いでしょう。駐韓米軍司令官・韓米合同軍司令官のロバート・W・リスカーシー大将が一九九一年六月に米国上院軍事委員会に提出した北朝鮮軍事力関係秘密報告書が、その後、米国新聞に報道された内容によれば、「北朝鮮の軍事力は今や軍事力ではない。まず北朝鮮は、ソ連や中国にいかなる軍事的依存もできないほど基盤を喪失した。したがって独自に戦力を維持しなければならない北朝鮮は、経済事情において、軍事力を維持するのには致命的に困難な状況に置かれている。北朝鮮の軍事力で最も強力であるといえる空軍の戦闘機・戦闘爆撃機は、経済事情により飛ばすことができない。その実例としてミグ19戦闘機操縦士の滞空訓練も一年に四時間しかできない。付属品を買う外貨がすっかりなくなり、燃料がなくて空軍機を飛ばすことができない」ということです(3)。これがいつの話かというと、ソ連が一九八八年に韓国との国交樹立を合意した後に北朝鮮の反対をなだめるためにミグ29を与えた後である一九九一年の話です。わずか三年後の北朝鮮空軍の実情です。私がここに乗ってきた乗用車はソナタなのですが、そんな四輪で走る地上の機械でさえ、春に一時間、夏に一時間、秋に一時間、冬に一時間程度は引っ張り出して転がしてはじめて錆もふきださず、ポンコツにもならずにすむのです。ましてミグ29のような最先端戦闘機は、少なくとも一年に数十時間は動いてこそ調子を維持し、また操縦士の戦闘能力も維持されるのでしょう。ところが一九九一年当時、韓国空軍操縦士の滞空訓練はおおむね年間一三〇時間と聞いています。一方では北朝鮮のミグ29、最先端武器が一年に四時間訓練をしているのに、韓国は一三〇時間しているならば、残りの戦車や装甲車や潜水艇の状態がいかにあるかも、大体想像がつくのではないですか？　東海岸にきた潜水艇がサンマ網程度に引っかかるのにも、みんな原因があります。

ある人々が、韓国の軍事力が優れているのは誰もが認める、しかし北朝鮮の軍隊は精神力が強いのではないかと反問することがあります。ところが精神力が弱いことは、われわれの問題です。社会正義が確立され、経済的公平と民主主義が成り立って国民誰もが国と社会に忠誠を尽くしたくなれば、精神力は自然に生まれるでしょう。そうでないのは、われわれの韓国社会が、大統領から市井庶民に至るまで、すっかり腐敗・不正・不道徳により犯罪化して、政府と国民、指導者と大衆間に不信だけがあり、愛国心が生まれる余地がないほどの精神的崩壊状態を招いたという、われわれ自らの問題であり、北朝鮮の問題ではないでしょう？　韓国社会の一大改革なしには、希望がないように思われます。北朝鮮が変わることばかり要求するのではなく、韓国も共に変わらなければなりません。

国の民主主義と南北間の平和的関係、そして理にかなった民族統一を念願する復職教師の皆さんが、教育現場で受けることになる学生たちの質問は多様なことでしょう。わずかな基本的認識だけでは、そのたくさんの多様な質問に対し、充分な答弁ができないはずであります。

東・西ドイツから謙虚に学ぼう

多くの人々が、統一された東西ドイツをうらやみます。ベルリンの壁が崩れた後の一九九二年に、盧泰愚大統領がドイツに行きました。ドイツのコール首相と会談して、「北朝鮮が東ドイツのようであれば、朝鮮半島ももう統一されていたのだろうが……」と話しました。恐らく我が国の国民の大部分が、また知識人という人々も、そう考えているでしょう。「韓国は何の問題もないのに、北朝鮮のせいで統一できないでいる」と考えている人は、真実の半分だけ知って残り半分の真実を知らないか、忘却しているか、でなければ無視しているか、わざと言わないでいるのです。

北朝鮮が東ドイツに匹敵することを望む人々は、ならば「韓国が西ドイツのようであるか?」、このことを一度でも考えてみたことがあるでしょうか? われわれは自身の問題は全く考えずに、ひたすら相手にだけ問題があると考えています。東西ドイツが統一されてから問題がないわけではありませんが、長い間の異質な体験の末に一つになった旧東西ドイツの間に流血の内乱もなく、社会破綻を生む破局もないことには理由があります。東ドイツは共産主義世界では科学・技術・文化・経済・生活水準において最も発展しており、その文化・宗教・生活様式・価値観・行動様式などは非常に西欧指向的でした。共産主義体制ながらも東ドイツは、相当な程度まで宗教を許していました。北朝鮮が東ドイツのようであれば統一が容易になるはずだという注文には一理あります。そのような見解も間違いではありません。

ならば、他の半分の真実として、韓国が西ドイツと同じであるか? 西ドイツは憲法で「民主的でありながら社会的国家」という国家理念と体制的性格を明言しています。西ドイツは右翼・民主主義=資本主義単一体ではなく、社会主義政党もあり、国民が選出した社会主義政府が執権したり、共産主義・社会主義の思想的自由と理念、教育があり、社会主義的生活様式が自由です。韓国において、思想と行動の自由を根本的に抑圧する悪名高き立法である、反共法や国家保安法のようなものが西ドイツにはありません。東ドイツが西ドイツにずいぶん似ていたように、西ドイツもまた東ドイツ社会主義と、多くの点で似ていて、東ドイツ社会主義よりもむしろより民衆の福祉政策に力を傾け、社会主義政党以上に労働組合や勤労者の権益を尊重・保障しています。そして西ドイツには社会主義政党があったので、野蛮な軍部独裁政権や、国家社会の財産を独占している財閥をはじめとする経済権力の横暴がありませんでした。軍事費より社会福祉費が二倍の福祉国家です。韓国とは正反対です。西ドイツの政府・国民・社会・文化・政治・経済、これらが全て国民生活において韓国とは正反対で、思想の自由が全面的に保障され、韓国のような狂信的な反共主義は成立しえない社会です。このような西ドイツであったからこそ、共産主義東ドイツに勝つことができ、また受け入れることができたのです。韓国がこのような国家であり、このような社会といえますか?

東ドイツと西ドイツとの関係もまた、南北朝鮮の関係と同じく軍事的な対決の関係でした。米ソの核と軍事力が東西ドイツに集中していた状況で、むしろ（核）戦争の脅威は、東西ドイツにおいてより多くありました。にもかかわらず西ドイツ政府の社会福祉費はおおむね軍事費の二倍であり、わが国は軍事費の方が平均四倍です。西ドイツの場合と比べて相対的に言えば、韓国の福祉予算は軍事予算の八分の一ということです。西ドイツはそのような国家体制とそのような政府でした。このような事実を考えずに、ただ北朝鮮が変わらないから統一できないとか、自分たちは何も変わる必要がないというなどの韓国式発想は、極右・反共主義的無知の招いた結果です。このようなことが、まさにわれわれが東西ドイツの統一から学ばなければならない教訓なのです。まず韓国が西ドイツのようになることを考えなければなりません。

いまだ多くの問題が残っています。南北問題をどう見るべきか？ 実に難しい問題です。時間の都合上、南北社会のいわゆる「異質化」問題(4)など、お話ししていないこともたくさんありますが、重要なのは過去半世紀の間、われわれの頭、すなわち思考能力をマヒさせた狂信的極右・反共・冷戦的思想から目覚めることです。今日の講演は、そのあらゆる根本問題を、全部取り上げてお話しすることはできませんでしたが、これくらいでも少なからずお役に立つだろうと思っております。

（1）この問題については、本書中の「朝米核・ミサイル危機の軍事政治学――危機の主要因は米国にある」を参照。
（2）『ニューヨーク・タイムズ』、一九九二年三月七日。"A One Superpower World", "US Strategy Plan Calls for Insuring No Rivals Develop", "Pentagon's Document Outlines Ways to Thwart Challenges to Primacy of America."
（3）『ニューヨーク・タイムズ』、一九九一年六月六日ソウル発、リスカーシー司令官談話記事。
（4）いわゆる「異質化」問題については、本書中の「統一の道徳性――北朝鮮の分だけ韓国も変わらねば」を参照。

［初出：韓国教育研究所が主催した「全教組教師のための講演（韓国キリスト教会館、一九九八年）」で行なった講演の内容を整理したもの。講演当時の表題は、「南北問題と統一のための正しい基礎認識――生徒・学生たちにどのように教えるか？」］

休戦ラインの北と南には、天使も悪魔もいない

――「人間の顔」をした資本主義になってこそ未来がある

春、新学期に、われわれは李泳禧先生を訪ねることにした。何のためか？　一つは、昨年（一九九八年）末、四年ぶりに新しい批評集を上梓されたのに際し、先生の近況と最近の考えに接し、また伝えてみたかったこともあり、もっと重要なこととしては、冠岳《クワンアク》（ソウル大学が位置するソウル市南部の地名）の新しい主人、『その日で本を読む』（ソウル大学近くの社会科学書店「その日が来れば」の新刊案内誌）の読者になった大学新入生たちに、この「転換の時期」（先生が「転換時代」といった一九七〇年代だけが転換の時期ではないであろう）に先生の几帳面な朗々とした音声を、そして先生自身の人生談と激励、期待のお言葉を伝えたかったためであった。

　ところが、われわれが先生のお宅を訪ねた日は、先生がちょうど七〇回目の正月を迎えた数日後であった。お決まりの表現に、「人生七十古来稀」という言葉がある。今でこそ「人生七十」もそれほど珍しいことではないが、先生より五〇歳も若い一九七九年生まれが大学に通う現在、古希の論客が書いた本（単純に回顧談でもない）が大学街で少なからず売れているという事実は、明らかにありふれたことではないだろう。先生の年齢が七〇なら、それも一つの「転換期」なら、明らかにそこから来る所感もなくはないだろう。

　事実、われわれの若さにとって七〇という人生の重さと体積は、すぐには実感さえ湧かない性質のもの

でしかない。しかも植民地時代、解放、朝鮮戦争、拘束、懲役、解職で綴られた一生の重さにいたっては。先生のお宅は、新都市山本《サンボン》の修理《スリ》山麓にあるマンションであった。都市文化の寵児といわれるマンション、それも何と二五階建てで、修理山とその高さを競うようなこの最先端の鉄骨構造物の一九階にある先生のお宅に入ろうとしたところ、その雰囲気にそぐわないことに何と木製の表札がひとつかかっていた。

「李泳禧　華陽《ファヤン》洞一六―六四」

山本に引っ越してくる前に、華陽洞のお宅にかかっていた表札だと分かった。この金属の空間の中でも、それに包摂されない樹のような一人の人間が生きていることを、雄弁に語っているかのように見えたというなら、ゆき過ぎた感傷であろうか?

金東雲《キムドンウン》：少し前（一九九八年一一月）に、ハンギョレ新聞社代表団の一員として北朝鮮に行ってこられたわけですが。一九八九年の北朝鮮訪問計画による獄苦にも耐えられ、また離散家族一世代として、北朝鮮訪問に対する所感は並々ならぬものがおありだと思います。北朝鮮では、あちこちご覧になったのですか?

李泳禧：いくらも見られませんでした。われわれは観光に行ったわけではありませんし、それに私が北朝鮮の招請に応じたのは、姉と兄の生死を確認し、生きているなら会う、そういう目的で行ったのですから、あちらこちら見て回る必要もありませんし……

李スガン：故郷にもお寄りになれなかったそうですね?

李泳禧：故郷には行かせてくれません。北朝鮮当局が故郷に行かせたのは、鄭周永氏お一人以外はおりません。直接（北朝鮮）政府が率先して（家族を）探した人も、何人もありません。だからこそ有難く思っています。北朝鮮から帰ってから『ハンギョレ新聞』にも書きましたように、私は今まで、兄と姉が北朝鮮にいるという話を一切したことがないのです。私の履歴書にも書きませんでしたし。なぜ書かなかったかを、そこで明らかにしましたが（第1部「果せなかった帰郷」参照）。実際、私はすでに一九七〇年代には、兄が亡くなったことを知っていました。ソウル駐在日本人新聞特派員が帰任した後に南北赤十字会談取材で平壌に行き、再びソウルに取材で来た時、消息を伝えてくれたのです。しかし（死亡消息を伝える手紙を）渡そうとするのを、私が受けとらなかったのです。（情報機関に知られることを）恐れていたころですから。日本人特派員がその手紙を手に入れて私に渡そうとしたのに、私が受けとらなかったのです。その時には（兄が亡くなっていることが）もう分かっていたのですが、韓国でも北に行っても、一切そのような話はしませんでしたし、また母にも亡くなる時までその話はしませんでした。何が起きるか分かりませんから。今回『ハンギョレ新聞』にも、私が兄の消息を知っていたということは書きませんでした。私と妻の二人だけが知っていたのです。離散家族一世代たちは、このように心の中でだけ大切にして苦しみ、胸の中で涙を流しながら表面にあらわさない秘密が実に多いのです。一人一人みな、どれほど多いことでしょうか（後ほど年譜を確認してみたところ、一九七七年に四九歳であられた先生は、『転換時代の論理』、『八億人との対話』などの著書のため反共法違反で収監され、西大門刑務所に拘束されて中央情報部で調査を受けている最中に、ご母堂が息をひきとられたという）。

李スガン：今度の『創作と批評』（一九九九年春号）で延世大学の白永瑞《ペクヨンソ》教授が、先生の北朝鮮訪問記において、北朝鮮を批判している印象を受けたと書かれているのですが。

李泳禧：北朝鮮に対する私の考えは、やはり肯定と否定が半々です。向こうの人々にも、そのように言ってきました。私は社会科学的見地から問題を捉える人間ですから、例えば情緒的に問題に接近する詩人としての文益煥《ムンイクファン》牧師のように、諸手をあげて万歳を叫ぶような出逢いにはなり得ないと正直に話しました。彼らの社会が持っている良い点は既に知っており、あなた方に問題があるという点を再確認したと彼らに言いました。彼らは自尊心が強く、全てがすばらしいと言って初めて喜ぶ人々だとも（笑）。批判をまともに受け入れません。自分たちが作り出した社会に対するプライドと主体性がとても強いため、特に韓国（人）に対しては、主体性のない「米国の属国」程度に見ているので、韓国の人々が批判するなどとんでもないと考えているというわけです。「チョーチン持ちどもが何だ」というのが一般的な感情です。いっそ西洋人、白人たちが来て同じ話をしたなら、第三者として利害関係なく批判しているとして受け入れるのでしょうが、韓国人があれこれ言うと「笑わせるな！」、こんなふうに考えますから。過去にソ連と中国に対してもそうでしたので。米国の意志に迎合して生きる韓国（人）は、さらに言うまでもないでしょう。

北朝鮮には基本的に立派な点もあります。自主性や、その困難を勝ちぬく過程において作られた指導集団と人民の相互信頼関係――それは、社会統制式抑圧と監視だけで成り立つものではありませんから。特に、第一世代の金日成主席に対する愛情は、韓国での国民―指導者関係からは想像できません。韓国では、そのような指導者がいたことがありませんから。それらのことを併せて知っていれば、北朝鮮の立派な点と韓国が持ちえない点がわかります。反面、「大変なことになったものだ。これではいけないのに」と考えさせられたのは、画一主義的な社会統制です。個々人の多様で個性的な創意力が発揮できるよう、自由でなければならないのに、社会原理も文化的にも、下から上への（意見に対する）受容力が制度化されていないという点です。上で定めたことが、義務と責任の分量で分配されて下におりて行くのですが、責任感だけ強調されて個々人の創造力、自発性、批判意識のようなものは期待し難いようです。韓国では個人に利益が帰着するので、創意力が発揮されるのでしょう。資本主義の原理通り、韓国では国を愛そうと愛すまいと、社会を愛そうと愛すまいとにかかわらず、そのような忠誠などではなく、個人の基本的な利己心に動機を附与しますから。物質的生産力が発展した理由は、そんなところにあるのでしょう。

一つ良い例を見ました。平壌から妙香山《ミョヒャンサン》へ行く高速道路の道端に、農村の村がありました。農村の家々の周りに、青々とした野菜がとてもよく育っていたのです。一緒に行ったハンギョレ新聞社の一行が指摘しました。それで北の人が認めたのですよ。「これは実に大変なことになりました。集団農場の農作業はただ適当にしておいて、家に帰ってきて菜園の作物には水を何十回もやっています」と。私は社会主義の人間関係の道徳性を高く評価する者ですが、社会主義が物質的な面で資本主義に敗れた原因を、そこで端的に確認した気がします。北朝鮮人民がまず生活し、また経済的な発展のためには個人に対する動機附与、個人が処分できる範囲をひろめる、そのような物質的反対給付の保障をいったんある線までは制度化すべきだと。まさに中国がそのようにしたのですから。よく言われる個人の物質的欲を生かす「インセンティブ」です。

金東雲：以前、一九九一年度でしたか。社会主義の崩壊当時に講演されたときもそう言われましたが

(「社会主義の失敗を見る一知識人の悩みと葛藤」『鳥は左右の翼で羽ばたく』に収録)、これまで社会主義が持っていた、人間に対する構造決定論的な観点に対して批判的指摘を多くされていたと理解していますが、個人の利己心を生かそうとすると貪欲に流れるようになり、一方それを過度に抑圧的に解決しようとすると、また生産力の低下や基本的欲求が充足されなかったりする問題が生まれるようです。これがこの時代が迎えた重要かつ困難な問題のようです。

李泳禧:やはり私は、根源的に人間の本性へ帰るのですが、道徳的な判断を離れて、人間は基本的に利己心を動機にし、利己心の充足を目標にして行動をする存在である、このように考えます。利己心は排他的にならざるをえないものなのです。人間の本性である「利己心」に対する道徳的価値評価ではありません。私はその本性を、善でも悪でもないと考えます。排他的だということは言い換えれば競争関係を維持することであり、より積極的には、有限な物質を対象としてあらゆる人間が利己心に衝き動かされた無限の所有欲を競争的に充足しようとすれば、必然的に葛藤と闘争が出てくるものだということです。それが資本主義の物質的に強い点であり、道徳的に弱い点であります。利己心を生産力化した資本主義の代表である米国がそうであるように、韓国もやはり物質的所有欲を行為の原理とする社会で見られる犯罪、堕落、不正、反人間性、反生命、残忍性、人間疎外など、否定的人間存在現象は不可避でしょう。そのような物質主義的社会において、しばしば宗教・教育・家庭の機能と役割が強調されますが、宗教と教育と家庭が物質主義的構造の中にありその体制の「基礎単位」であるというのに、どうしてそのようなことが可能でしょうか? 現実がそれを立証しているではありませんか。どこででも。それを社会主義的な問題意識に昇華させるよりほかありません。すなわち、所有問題において最小限度の配分で公正の価値を高めたり、初期マルクスの人間論的な観点を土台としたり、個人の利己主義をより大きな存在に対する忠誠心の方向に引き出したりしてということです。過去には「神」、愛、宗教、革命、民族、「真理」などの純粋超越的な価値観と殉教的忠誠心がありましたが、今はそれも商業主義化しました。その名が何であろうと、物質と金を神に捧げることから、生命と人間を重要視する価値体系の社会運営原理に変わらなければならないと考えます。

資本主義は果して社会主義を敗北させたのか

李スガン：これまで社会主義が持っていた具体的な価値や役割は、どんなものだったでしょうか？

李泳禧：私は資本主義に対して、社会主義がペニシリン・マイシンの役割をしてきたと考えます。皮肉にも徹底した反社会主義者であり、独占資本の政治的守護者であり、階級主義者であり、専制君主制と軍国主義信奉者であるドイツの「鉄血」宰相ビスマルクが、一八九〇年代に社会主義政策を導入してドイツ帝国を発展させてからさる一九九〇年まで、一〇〇余年間を社会主義が即資本主義の体質的疾患に対するマイシン的役割をしてきたということです。

私は、資本主義が社会主義を敗北させたという主張や見解とは、若干観点を異にします。社会主義が資本主義の内生的な疾病の可能性と原因と要素を予防してくれたおかげで、資本主義がここまで発展することができたのですから。非常に逆説的であります。二重の逆説でしょう。ですから資本主義が、特に米国式資本主義が社会主義に勝ったというのは事実ではなく、資本主義は二分の一勝って二分の一敗れたと考えます。社会主義もまた二分の一負けて二分の一勝ったのです。資本主義はむしろ社会主義を「喪失」したのです。ならば今後資本主義は、マイシンとしての社会主義が果たしてきた機能である、社会体制、哲学、思想、理念、政治綱領、政策、これらのものを資本主義体制の中からつくらなければならないと思います。資本主義自体が生きるために、特に資本主義制度の中の人間の生活の「質」、すなわち精神的「幸福」を充足させるために、そうせざるをえないと確信します。

ヨーロッパ資本主義は米国と違って、その伝統は古いですね。そのためヨーロッパの国家と社会は、米国よりはるかに「人間主義」的です。米国資本主義が、国内的には犯罪と麻薬と人種的葛藤に病み、対外的には「力」だけを信じる覇権主義、帝国主義的横暴をほしいままにしているのは、全てこのような理由によります。ヨーロッパ連合一五カ国中の一三カ国で、現在左派政権が成立しています。

過去冷戦時代、米国資本主義が社会主義と共産主義に対して「人間の顔」を持たなければならないと罵倒していましたね。今は米国式資本主義が「人間の顔をした資本主義」にならなければならないのです。アンチテーゼとしての社会主義、マルクス主義が挑戦していた時は、米国資本主義は相手に人間の顔をしているように見せかけるため、仮面をつけていたのです。もはや仮面をつける必要がなくなりました。今や表れた顔は、本当に夜叉の顔ではありませんか? 過去冷戦時代にレーガンという米国大統領が、社会主義・共産主義及び一切の左派的理論・哲学・国家・政府・制度……などを「悪」(evil)だと断定し、米国資本主義を「善」だと主張しました。現在の「悪」は、私は米国だと考えます。この国は、真の平和を願わず、平和をガマンできない原理にしたがっています。

二一世紀は、資本主義が「人間の顔をした資本主義」へと変貌してよみがえる、人類史的大実験の世紀です。以前、フランシス・フクヤマ（F. Hukuyama）というエセ哲学者が「歴史は終わった」と発表したとして、韓国の教授・学者が常にそうであるように、あたかも米国という天から大きな神託でも降りてきたかのように騒いだ時、私は情けなく思いました。その理由は、資本主義の自己更生の歴史がこれから始まるべきだと考えていたからです。過去に体制化された共産主義や権力統治形態としての社会主義において、ようやく現在の資本主義が自己生存の必要のため要求して作り出す新しい形態の体制――ある人々の話によると「第三の道」といっているようですが、私の表現では「人間の顔をした資本主義」への自己革命の時代が、二一世紀であると考えます。

マイシンとしての社会主義、体制としての社会主義

金東雲：では資本主義にある程度対抗しながら、また新しいどのような体制を成し遂げていくか、つまり体制としての社会主義形態は、もはや今後は不可能ないし不必要だと思われるのですか？

李泳禧：歴史的経験と多くの実証を教訓とするならば、階級主義と革命の体制としての社会主義は、ごく例外的な少数の後進社会を除外すると、その役割をすでに果たしたように思われます。中央統制的な命令形計画経済体制としての社会主義なら、やはりアフリカの少数未開発国家の制限的範囲において、一定期間の体制的役割を担当できるでしょうが、開発途上程度の段階にある社会においては、体制としての社会主義の機会はあまりないでしょう。国家運営の政治的体制としても、複数政党議会民主主義を拒否する一党専制的社会主義は不可能でしょう。そう考えるならば、社会主義は体制とし

ては自らの民主主義的体質改善とともに、社会主義固有の哲学と理念、すなわち平等・人間自治・個人と全体の利益調和、経済的および社会的正義、物質的豊穣より生活の内容（質的幸福）、特定または少数の強大国覇権主義と戦争、国際関係の平和的体制確立、反核・軍縮・平和・富裕強大国の貧困・低開発国家人民に対する積極的な富の移転、人類平和……などを目標および行動綱領とした資本主義的民主主義体制の「牽制的同伴者」の役割が、社会主義に賦課された機能、そして社会主義が積極的に能動的に遂行すべき役割だと考えます。

いわゆる「新自由主義」という無限競争市場経済の非人間性、社会的ダーウィニズムの極端な形態である経済社会的弱肉強食とその無慈悲性、倫理性を喪失した科学・技術万能主義、資本の科学・技術支配構造にもとづいた人間と人類の未来に対する恐怖……など、社会主義に対し二一世紀がかけている要求や期待は、一九世紀や二〇世紀の少数国家における体制としての社会主義に劣らないと私は確信しています。

人間は、個人としては明らかに理性的存在であるのに、集団化した時には理性を喪失するということを、私はおおむね真理であると考えます。何といってもその最悪の、しかし最も適切な発現がヒトラーのナチズムでしょう。ナチは個々人のあらゆる頭脳（理性）を、集団的支配の目的のため、最も効果的に組織化しました。人類史上、後にも先にも無かったことでしょう。ナチの狂気にもとづいた人類の絶滅危機に直面して、ナチの「集団的理性」は終わりました。次に人間理性が高度に作用して作り出した科学技術の先端として、核兵器があげられます。人類絶滅の危機の瞬間が来てはじめて、今やこのままでは君も私も死ぬ、人類絶滅の段階にきたという潜在的終末状態を悟ったとき、反核の歴史が始まりました。環境問題もそうですよ。人間の理性（科学精神）があらゆる物質的利器を発明・製造し出した結果として、自然の破壊と人間生存条件の環境の危機を感じるようになったからこそ、緑の党も生まれ、自然と環境、人類の生存方式に対する反省も生まれたのではありませんか？二一世紀の人間理性のもう一つの恐るべき危機は、生命工学、遺伝子操作などにより宇宙の調和の原理を破壊しうる「神への挑戦」です。これら全ての挑戦は、人間の可能性の自然な発露であるという主張がありますが、研究の出発とその結果（物）の処理・利用の全体段階を資本主義的利潤追求システムが支配するということに問題があるのです。そのような絶体絶命の危機の中で、自己の生命保存の脅威を感じて「恐ろしい。もうこのぐらいにしよう」という要求が生まれないでしょうか？ですから私は現在の人間「発達」の結果に対して、逆説的ではありますが非常に「悲観的楽観」をしています。窮極的に生命というもの、死ぬまいとすることは、あらゆる生命のまさに本質ではないでしょうか？　物質を私有化しようという欲、本性としての利己心と共にです。すなわち、持とうとすること（所有）と死ぬまいとすること（命）が、生命の二大現象でないかと考えるのです。

金東雲：それほど極端な状況まで行けば、多くの様々な悪い結果がもたらされるでしょうが、そこまで行く前に、あらかじめ予防して他の方向へ行くようにする人間の努力は、難しいのでしょうか？

李泳禧：ですから人間は、個体的には理性的活動をするのに、集団化するとその集団、社会、民族、国家、慶尚道・全羅道、*軍隊、政党、宗教などは非理性的になるということです。したがってそのようなもの（予防的な努力の結実）をそれほど信じてはいません。それぞれの集団が、終局の段階からはじめて引き返し引き返し……生、すなわち生きようとする生命衝動が集団的反理性を最後の瞬間に蘇らすと私は考えます。理性ではないのです。このような過程を繰り返しているうちに、一種の「歴史的遺伝」のようなものが生じるであろうと考えます。長い歴史の中で初めてよりは二度目が、二度目よりはまた次が、蓄積された知恵でもって機能できるのではないかと期待します。非常にのろいことでしょう。絶望するわけにはいかないでしょう？ですが人類がこれまでこうなってきたことを見ると、今後、何千、何万年の反復過程をたどらなければならないだろうと思われます。そして、資本と利潤追求と商業主義の自然的・必然的結果である、そのような「人間の不幸」を予防する、少なくとも無限進展を抑制したりその災いを軽減、緩和する哲学・理論・理念・情熱・熱望そして行動力こそが、まさに社会主義ではないでしょうか？

＊慶尚道（嶺南地方）と全羅道（湖南地方）の対立は、韓国での地域感情による対立の典型例とされる。東西矛盾とも言われるこの対立は、朴正熙時代に政権基盤である慶尚道を集中的に開発することによって地域格差が作られ、各政党によって選挙戦術として助長されてきたが、いまや地域対立と関わる既得利権層まで作り出し、解決困難な問題として登場している。南北首脳会談によって、南北和解と統一の展望が開かれた今日、東西対立は南北対立以上に困難な韓国の政治的課題であるとまで言われている。

李スガン：先生が言われた資本主義と社会主義の関係は、世界史的な問題であると同時に、朝鮮半島において考えると今後統一時代を控え、具体的にこの南北体制がどのように望ましい方向に進むかという問題になりますね。

李泳禧：私は、北朝鮮の民族社会主義の歴史的経験と韓国の隷属資本主義の歴史的経験には、それぞれの短所と長所があると考えます。それで私は、韓国の優れた資本主義的物質的生産力と、北朝鮮の協同的人間関係における道徳性の高い政治的指導理念が相互に収斂された、ある社会像を理想的に考えてみます。資本主義的社会主義の西ドイツと西欧的価値指向の東ドイツ社会主義こそが、まさに大きな破局なしに統合しえた理由だと思います。韓国の識者らは、韓国は現在の韓国のまま北朝鮮を統合するという考えですが、韓国も韓国なりに社会主義的価値や政策を導入して西ドイツのように変わってこそ、平和的で、南北の同胞に無理なく受け入れられる統一が可能であると私は確信しています。

李スガン：今後、南北が統合される方向に進んだ時、その過程において、先ほどおっしゃられたように既存よりはもう少しよい人間の型が形成されうる可能性が、どの程度あると思われますか？

李泳禧：今は、楽観するのは難しいですね。「そうすべきだ」いう当為が強いため、ゆっくりではあってもその方向に南北が自己修正するだろうと期待はしますが。この先、数十年後に統一されるもしれませんが、分断半世紀となった今の状態を見ても、両方とも大きく変わったではありませんか？別個の歴史的経験をしてきた二つの個体がプラスされて一つになる時には、その結びついた状態が、既存の二個体が経験してきた歴史的蓄積のどちら側よりも優れたものでなければならないでしょう？北朝鮮の現実——というのは二つの現実をさすのですが、一つは現在あるそのままの現実、もう一つは過去、解放以後蓄積された経験としての歴史的現実、その二つの現実よりはるかに優れたものになるべきではありませんか？　同時に南の方の現実とその歴史的体験よりもまたはるかに良くなければならないのです。例えばわれわれの政治ひとつを例にとっても、大統領制下における政治生活の総体的で集約的な人間としての表現であり、公的な象徴が大統領なのではないですか？　韓国に大統領という人が七人いましたが、一人でもまともな大統領がいましたか？　みな暴政のため追い出され、銃で撃たれて死に、国民を大量虐殺し、大型金庫に金を隠す、国の財政状態を破綻させておきながら……これが韓国の政治的歴史と現実なのです。これは犯罪国家です。政治的非道徳と非人間的行為です。これが韓国的現実と歴史的体験です。これで北朝鮮を併合することができますか？　また北朝鮮の一党独裁と個人神格化をわれわれが受け入れられますか？　双方が自己革命を行い、現在の自分ではないものに変わってこそ統一が可能でしょう。もちろんすぐにそうなるとは思っていません。だからこそ「当為」だとは言いましたが、実に難しい問題です。

　社会問題だけ見ても、韓国は犯罪的社会ではありませんか？　全て疎外された人間ではないですか？　それぞれが犯罪者でそれぞれが被害者でしょう。直接的、肉体的な犯罪は言うまでもなく、欺かれ、奪われ、貧富格差から来る堕落は口ではいえないほどであり。数えきれないほど多くのそのような事実における一つの例として、わが国で性を売って生きていく女性が二〇〇万名にもなることがあげられます。これは、女性人口全体の九％であり、二〇代から五〇代の女性のほぼ三〇％であると統計に表れています。このように非人間化された現実を、どうすれば統一の社会的規範とみなすことができるのですか？　韓国も北朝鮮も全面的に、今の自分ではなくならなければなりません。韓国の利己主義的動機による資本主義的・物質的生産力と、そこから必然的に発生する非人間化をどう振っ切れるかが問題なのですが、それを北朝鮮の人間主義的な、全体の利益と個人の価値を収斂すること――単純化するとこのようなものだと考えられますでしょうか？　自己変革的収斂で統一されるべきなのですが……（少しの間沈黙）あらゆる難関をのりこえて多くの交流を行い、双方が実質的な相互軍費・軍事力の縮小をしなければなりません。米国と日本が北朝鮮を国家として承認し、外交関係を樹立すれば、米国・日本・韓国に対する北朝鮮の恐怖感も減るでしょう。米国・日本・韓国がすべきことの方が、より多いのです。

いまだ反省も変化もない韓国の「報道機関」

金東雲：先生は南北関係、韓米関係、第三世界問題以外にも、言論社にもおられ、言論や知識人に対してもも多くの意見を発表してこられました。最近の言論に対しては、どんな考えを持っておられますか？

李泳禧：新聞・放送とその従事者たちが自己革命的にならなければなりません。解放後の長い歳月の間、反民衆的で腐敗・堕落した統治集団が民主主義の皮をかぶって支配するためには、自分たちを弁護し、醜悪なる正体をおもねりで美化してくれる、いわゆる「言論」が存在しなければならなかったのです。新聞・放送に関わる者はその代価として、犯罪的権力者たちからパンくずのおこぼれにあずかってきました。そのような腐敗の共生関係の中で、無制限の腐敗・堕落が進んできたのです。国民生活の他のあらゆる分野は、それでも自律的・他律的に変化しています。主に他律的ですが。ところが唯一変わらないで残っている権力が、いわゆる「言論機関（言論人）」とであるというのは周知の事実です。私が見る限り、民族間の和解と平和的統一を指向する道において、最後に残る障害要素が、いわゆる「言論機関」だと思われます。軍隊も反共警察も、それでも状況に応じて変化しているのに、頭の中に誤った考えをそのままもっている新聞・放送は変わっていません。全てを罵倒するつもりはありませんが、支配的勢力がそうであり、その下にいる人たちも内部的な改革をする意志や力量を持たずにいるようで、胸が痛みます。

金東雲：現在、金大中大統領が就任してほぼ一年になりますが、金大中政府に対して全体的に評価をするとどうなりますか？

李泳禧：外交は八〇点、内政は六〇点ぐらいです。異質的な政党との連立政府である上、過去の遺物と遺産である旧態依然とした既得権者たちの野党を相手にして、弱い政治基盤であの程度ならよくやったと考えます。問題は多いですね。今後どうなるか様子を見ないといけませんが、韓国政治の痼疾病がひどいので不安です。

金東雲：前から気になっていることがあるのです。普通一九八〇年代、一九九〇年代を見ると、学生や知識人が意識化される契機というものがあるのです。その契機が先生の本でもありました。普通はサークル活動や先後輩との交感、政治的事件との関連、このような契機があったりするものですが、先生が一九六〇年代、一九七〇年代にあのようなたいへんな闘いをしてこられた際に、契機というものはあったのでしょうか？　また、差し迫る危険や困難を考えたとき、特別な決意が必要だったのではないかと思われますが。

李泳禧：契機は特にありませんでした。捕えられる度に恐かった（笑）。国と社会の成り行く様を見ながら、その局面ごとにとてもガマンできずに書いたのです。あえて理由や動機として言うならば、野蛮な少数集団が国民に力で偽りを強要するその虚偽が嫌だったのです。偽りを強要することは、人間を否定することなのです。反共主義思想とその権力、解放後も続いた親日派政権、誤って入ってきた米国式思考と米国崇拝思想など、これら全てが、真実を認識する権利と自由を持つ人間に「偽り」を真実として強要するのは、人間性を否定するということでしょう。それは人間否定です。私がなぜ否定されなければならないのですか？　動物的な人間だけが保障され、精神的・道徳的・文化的主体としての人間は否定されているのに、そうなっていることに（人々が）気づかないのです。それに気づいた私としては、自分だけ知っていることとして逃げるわけにはいかないではないですか？

私のどれかの本の序文で書いたように、私が文章を書く行為は、ただひたすら真実を追求するという、そこに始まりそこに終わります。真実は一人の所有物ではなく、隣人と分かち合うべき生命であるため、それを知る私は文章を書かなければならなかったのです。それは、中国の思想家、魯迅が言ったように、鉄で作った密閉された部屋の中に閉じ込められ、光も空気もなく窒息し、死に行こうとしている、しかし意識が麻痺して死の苦痛も知らずに死に行こうとしている人々を、大声を張り上げて目を覚まさせようというのと同じく、無謀な行為だったのでしょう。ですが私は少数の知識人のその無謀さなしには、人間の解放と社会の進歩はありえないと確信しています。

金東雲：先生が捕まった時、先生のお宅で押収されたマルクス主義的進歩的関連書籍は、公安検察がそれまで個人から押収した中で一番多かったという文を見たことがありますが、そのような書物を読むことで、意識が発展していったと言えるのでしょうか？

李泳禧：それにより、知的・理論的視野が一気に広まったのは事実ですね。私は解放後の韓国社会の醜悪な姿を見て、その理論的解明に強い知的衝動を感じました。そしてこのような非人間的社会ではいけない、ならばどう直すべきかを模索する過程において、多くのマルクス主義的書籍や、また進歩的社会科学図書を読むようになったのです。なぜなら、わが国の社会は資本主義の中でも極悪な状態であり、独裁であるのですが、それを解剖して批判する知識と哲学は、その当時はマルクス思想しかなかったではないですか。革新勢力は全滅し、キリスト教はあるにはあっても権力と野合した教会になってしまっていましたから。実際、キリスト教があるべき姿にあったならば、そういう力になるべきなのです。愛と社会正義と万人の平等が、本来は革命の思想なのに、結局社会科学の一部であるマルクス主義が目を開かせてくれたのです。

今や高揚した時期は過ぎ、新しい変動を準備する時

金東雲：われわれはソウル大の前で人文社会科学書店をしており、利用する学生も主に大学生なのです。最近、一九九〇年代以降大学が大きな変化を経て、沈滞してしまったという話が多いのですが。

李泳禧：世の中の出来事というものは、東洋的な言葉で「気」というものがあると思います。「モーメント」と言いましょうか？　時には時の「気」（時機）があり、人には人の「気」があります。たくさんの要素が多様に結びつきながら、ある局面が生まれるのです。その局面によって、社会現象が進展するのだと考えます。エネルギーといってもいいです。必ずしも波の幾何学的な曲線のように正確な形態ではありませんが、そのいくつかの要素の結合により、すなわち「気」の組み合わせによって高揚する時もあり、下降し、沈滞してはなはだしくは消滅する時もあるのです。ずっと上がるばかりならば、それは宇宙原理に違反するのではありませんか？　反対も同じです。下ってもまた新しい

大きな「気」を形成するようになれば、人間がそれに相応しい行動をするようになるのです。今われわれは、さる約三〇余年、アジアだけでなく全地球においても例がないほど長期的に続いた高揚の時期を過ごしてきたのです。ヨーロッパでは一九六〇年代に五〜六年ほど革命がありました。あまりにも短いものでした。わが国は持続的に、四・一九から見れば途方もなく高揚した時期を過ごしてきました。人間と自然のエネルギーというものは、それほど無制限ではありません。少しの間休むべき時もあり、新しいエネルギーの発動を待たなければならない時もあります。今はそういう時なのです。それほど大きく問題視することはありません。そのような時期と状況においても、目覚めた人間たちの一貫した先導的役割は必須であります。私のような人間が、希望など全くないように見えた一九六〇〜八〇年代にそうだったように、目覚めた少数意識分子集団の一致した努力が、気の転換を促進できるのです。

金東雲：今の大学もそう考えられるということですね？　ところが韓国においてソウル大が占める位置は、また非常に特別なようです。以前の先生の自伝的な文章を読むと、先生を「意識化の元凶」として追い詰める、無知で残酷なソウル大法科出身の公安検事が登場します。ソウル大出身者は社会のあちこちで重要な席を占めていて、また今のソウル大の学生が卒業した場合、そのような進出をすることが相対的に多いでしょう。ソウル大生が持ちやすく陥りやすい陥穽というか克服すべき点に対して、言いたいことがあるとすればどんなことですか？

李泳禧：そうですね。私はソウル大生だからといって特別視して考えたり、また他の大学がどうだと、そんなふうに考えてみたことがないので……特殊なのでしょうか？（笑）私は別に大した違いはないと思いますが。ただし結果的に支配層に入っていった法科出身だとかいう人々は、問題がなくはないです。ソウル大生であるがゆえに問題があるのではなく、法と社会が連結する過程が問題のようでありますが。そうそう、(個人にも)問題はなくはありません。法律の本を何冊かながめてだらだら覚え、頭が少し良くて点数がたくさんとれたことが、あたかも天性が優れているように錯覚する、いわゆる「法科出身」がかなりいるでしょう。ですが一時、困難な時期に行動するのを見たところ、遅れて稼動して最後までかなり高揚した、そういう現象も見られたのではないかと思うのですが。

李スガン：大学の雰囲気が、先ほど言われたように下降したため、そういう否定的な現象がより顕著に現れているようです。先生が言われたように「個人的な錯覚」の場合もありますが、そういう錯覚が社会で通用しうるようにした縁故主義というか、学閥主義が……

李泳禧：そういう弊害も、私は遠からず変動が生じるはずだと考えています。解放以後は、親日派の気運が勝っていたのです。それは、挫《くじ》かれてしまったのではなかったですか。自然に人物の生命が尽きて、そうなったこともありますが、それに対する意識が蘇ってきましたから。その後にその第二世代といえる学閥や同窓やらが登場し、約三〇年間続いてきたのですが。偶然か必然かわかりませんが、とにかく金大中というある新しい人間が政治的な指導者として出てきたのですが、既存の流れに対するアンチテーゼが一つの政治的気運として起きたのだと考えます。これまでの潮流をどの程度解消し克服して、新しい方向に道を正すことができるかは分かりませんが、契機が作られるということは重要ですから。私は常に長い目で見ようとしますから。ある程度、大衆的認識の変化と政府政策の修正が初歩的な動きを見せており、私は歓迎しています。

「思想的彷徨」？「摸索」は常にすべきこと

金東雲：先生はずっと長い目で見ることを強調なさりますね。

李泳禧：若いときは、私もそうでしたが時間の単位をとても短く考えます。自らの努力の代価が短時間内に実を結ばないと、しばしば意味を喪失し、挫折するでしょう。ところが過ぎて見れば、短期間になされたことは長く持続し難いという真理が分かってきたのです。例えばロシア一〇月革命が良い例ですが、結果的には社会変化（または進歩）の歴史的段階というか、過程を暴力で跳び越えられると信じたのがスターリン主義だったのではありませんか？　毛沢東の「大躍進」や紅衛兵式「文化大革命」も、結局あまりにも性急にいくつかの段階を跳び越えようとしての過ちだと見るべきでしょう。質的な発展をもたらすことはできなかったということです。連続可能な質的な変化をしなければならないのに……人間という動物であるがゆえに、一定の過程と段階をおおむね経てこそ、進化できるのです。時々突然変異があることもありますが、それはどこまでも例外であって長くは続かず、またある時期になれば原点に帰ってきます。人間の理性を過大評価せず、基本的に動物であるという点を認めるべきなのです。もちろん人間は動物とは異なり、上半身的な理想と意志で自分が望む方式で改造していくことはできますが、下半身的な要素を全く無視して今日の人間と社会を完全なものとして、今の社会の制度と慣習を短時間で理想郷に変革しようとするのは、ちょっと無理なようです……多くの人々が希求しましたが。それは高貴な経験であり、絶対に虚しいことではないでしょう。「歴史的遺伝子」を変化させていくはずですから。そう考えると、過去の階級的革命方式よりはトーンを少し低めなければならず、今後は意識化された市民集団の力量とその横の連帯の拡大・強化を通じた、ゆっくりではあるが着実で誠実な改革運動が最も効果的なようです。そのためには、着実に、丹念に、知的な鍛練をしなければなりません。今大学生に必要なものとは、まず一番重要なのは、若い生命の時間を満喫しながらも社会に対して批判的意識を堅持することで、そのためには一定の基礎的な知的訓練をしなければなりません。本をたくさん読まなければならないでしょう。ここで書店の重要性が出てくるのです（笑）。意識を固めるべきであり、実際今までは固めた意識なしに風のようにまきこまれて準備もせずに進んでいく場合が少なくなかったのです。問題は歴史的変化の遺伝子を、歴史の中に隠れている力を認識して、一九六〇年代・一九七〇年代・一九八〇年代の歴史的経験を通じて知識と教訓を高めていくこと、勉強といえば学校の勉強のように聞こえますから……社会と人間の生存原理に対する認識を土台にした、知的訓練をする必要があるということです。ただ食べて遊んで恋愛して——もちろん恋愛することも重要な生命の発現でありますから（笑）、それを否定するわけではありませんが——そんなふうにするばかりでなく、自分の周辺の具体的な問題に対して認識し、行動して、より大きな問題に対してはまず知的準備をすべきだと考えます。自分の周辺と関連した問題にまずは一の比重をおいて、〇・五を社会全体・国家・人間の存在に関連した問題を準備してはどうかと思います、一・五の中で。過去と順序が反対です。

金東雲：熾烈でありながら同時に長く続かせることはできないのでしょうか？

李泳禧：それは立派で望ましいことではあります。ところがそれはたやすくはありません。質的に正反対のことを同時に上手くやれると言うのは、ちょっと欲張りだと思います。その、誰でしたか、李《イ》海鑽《ヘチャン》教育部長官は、大学生に贈った長官訓示（?）において、思想的彷徨をするなと言ったそうですが、「彷徨」でなく「摸索」でしょう。彷徨というものは方向感覚もなく目標もない状態で、摸索は知的訓練をしながら目的意識を持って道を探すことなのすが、摸索はずっとすべきでしょう。極端にすぐさまそれを使って行動化したり、焦って成果を要求したりせずに、固める時期を持とうということです。

李スガン：先生が政権交替直後『ハンギョレ新聞』に、地域差別と地域感情問題に関して書かれた文章を読んだことがあります。ところがソウル大の図書館近くを見ると、壁新聞のようなものがたくさん貼られた長い通路があるのですが、そこに誰か先生のその文章を切り取って貼り付けていました。恐らくある学生が、他の人と共有したくてそうしたのでしょう。それを見て私は、先生は五年間文章を書かれていなかったといいましたが、相変らず若い学生に共感を呼び起こすものがあるのだなあという考えが一方では浮かび、一方では全北大の姜俊萬《カンジュンマン》教授が『レッドコンプレックス』という本に載せた「李泳禧論」での批判で、先生がこれまで地域問題についてはそれほど言及もせず、いい加減にしてきた側面があるとあったのですが、先生はその文章を見て新聞に書かれたのではないかとも考えました（笑）。地域問題については、どう考えておられますか?

「わしの慶尚道弁が分からんのか？」

李泳禧：うーん……地域問題とは……何か粘っこい……介入したくない性格のものです。わざと避けて書かなかったというよりは……ちょっと不快なのです。実際は、姜俊萬氏があのような問題を勇敢に持ち出したことを、私もかなり痛快な思いで見ています。ああいう人物は、どこにでも居なくてはならないのですから。ともすると、私のような人間が積極的に書かないから、姜俊萬氏のような人が立ち上がったのかもしれませんが（笑）。私が過去に、様々な issue（問題点）について誰も問題提起をしないから立ち上がったように、です。私もそのことについて普段考えないわけではありませんから、書くことも可能な主題です。多くの被害者を見てきましたし……それほど頻繁には書いてこなかったことについては……実際、またアクセス（access）してみる必要のある主題でもあります。一つのエピソードをお話しすると、一九七〇年代の初めに英文で確か『コリア・ヘラルド』紙にその問題について寄稿したことがあるのですが、最近その新聞を探しても見つからないのです。どういう話かと言うと、私が夜、武橋洞《ムギョドン》でタクシーに乗り、新設洞《シンソルトン》近くで目撃したことですが、一歩遅れて相乗りをしてきた冴えない風貌の三〇代後半ぐらいの人と運転手にひと悶着ありました。その時にはタクシー停車場制度があったのに、停車場ではない場所で降ろしてくれというのです。運転手がもう少し行けば停車場があるからと言ったのに対して、「あんた、わしの慶尚道弁が分からんのか？」というのです（笑）。それがすでに一九七二年ごろなのですが、その当時すでにそんなふうでした。その後にもいろんな事がありました。姜俊萬氏のように実際にその地域の知識人である場合には、誰かがしてくれなければならないことだと考えたことでしょう……。直接自分の問題であるため、より切実でしょうが、そんな点においてなら私も責任を感じるところがないわけではありません。

李スガン：最後に、今後書きたい文章は、どんなことがおありですか？

李泳禧：今後書くとすれば、社会問題よりは私が思惟するもの、生きる中で考えたこと、内面的な自分について扱ってみたいです。私は文芸・芸術的なことにとても鈍感なため、実に難しそうです（笑）。そんな欲があるということです。必ずしも芸術的なことに限りませんが。私が最近非常に好んでいつも持ち歩いている本が、『ゲーテとエッカーマンの対話』という日本語版文庫本です。ゲーテと彼の愛弟子エッカーマンが多様な主題について対話するという内容です。例えばナポレオン軍隊が普仏戦争の時ドイツに攻め込んで来たのですが、ゲーテは他のいわゆる「愛国的詩人」たちのようにフランス（軍）に対して敵愾心を鼓吹するような詩を書かなかったのです。そのことで人々が運命の傍観者だと非難したのに対して、「私は私の生活を国境や君主や国家の単位として生きるのではない。私にとって重要なのは文明か野蛮かということにすぎない。……一般的に国民的憎悪感というものは、文化の水準が低いほど強く表出し、要求されることを君は知っているでしょう」。こんな話が出てきます。ゲーテという人間が到達した教養と知性の境地に加えて、具体的な生活の経験が溶けこんで流れ出る、透明でありながらも暖かくもある内容ですが、とても良いのです。私にはそんな器でもなく能力もありませんが、そのような主題で書いてみてみたいです。そのためには生活が煩雑であってはならないのですが、過ぎし日の知的・実践的活動に関連したあれこれと関連したことがあちらこちらで次々と起きるのです（笑）。

金東雲・李スガン：図らずもわれわれも、そういう煩雑なことを一つ加えたのではないかと思います（笑）。

長い間ありがとうございます。来年一年、ご健康をお祈りいたします。

先生の著書を積み上げた写真を撮るために、書店から先生の本を持って行っていた。ところが手に入らない本があった。「もう『歴程』と『分断を越えて』は出ないようです。書店にもありませんでした」。すると先生は、「これから私の本はそうなるべきでしょう。私が私のある著作に書いたように、私の話が一般常識のようになって敢えて買って読まなくてもよくなる時、それで私の印税がゼロになる時こそ、私の最も幸福な瞬間となるでしょう」と言われた。そう話す先生の表情は、非常に淡々としていて平穏であった。インタビューの間中、そうであった。われわれがお宅を出る頃、先生が二人きりでお住まいの夫人に「今日の午後にでも、山歩きに一緒に行こう」と声をかける姿もやはり、たいへん平穏であった。ある本に、先生のこのような姿が「自身に与えられた役割を遂行した者だけが享受しうる老年の余裕を彼はケレン味なく享受し、享有しているのである」と書かれていた（鄭範九《チョンボムグ》『マル』一九九八年一二月号）。その老年は、「理性七十古来稀」と呼ばれるにふさわしいであろう。

先生の「気論」を借りて言うならば、先生の現在は、時代的な下降期と自然人生としての下降期（晩年）が重なったものだといえるだろう。過去と比較すれば時代が下降期であるのは明らかだが、このような時代に人生の周期における「プラス」の時期を迎えるのは幸か不幸か？　先生は一九九四年にこうおっしゃったことがある。「（今の）大学で勉強できる若者は、われわれ既成世代がしたくてもできないこと全てが全部かなう特権を享受しているのである。二〇〇〇年代の世界は、あなたたちのものだ。……いくら平安な祝福の中で若さの喜びを満喫していても、社会と国家をもう一度不純な勢力や集団が欲する気味がある時は、過ぎし日の先輩たちのように立ち上がらなければならないでしょう。ゆえに私は、現実に対する問題意識を大学生に期待している」

［初出：書店「その日が来れば」の発行物『その日で本を読む』の発行人・金東雲と、編集諮問委員・李スガンとの対談。『その日で本を読む』一九九九年二月二二日付］

［解題］東アジアの新ミレニアム
――平和・人間化のために

今年（二〇〇〇年）の六月一七日、釜山大学の国際地域研究所において、「神の国、礼節の国」という研究発表をする機会をえた。ちょうどその日の午後に、釜山民主化記念公園で、「平壌頂上会談――解けた問題と解けなかった問題」と題して、李泳禧先生の講演があった。久しぶりに先生にお会いしたくて参加したところ、南北首脳会談直後であったせいか、高校生や大学生とおぼしき若者を中心に、四〇〇席ほどの講堂はほぼ満席になった。先生は、南北首脳会談の成果として、なによりも「朝鮮半島から戦争の可能性が消え去ったことであり、分断によってもたらされた人間性の破壊を回復する機会を得たことである」と強調された。相変わらず飾り気の無い訥々とした語り口には「真実」を訴える力強さがあった。

講演を終えて会場から出てくる李先生の周辺には四〇前後の教師たちを中心に人々が集まった。「学生のころ、先生のご本を感銘深く読み世界観が変りました。そのために何年か（監獄に）行ってきましたがね……」。翌日の一〇時に金海《キムヘ》空港で先生と別れるまで、一五時間ほどの同行の間だけでも、何人もの人たちから同じ話を聞かされた。

朴正煕の軍部独裁の暴圧が極に達した「維新時代」に一世を風靡した李先生の『転換時代の論理』

（一九七四年）、『偶像と理性』（一九七七年）は、外信部記者として長年蓄積した洞察を背景に、冷戦と朝鮮半島分断のタブーに鋭利に切り込む評論集であった。先生が獄苦を経る原因となった『八億人との対話』（一九七七年）は、「敵性国」とされ、だれもまともに取り扱おうとしなかった中国社会主義体制を韓国で初めて正面から取り上げたものであった。それらの著書は韓国社会、特に若者たちに反共主義という「偶像」を破壊する巨大なインパクトを与えた。

先生の本を所持していただけでも、学生たちは投獄された。独裁政権がある本を禁書にすることは、その本の反独裁的価値を公認するようなものである。「禁書は良書なり」ということで、先生の本はますます漢陽の紙価を高めた。私も獄中で李先生の著作に接したが、先生の著書は獄中の「良心囚（政治犯）」たちの必読書であった。先生の著作を獄中へ秘密裏に「輸入」するためにどれほどの努力と犠牲をはらったことか。また、辛苦の末にその一冊を手にしたときの、胸のときめきはいまも記憶に新しい。韓国での発禁・投獄と地下出版とのいたちごっこの結果は、真理や真実に対する人間の渇求の大きさや破壊力を今一度、確認させ、人類史の中での反知性的な禁書・焚書の敗北に、新しい一ページを加えたことであった。

先生の本を「耽読」したり、所持するだけでも、獄苦を味わわねばならないのだから、張本人は「責任上、当然」、監獄行きである。李先生は、日本語版への序文で、その受難の経験を「強制連行・逮捕七回、そのうち投獄五回、反共法および国家保安法による裁判三回、懲役合計五年、大学教授解任二回（各四年、計八年）」と明らかにされている。

「国全体が大きな監獄」になり、「監獄に行かねば人にあらず」という風潮が生まれ、獄中経験が普遍化し、ついには大きな勲章にさえなった独裁政権時代においても、知識人として、言論人としての李先生の赫々たる「前科」は余人の追従を許さないものであった。

一九九一年、私がカリフォルニア大学にいたころ、バークレーのコリアン・アメリカン学生を中心としたコミュニティが「朝鮮半島統一シンポジウム」を開催した。韓国の統一院の局長、北朝鮮の祖国平和統一委員会書記局次長を含む、南北朝鮮の政府関係者と様々な立場の民間から招請されたメンバーの中に李先生がおられた。冷戦崩壊後、北朝鮮核をめぐる緊張が本格化する直前とはいえ、呉越同舟のシンポジウムにおいて、先生の緊張は解けなかったようで、発言は慎重で表情は硬かった。先生が、少し、砕けた風になったのは、朴炯奎《パクヒョンギュ》牧師、韓明淑《ハンミョンスク》氏などとともに私の下宿で食事会を行ったときのことであった。「体を悪くしてから、最近あまり強い酒は……」と、おっしゃいながら焼酎をぐびぐび飲のみほし、李先生は「昔は、白乾児《ベガル》（中国の度数の高い蒸留酒）しか呑まなかったもんだが……朴正熙が私の命を救ってくれたのだよ」と切り出した。「あれ？　朴正熙にあんなに弾圧されたのに……朴正熙が命の恩人だとは？」。「白乾児を鯨飲したものだから、胃に穴があいて血を吐いて、そのままでは死ぬところだったのだが、朴正熙が捕まえてくれたおかげで、ぴたりと酒を止め、養生したわけだよ」と、わざわざ腹部の大きな手術の跡まで示されながら、にっこり笑われた。六〇年代、七〇年代の韓国を垣間見たことのある私には、この笑い話を単純に笑いさることができなかった。李先生の半世紀を述懐された自伝的エッセー『歴程』（一九八八年）に生き生きと描かれているが、先生も植民地から分断、朝鮮戦争、独裁政権の下での暗鬱な生活を経てきた世代の一人として、また離散家族として最も過酷な歴程を歩んでこられた方として、敢然と権力に抗する筆鋒をふるった先生の日常には、どれほど大きな恐怖と緊張があっただろうか。権力の本質に接近し最も危うい部分に踏み込む記者として修羅場をかず限りなくくぐりながら、胃に穴があくほど酒をあおらずにはいられなかっただろう。

最近、先生もお年を取られて丸くなったと言われているが、往年の先生の写真には、みなぎる反抗精神というか、覇気あふれる炯々とした眼光、強情そうなへの字に結ばれた口もとからは剛直不羈な性格がにじみでている。先生は「偽り」を嫌い、「真実」を求め、「へつらい」を憎み、「直言」を重んじ、「強者」を批判し、「弱者」に附くといった、時流に逆らう頑固者であるともいえよう。長い著作活動を通じ、冷戦・分断体制と、そこから作り出された「非人間化」への批判を続けてこられた。冷戦最前線におかれた反共国是の韓国で、反共のタブーを打ち破ることに、渾身の力をふりしぼりペンを取り、たたかってこられた。とりわけ、南北分断の壁に立ち向かい、韓国における国家保安法体制と反共イデオロギーへの批判を「易地思之（相手の身になって考える）」、「人間の回復」という簡明な論理をもって説いてこられた。

先生は韓国で有数の名コラムニストとして知られている。文章は簡潔にして明快、何人をも説得せずしてやまない緻密な論理構成と正確で豊富な傍証、さらに流麗にしてリズムのある文章は、読む人をして、ある種の快感すら覚えさせるものである。私は、その文章力を先生の天賦の才能であると信じてきたが、実は、身を削る凄まじい努力の結果であることを知ったのは、比較的最近のことである。一昨年、立命館大学において、本書に収められている「朝米核・ミサイル危機の軍事政治学」の研究発表が終わった後、先生の旅の疲れを癒すために温泉に遊んだ。その時、先生から文章講話をうかがったのだが、血のにじむ努力で資料を集め、文章を磨きぬかれ、文章のリズムまでをも吟味されるという。また、今回の翻訳にあたって、底本として先生の手択本をいただいたのだが、大部な本の一字一句が吟味・校訂されており、詳細な書き込みがなされていた。先生の多作、生産力の旺盛さと照らし合わせてみるとき、一字一句をゆるがせにしない厳格さは、まさに超人的なわざといえよう。

本書、『朝鮮半島の新ミレニアム――分断時代の神話を超えて』（原題『半世紀の神話――休戦ラインの北と南には、天使も悪魔もない』）は、長年蓄積されてきた先生の世界観・同胞観・南北問題について蓄積された思想と知識の精華であるといえよう。本書のモティーフは、原題に表されているように、虚偽と偏見、政治的プロパガンダに満ち満ちた分断時代の偶像と神話の破壊であり、南北朝鮮相互の公正・客観的で人間的な認識と理解を求めるものである。特に、「盲目的愛国主義と狂信的反共・反北朝鮮主義の発動を警戒し、まずその真実の究明が重要であることを主張してきた」とあるように、その間、激しい攻撃にさらされてきた北朝鮮を同じ民族の一方として、客観・公正に見ることによって、民族和解と統一への道を切りひらき、民族全体の「人間化」を図らんとするものである。

本書に所収の諸論文・論説は、主に九〇年代後半にかかれたものであるが、今回の南北首脳会談とその結果を予想していたかのように思われるところが随所にある。先生の朝鮮半島の南北、国際関係に対する洞察力と信念の正しさを立証するものに他ならない。

今回、南北共同宣言第三項で、民族統一に一身を捧げ、「北のスパイ」として四〇年以上もの長期間、獄中生活を強いられてきた非転向長期囚を北朝鮮の家族のもとに送還するという合意がなされ、本書刊行の直後である九月上旬に実施されることになった。南北首脳の英断である。思想転向を拒んだがゆえに、分断の狭間であらゆる苦しみをなめ尽くしてきた彼らと共に二〇年近く生活をした私としては感無量である。彼らが生きて日の目を見、故郷に錦を飾ること自体が、朝鮮分断史における大地殻変動である。しかし、この問題は、半世紀の間、分断朝鮮史における隠蔽された問題であり、北朝鮮の立場としては、その存在を公式的に認めがたい問題であった。第1部の「北のスパイを送り返し、南のスパイを受け入れよう」で、李先生はこの問題を人類史の常態として客観化し、「人道的」観点から解決することを直言している。あわせて、韓国が北朝鮮に送り込んだ、諜報・破壊・背後攪乱などを任務とする特殊部隊の存在を社会の明るみに引きずり出した。

「果たせなかった帰郷」は、民族分断の悲劇、離散家族の苦悩を先生自らの生々しい体験から描き出した告白記であるといえよう。総じて第1部の内容は、原著に収められた「再び人間になるために」「北朝鮮同胞のものは北朝鮮同胞に」「北朝鮮の韓国化が統一なのか?」などのタイトルだけ見ても分かるように、南北の長期的な平和と統一のために、吸収統一論に対する反対、北朝鮮の主体性とその生活の尊重などを主張したエッセーが主体となっている。元朝鮮労働党秘書「黄長燁との対談」は、黄氏の亡命と奇矯な発言の秘密のベールをはがすものとして期待されたが、多くは東問西答に終わってしまっているのが残念である。

第3部は、講演、対談の形で先生の日ごろの薀蓄《うんちく》を傾けられたものを集めた。おおよそ、第1、第2部での話が総合されていると言えよう。しかし本書の白眉はなんと言っても軍事・安全保障を論じた第2部であろう。李先生ご本人も、「これらの論文は大韓民国の国家基本法と政策の虚偽を、正面から否定・批判したものである。身の上の危険を覚悟する重大な決意のもとに発表された」(日本語版の序文）と述べておられる。また「大韓民国は朝鮮半島における『唯一合法政府』ではない」という事実を韓国で初めて主張された。「裸の王様」に裸だと直言できる、澄んだ目と勇気をもつ人は多くはない。

やや時期が過ぎたという点と紙数の関係で割愛せざるをえなかったが、「南・北朝鮮における戦争能力比較研究」（一九八八年）は、当時、固定観念となっていた「北朝鮮軍事優位論」に痛打を加え、韓国社会に強烈な衝撃を与えた問題の文章である。韓国の『国防白書』を基本資料として駆使しながら、今日においてもまだ流布されている北朝鮮の軍事力をとてつもなく誇張し「北朝鮮恐怖」をあおり、反共イデオロギーをふりまき、アメリカおよび韓国独裁政権と軍産複合体の利益を追求してきた「神話」を批判している。「朝米核・ミサイル危機の軍事政治学」は、一九七〇年代に朴正熙政権が軍事外交的な危機に直面し、政権の危機を「核・ミサイル」によってのり越えようとした歴史的事実を想起し、北朝鮮が九〇年代の国際的な孤立の中で類似した選択をせざるを得なかった対称性に注目した。本書の中で最も注目すべき「『北方限界線』は、合法的軍事分界線であるのか？」は昨年六月、西海（黄海）での海戦で問題になった「北方限界線」の歴史・法的性格を徹底的に分析した力作である。停戦協定、南北基本合意書、国際海洋法、秘密解除された米国政府及び軍の極秘文書などを駆使し、精密な分析を行っていく手法は、あたかもなにかミステリーや謎解きのようにすら感じられる。

本書の日本語版の刊行について、李先生は、「南北首脳会談以後、状況が大きく変ったので、内容が古くなったのではないか」と危惧された。しかし、本書は南北朝鮮の正しい認識と相互理解の必要が現実の問題となった今日、韓国において、ますます脚光を浴びている。しかし、この時代に、韓国において日本で出版されねばならない事情はさらに切実である。

ソ連・東欧社会主義の崩壊以後、アメリカは東アジアにおいて冷戦の持続を図り、アメリカの軍事覇権の貫徹と軍産複合体の延命を図ってきた。そこで日本は東アジアにおける世界冷戦の残りカスを貪り、軍事化・右傾化を強めてきた。しかも、それは北朝鮮の悪魔化、朝鮮半島の対立・緊張をあおることをテコとして進められてきた。在日朝鮮人に対するテロや北朝鮮飢餓に対して「当分、干上がらせろ」との政治家の暴言にあらわれた非人間的な言動に示されているように、近年、日本の「北朝鮮悪魔化」、「北朝鮮憎悪」は常軌を逸したものになっている。さらに深刻な問題は、冷戦に寄生してきた韓国情報部の受け売りをしてきた大量の低俗なメディアや「北朝鮮もの」出版物、漫画によって、「北朝鮮悪魔論」の「偶像」と「神話」が日本人の中に共有されている現状である。南北首脳会談によって平壌が外交的孤立から解かれると同時に、北朝鮮の孤立化・攻囲だけを目指してきた日本の硬直した対北朝鮮外交は、朝鮮半島をめぐって孤立する結果を生んだ。日本は南北首脳会談にいたる、南・北・米・中・ロの外交のカヤの外に置かれてきたが、今後、朝鮮半島南北の平和・和解・統一プロセスにおいて、障害物として立ち現れる可能性すら濃厚である。これは、日本・日本人が再び朝鮮民族に対する抑圧者・妨害者として立ち現れることを意味するばかりでなく、二一世紀東アジアの平和に暗雲を投げかけるものと言わざるをえない。この負担と危険性は直接、日本人の上にはね返ってくるものである。東アジア冷戦の真の終結は、朝鮮半島の分断の克服をこえ、東アジアの分断を終息させることで完成する。そこでの日本の役割が注目される。そのためには、日本人の「分断意識」の克服と冷戦時代の「偶像」と「神話」の破壊が切実である。東アジアにおける平和な新しいミレニアムの出発は、北朝鮮を隣人として迎えることのできる、日本人の「人間化」にこそ求められねばならず、その意味で本書の一読を薦めたい。

最後に、本書の出版にあたって、当節の困難な出版事情のために原著の貴重な論文の多くを割愛せざるを得なかったことを、読者のみなさんと李泳禧先生に心からお詫びしたい。それにもかかわらず、日本語版の出版を快く許していただいた、李泳禧先生と図書出版「三人《サミン》」、さらに、困難な出版事情の中で刊行を引き受けていただいた社会評論社の松田健二社長、そして切迫した刊行スケジュールに汗を流された編集部の新孝一氏に心から感謝をささげたい。南裕恵《ナムユヘ》、広瀬貴子の両君は、本書の下訳や校正、訳注作成など雑多で面倒な仕事を引き受け、怠惰な私を叱咤激励し刊行にこぎつけてくれたことを付記してその労に報いたい。ただし、翻訳の最終的責は私にあり、大小の誤りについては大方のご叱責をいただきたい。

二〇〇〇年七月二五日　南北首脳会談の成功を祝して

京都嵐山にて　徐　勝

著者紹介

李泳禧（リ　ヨンヒ）

1929年　北朝鮮の平安北道生まれ。

1950年　国立海洋大学校卒業。

1950—1957年　陸軍通訳将校として服務。

1957—1964年　合同通信外信部記者。

1960年　米国ノースウェスタン大学新聞大学院において研修。

1964—1971年　朝鮮日報，合同通信の外信部長を歴任。

1972年　漢陽大学校文理科大学教授，兼中国問題研究所研究教授歴任。

1976年に漢陽大学校を解職され，1978年反共法違反事件で懲役２年刑を宣告され服役。

1980年に復職したが，同年夏，全斗煥政権下で再び解職される。

1984年秋　漢陽大学に復職。

1985年　東京大学の招請で，社会科学研究所の共同研究に参加。

1987年　米国バークレー大学の准教授として，‘Peace and Conflict’ 講座を二学期間担当。

1995年　漢陽大学教授を定年退職。

現　在　漢陽大学言論情報大学院教授。

著書

『転換時代の論理』（1974），『偶像と理性』（1977），『分断を越えて』（1984），『80年代の国際情勢と朝鮮半島』（1984），『ベトナム戦争』（1985），『逆説の弁証』（1987），『歴程』（1988），『自由人』（1990），「人間万事塞翁が馬」（1991），『鳥は左右の翼で羽ばたく』（1994），『スフィンクスの鼻』（1998）など。

監訳者

徐　勝（ソ　スン）

1945年京都府生まれ。東京教育大学卒業。韓国・ソウル大学大学院留学中の1971年，韓国当局に逮捕され，政治犯として19年間を獄中で過ごす。1990年釈放。米国・カリフォルニア大学バークレー校客員研究員などを経て，1998年から立命館大学教授。比較人権法専攻。

著書『獄中一九年』（岩波新書），『第一歩をふみだすとき』（日本評論社），訳書『駐韓米軍犯罪白書』（青木書店），『ナヌムの家のハルモニたち』（人文書院）。

訳　者

南裕恵（ナム　ユへ）

1974年生まれ。立命館大学産業社会学部卒業。

現在，同大国際関係研究科博士後期課程在学中。ナショナリズム論・アフリカ現代史専攻。

広瀬貴子（ひろせ　たかこ）

1967年福井県生まれ。岡山大学史学科卒。中・高校で4年間教えた後，韓国・延世大学語学堂卒業。現在，立命館大学社会学研究科博士前期課程在学中。

共訳書『駐韓米軍犯罪白書』（青木書店）。

朝鮮半島の新ミレニアム　分断時代の神話を超えて

2000年8月15日　初版第1刷発行

著　者：李泳禧

訳　者：徐　勝（監訳）・南裕恵・広瀬貴子

装　幀：市村繁和（i-Media）

発行人：松田健二

発行所：株式会社社会評論社　http://www.netlaputa.ne.jp/~shahyo

東京都文京区本郷2-3-10　TEL03(3814)3861　FAX03(3818)2808

印　刷：株式会社ミツワ

製　本：東和製本

ISBN 4-7845-0273-4